Renate Kauffmann

Lieber ganz
als gar nicht

Mit dem Schlafsack durch Europa

R. BROCKHAUS

R. Brockhaus Taschenbuch Bd. 838

Um gewisse Personen nicht in unnötige Schwierigkeiten zu bringen, habe ich viele Namen und Orte so verändert, daß Ähnlichkeiten rein zufällig sind.

Die Zitate aus der Bibel sind entnommen aus:
Die Gute Nachricht. Das Neue Testament in heutigem Deutsch, Stuttgart 1967/71 und
Die Bibel nach der Übersetzung Martin Luthers, Stuttgart 1956/64

2. Auflage 1992

© 1992 R. Brockhaus Verlag Wuppertal und Zürich
Umschlaggestaltung: Carsten Buschke, Solingen
Umschlagfotos: Petra Pönnighaus-Martin, Hüttenberg
und Carsten Buschke, Solingen
Gesamtherstellung: Breklumer Druckerei Manfred Siegel KG
ISBN 3-417-20838-6

INHALT

Für Frau M. Schlegel

VORWORT

Mein Leben kam mir oft wie eine steil aufragende Felswand vor, die ich ohne entsprechende Vorkenntnisse erklimmen sollte: Unbeholfen bestieg ich sie; und als ich schon eine beachtliche Höhe erreicht hatte, fiel mir mit Schrecken ein, daß ich das Seil vergessen hatte. Blankes Entsetzen packte mich, und so hing ich in der Wand – ein winziges Fleckchen, unerkennbar für das menschliche Auge – und wartete auf ein Wunder.

In dieser schier aussichtslosen Situation wurde mir auf einmal bewußt, daß jedes menschliche Leben ohne Zweifel einen unbezahlbaren Wert haben mußte. Denn ich hielt mich ohne ersichtlichen Grund verzweifelt an der Felswand fest, obwohl ich liebend gern wegen Müdigkeit losgelassen hätte. Aber irgend etwas zwang mich, nicht loszulassen, und reichte die Kraft nicht mehr aus, dann kam es mir so vor, als ob allein der Wille zum Leben einer anderen Kraft Raum gab, die all das vermochte, was ich nicht einmal für möglich gehalten hätte.

So sah ich mein Leben. Ein Leben, das verzweifelt nach Halt suchte und um einen Sinn bat. Ständig war ich auf der Hut, behielt alles im Auge, war äußerst wachsam, und das nur in der Hoffnung, daß ich eines Tages das finden würde, wozu ich ja sagen konnte. Es wurde für mich schon sehr früh klar, daß die Welt mir nicht geben konnte, was ich mir für meine Seele so dringend wünschte. Nämlich Frieden. Mein sehnlichster Wunsch war, eines Tages zu erfahren, ob es einen Gott gibt oder nicht. Das, nur das wollte ich wissen. Dieser Wunsch hielt mich am Leben, denn in Gott könnte ich vielleicht den Sinn des Lebens erkennen. Und so suchte ich und schrieb immer wieder die gleichen Fragen in mein Tagebuch.

Die Schule

»Renate! Hör sofort auf zu essen!« schrie mein Geschichtslehrer mich an.

»Warum? Dieser Apfel macht Ihren Unterricht doch erst erträglich. Wenn ich esse, habe ich wenigstens das Gefühl, daß etwas passiert. Könnten Sie Ihren Unterricht vielleicht mal interessanter gestalten? Sagen Sie ja, und ich werde nicht nur aufhören zu essen, sondern auch tot umfallen«, antwortete ich ihm gelassen.

Die Klasse brüllte vor Lachen, und der Lehrer war nahe daran zu explodieren. »Das lasse ich mir nicht bieten. Du freches Miststück!«

»Das brauchen Sie sich auch nicht bieten lassen. Aber ich brauche mir so einen Unterricht auch nicht gefallen zu lassen. Können Sie eigentlich etwas anderes, als nur aus Ihrem blöden Buch vorlesen?«

Er hatte recht. Ich war tatsächlich ein freches Miststück. Aber meine Frechheit war Protest, denn ich war sehr wohl willig zu lernen. Doch ich wollte lernen und nicht mein Leben mit Auswendiglernen verbringen.

»Rosen, Tulpen und Narzissen, alle Lehrer sind beschissen«, schrieb ich einmal an die Tafel. Denke ich an meine Schulzeit zurück, dann fällt mir auch heute nichts anderes dazu ein. Ich erlebte sie als einen einzigen Alptraum. Ätzende Langeweile und das anhaltende Gebrüll der Lehrer wechselten sich ab. Aber das Schlimmste war das Auswendiglernen. Solange man in Geschichte sämtliche Daten im Kopf hatte, brauchte man nicht einmal zu wissen, wie dieses oder jenes Ereignis zustande gekommen war. Und wenn man in Chemie die Ordnungszahlen und Atommassen herunterleiern konnte, reichte das völlig. Noch heute überkommt mich ein Gefühl des Ekels, wenn ich ans Auswendiglernen denke, so verhaßt war es mir. Und aus diesem Grunde war mir ganz besonders der Religionsunterricht zuwider, denn unser Lehrer bestand darauf, daß man alles, aber auch alles auswendig lernte.

Ich sehe ihn heute noch vor mir, wie er nervös seine Brille

putzte und wie ein Tiger im Käfig vor dem Pult hin- und herging. Und wehe dem, der die Namen der Sonntage nicht aus dem Eff-eff beherrschte! Der hatte wirklich nichts mehr zu lachen.

»Renate, wie heißt der dritte Sonntag nach Ostern?«

Ein Achselzucken war alles, was mir dazu einfiel.

»Das ist die dritte Sechs in diesem Monat!« schrie er. Immer mußten sie schreien. Dieses Gebrüll machte mich mit der Zeit total aggressiv.

»Mir doch egal! Sie können mich mal«, sagte ich.

»Was? Was hast du gesagt?« schrie er mich an.

Ich schwieg.

»Steh auf!« brüllte er und lief vor Zorn rot an.

Ich stand auf und erwartete eine Ohrfeige. Statt dessen schnauzte er mich an, und man konnte meinen, ich sei schon tot, denn er schimpfte mich einen hoffnungslosen Fall und überhaupt, jede Zeit, die man in mich investierte, sei vergeudet. Nichts machte ich so, wie man es mir sagte, und würde ich doch noch einmal zur Vernunft kommen, dann wäre es zu spät. Ich spürte die Verachtung, die in jedem seiner Worte lag. Ich fühlte mich verdammt, und aus diesem Gefühl entsprang der Glaube, daß er recht hatte.

Ein anderes Mal gab er uns die Zehn Gebote auf einem Blatt und sagte: »Ihr habt eine Woche Zeit, das auswendig zu lernen.«

Zum ersten Mal in meinem Leben (ich war dreizehn) las ich etwas über Gott. Mein Herz schlug schneller, und ich fragte: »Wer ist Gott?«

»Gott kann man nicht erklären, denn für jeden Menschen ist er etwas anderes. Er ist einfach unbegreiflich.« Aus den Worten des Lehrers meinte ich einen Hauch von Bitterkeit herauszuhören. Ich war über seine lapidare Antwort maßlos enttäuscht. Nur zu gern hätte ich mehr über Gott erfahren, denn manchmal spürte ich so ein Brennen in mir, was wohl die Sehnsucht nach Gott war.

Nach der Schule schaute ich mir noch mal in Ruhe die Zehn Gebote an. Wut und Enttäuschung stiegen in mir auf, und um mir Luft zu machen, schrieb ich all meine Gedanken ins Tagebuch:

»Man soll nicht lügen und nicht stehlen. Man soll einen Gott lieben, den man gar nicht kennt, und vor allen Dingen soll man! Leute, ihr könnt mich alle mal.

Warum kann ein Religionslehrer mir nicht Gott erklären? Er ist sowieso ein komischer Kauz. Vor Weihnachten labert er immer vom Fest des Friedens, obwohl doch jeder weiß, daß die Kriege auch an Weihnachten weitergehen. Und in der Zeit vor Ostern flippt er ganz aus und spricht von Seelenwanderung. Er behauptet dann immer, daß die Seelen der Verstorbenen sich an diesen Tagen andere Körper suchen dürfen, um in ihnen leben zu können.

Als er uns das das erste Mal erzählte, bekam ich richtig Angst, denn ich dachte, daß eine Seele von irgendeinem Toten bei mir reinkommen kann und meine eigene Seele einfach rausjagen würde. Aber eine Woche später sagte er dann, daß die Seelen nur in Neugeborene wandern dürfen. Da hatte ich nicht mehr solche Angst, fragte mich aber, wie man wissen kann, wer und was man eigentlich ist. Und heute frage ich mich, wozu er uns die Zehn Gebote gegeben hat, wenn das alles wahr ist? Da lasse ich doch lieber ordentlich die Sau raus, denn wenn ich tot bin, brauche ich nur bis Ostern zu warten, um in einen neuen Körper wandern zu können.

Einmal hat sich unser Nachbar bei Mutti beschwert, weil ich seine Katze in den Hintern getreten habe. Aber als ich das Vieh sah, fiel mir plötzlich die Sache mit der Seelenwanderung ein, und ich konnte mich nicht mehr beherrschen. Ich dachte, daß die Katze mal ein ganz mieser Mensch gewesen sein muß, denn eine gute Seele hat doch sicherlich was Besseres verdient als so einen blöden Katzenkörper. Es überkam mich einfach, und schon hatte ich zugetreten. Mutti hat mit mir geschimpft, aber mir tut die Sache überhaupt nicht leid.«

An meinem vierzehnten Geburtstag meldete ich mich vom Religionsunterricht ab. Aber ein paar Wochen später meldeten mich meine Eltern traditionsgemäß zum Konfirmandenunterricht an. Zu meinem Entsetzen hielt der Pastor ebenfalls viel vom Auswendiglernen, und über Gott erfuhr ich dort überhaupt nichts. Er sprach immer nur von einem Mann namens Jesus, der das Talent hatte, Kranke zu heilen. Leider erwähnte er mit keinem Wort, wer dieser Mann war, und ich langweilte mich schrecklich.

Die vierte Unterrichtsstunde sollte meine letzte sein. Der Pastor brüllte mich an, weil ich die Zehn Gebote immer noch nicht aus dem Effeff beherrschte. Sein Geschrei beförderte mich ins Träumen, worin ich immer öfter geriet, wenn mich jemand anbrüllte. Aber durch eine schallende Ohrfeige wurde ich blitzschnell auf den Boden der Tatsachen zurückgeholt. Erschrocken guckte ich den Pastor an, doch schon einen Moment später sprang ich vom Stuhl auf und fragte die Klasse: »Warum laßt ihr euch konfirmieren?«

»Ich bekomme dann ein Rennrad.«

»Und ich eine Stereoanlage«, rief ein anderer.

»Aber gibt es denn gar keinen Gott?« fragte ich leise.

»Ach was! Da glaubt doch kein Mensch mehr dran«, ertönte eine Mädchenstimme aus den hinteren Bänken.

Erwartungsvoll schaute ich den Pastor an, aber er hatte nichts Besseres zu tun, als verlegen zur Seite zu gucken.

Sein Schweigen war quälend für mich. Nur mit großer Mühe konnte ich meine Tränen zurückhalten, aber ich verstand nicht, was in diesem Moment überhaupt in mir vorging. Augenblicke später wandelte sich meine Enttäuschung in Wut um, und ich sagte: »Ich habe keine Ahnung, warum ich überhaupt hier bin. Aber ich habe die leise Ahnung, daß Sie ein Idiot sind.«

Haßerfüllt sah ich den Pastor an, aber dabei hoffte ich insgeheim, daß ich durch diese Provokation doch noch ein paar Worte herauslocken konnte. Doch er schwieg, schaute mich noch nicht einmal an. Das war zuviel für mich, und ich verließ den Raum.

»Ich pfeife auf Gott und die Welt«, das war alles, was ich an jenem Tag in mein Tagebuch schrieb. Die Kindheit war zu Ende.

Während der Schulzeit entwickelte sich eine regelrechte Aversion gegen jegliche Art von Bildung. Ich hatte es einfach satt, lernen zu müssen, nur damit »etwas Anständiges« aus mir werden konnte. Allerdings hatte ich schon mit dreizehn Jahren einen starken Willen, der mich glauben ließ, ich könnte alles, was ich mir vornahm, auch erreichen. Zum Beispiel bei Klassenarbeiten. Von vier Tests pro Halbjahr wurden drei meist mit einer Fünf und der letzte mit einer Eins oder Zwei benotet. Das reichte immer für eine Vier im Zeugnis, und mehr, als nicht sitzenzubleiben, hatte ich mir nie vorgenommen.

Etwa mit fünfzehn Jahren verstärkte sich in mir der Wunsch, einen Beruf zu lernen, in dem ich körperlich oder geistig Behinderten eine Hilfe sein konnte. Ich wollte meine Zeit den Menschen widmen, die nicht das Wissen und die Fähigkeit hatten, um in unserer Gesellschaft anerkannt zu werden. Dabei schien mir der zweite Bildungsweg für meine Person geeigneter zu sein, als sich noch drei Jahre mehr auf der Schule abzustrampeln.

In einem Heim für geistig behinderte Kinder konnte ich mir bald einen ersten Einblick verschaffen. Ich war gerade siebzehn, als ich diese neue Welt betrat.

An Gott dachte ich zu dieser Zeit selten. Nur manchmal spürte ich eine Sehnsucht nach ihm, die ich aber immer wieder verdrängte, indem ich mir laut sagte, daß es keinen Gott gibt. Ein kleiner, schwachsinniger Junge in dem Heim brachte mich jedoch dazu, mir wieder ernsthaft Gedanken über Gott zu machen.

Eines Abends, durch die Erlebnisse des Tages stark verunsichert, schrieb ich ins Tagebuch, was geschehen war: »Ich glaube nicht an Gott, aber ich habe nicht schlecht gestaunt, als ich sah, was der Glaube vollbringen kann. Bei uns im Heim lebt ein kleiner Junge, der geistig schwer behindert ist, aber ich habe noch nie so ein unbeschwertes, glückliches Kind gesehen. Es berührt mich jedesmal stark, wenn ich ihn beten sehe, denn ein Friede umgibt ihn dann, der mich fast neidisch macht. Hätte ich nur die Hälfte von seinem Seelenfrieden, es würde mir genügen.

Heute morgen ging ich zu ihm, nahm ihn auf den Schoß und fragte: ›Sag mal, Spatz! Woher weißt du eigentlich so genau, daß es einen Gott gibt?‹

Seine großen, kullerrunden, braunen Augen schauten mich ganz betroffen an. ›Aber das weiß doch jeder! Der liebe Gott redet doch andauernd. Hörst du ihn nicht?‹

Dieser Knirps rief in mir ein Gefühl der vollkommenen Unsicherheit hervor. Allein wie er mich ansah; als ob er sagen wollte, daß das ja wohl das Mindeste sei, was ein Mensch wissen sollte.

Ich werde den Eindruck nicht los, daß dieser Junge mit seinen neun Jahren schon alles hat, was viele andere Menschen in ihrem ganzen Leben nie erreichen werden. Man kann ihn nicht glücklicher machen, als er längst ist, denn er hat seinen Gott, und mehr will er absolut nicht.

Was mich aber erst recht irritierte, war seine Konzentration. Der Bub ist normalerweise nicht in der Lage, bei einer Sache zu bleiben. Er ist hyperaktiv und wird zusehends nervöser, wenn er länger als fünf Minuten mit etwas beschäftigt wird. Aber wenn er betet! Ich habe ihn dabei beobachtet und dachte, mich tritt ein Pferd. Der Junge war die Konzentration in Person! Er schloß die Augen und redete mit Gott. Währenddessen fing ein anderes Kind an zu schreien, doch er hörte das gar nicht. Unter normalen Umständen konnte man ihn mit dem kleinsten Geräusch ablenken. Ein paar Minuten später fiel einer Therapeutin ein Tablett herunter, und auch diesen ohrenbetäubenden Knall schien er gar nicht wahrzunehmen. Hätte ich nicht gewußt, daß der Junge ein einwandfreies Gehör hat, ich hätte ihn für taub gehalten.

Als er mit dem Beten fertig war, legte er sich ins Bett und schlief sofort ein. Ich sah ihn an und wurde das Gefühl nicht los, daß er eine Welt kannte, zu der ich keinen Zugang hatte.

Manchmal kommt er mir direkt unheimlich vor, denn seine Sensibilität gegenüber anderen bewegt sich auf einer Ebene, die mir unbegreiflich ist. Vor einer Woche zum Beispiel war ich sehr gereizt, nichts ging mir schnell genug, und meine Nervosität übertrug sich auf die Kinder. Nur mein kleiner Spatz ließ sich durch nichts aus der Ruhe bringen. Er kam einfach auf mich zu, schlang seine Arme um meine Beine und drückte mich ganz fest. Das tat mir so gut, daß mir daraufhin alles leichter von der Hand ging. Ja, dieser Junge lebt von einer Kraft, die ich, so sehr ich mich auch anstrenge, nicht verstehen kann.«

Als meine Zeit in dem Heim zu Ende ging, hatte ich mich endgültig für den Beruf der Beschäftigungstherapeutin entschieden. Ich fing aber erst eine Ausbildung als Köchin an, damit ich später mit diesem Beruf mein Studium finanzieren konnte. Köche wurden immer gesucht, und so hätte ich in den Semesterferien gut Geld verdienen können. Doch leider kam alles anders.

Eines Tages verunglückte ich mit dem Motorrad und litt seitdem unter Epilepsie. Es folgten etliche Krankenhausaufenthalte, doch so richtig unerträglich wurde mein Zustand erst, als ich vorerst das letzte Krankenhaus verlassen hatte. Ich sah mich plötzlich in einer Welt stehen, in der man mich nicht mehr haben wollte. Monatelang bemühte ich mich um einen Ausbildungsplatz, und zum Schluß war mir jede Arbeit recht, wenn ich sie nur gekriegt hätte. Ich empfand die Vorstellungsgespräche von Mal zu Mal niederschmetternder und mußte die bittere Erfahrung machen, daß für Epileptiker längst alle Züge abgefahren waren.

In den Straßen wirbelte der Herbstwind das Laub durch die Luft und schleuderte es mit ungeheurer Wucht gegen die Hauswände. Ich kam gerade vom Arbeitsamt, und wie der Wind hätte ich gerne die Frau vom Amt gegen die Wand geschleudert. Sie war der Meinung, daß ich am besten in einem Behindertenheim untergebracht wäre. Als ich um die Möglichkeit einer Umschulung bat, lächelte sie mich mitleidig an, denn sie hatte ihr Urteil über mich schon längst gefällt. Eine Tür nach der anderen war in den letzten Monaten zugefallen, und das Arbeitsamt ließ die letzte ins Schloß fallen. Mir war so einsam und elend zumute, daß ich mir den Tod herbeiwünschte.

Ich war am Ende meiner Kräfte – hinter mir das Nichts, und vor mir konnte ich auch nichts anderes erkennen. In einem Anfall von Verzweiflung schluckte ich eine ganze Packung Antiepileptika und legte mich ins Bett. Ich machte die Augen zu und hoffte nur, daß es schnell gehen würde.

Ich weiß nicht, wie lange ich so dagelegen habe, bis plötzlich etwas in mir sprach: »Willst du nicht leben?« »Leben wollen ist ein Ding, leben können ein anderes«, antwortete ich in Gedanken. »Renate, du bist wahnsinnig, du bist immer gleich bereit, für etwas zu sterben. Und du bist feige, denn du bist eher bereit, für etwas zu sterben, als für etwas zu leben!« Das reichte! Mit einem Satz war ich aus dem Bett und steckte mir den Finger in den Hals. Ich kotzte, was das Zeug hielt, und schimpfte mich eine hysterische, dumme Kuh. Danach schluckte ich noch einen halben Liter Salzwasser und übergab mich abermals. Als alles draußen war, legte ich mich erschöpft ins Bett und schlief sofort ein.

Am nächsten Morgen war ich richtig erschrocken über diese Kurzschlußreaktion. Nach einem guten Frühstück setzte ich mich hin und schrieb mir den Kummer von der Seele.

»Man hat mich nicht gewollt!« schrieb ich enttäuscht. »Und jetzt erst habe ich erkannt, daß ich nie begriffen habe, was Leben überhaupt ist. Ich erkenne langsam, was in Wirklichkeit hinter der selbstsicheren Fassade unserer Gesellschaft steckt. Nichts anderes als Furcht und Nervosität, und davon werden alle bis in den Kern ihrer Seelen beherrscht. Und ich bin nur ein Opfer davon. Jetzt erst werden in mir Zweifel wach, Zweifel am Geisteszustand aller, mich eingeschlossen, denn in uns ist fast alles am Verfaulen.

Bemerkenswert diese Arroganz, mit der man mir entgegentrat, wenn ich die Arbeitgeber von meiner Krankheit unterrichtete. Manchmal kam ich mir hinterher vor, als ob ich noch nicht einmal bis drei zählen könnte.

Niemals zuvor habe ich so deutlich gesehen, wie sehr die Menschen von ihrer Angst bezwungen werden. Weil sie Angst vor der Krankheit haben, stellten die meisten mich nicht ein. Krank und alt werden möchte kein Mensch; jeder hat Angst davor. Die Fernsehwerbung, die Vitalmacher in Hülle und Fülle anbietet, weiß das wohl am besten.

In der letzten Zeit habe ich oft über den Tod nachdenken müssen. Jedoch lag das weniger an meiner Krankheit, als daran, was ich durch sie in der Begegnung mit Menschen durchmachen mußte. Erhielt ich zum Beispiel eine eiskalte Abfuhr, dann dachte ich oft, so müßte der Tod sein. Wenn ich die Angst in den Augen der anderen sah, dachte ich manchmal, daß ich in der Angst den Tod erkennen könnte. Durch diese Erfahrungen habe ich eine ganz andere Vorstellung vom Tod bekommen. Plötzlich ist er für mich nicht mehr nur das Ableben meines Körpers, sondern auch gegenwärtig. Er ist gegenwärtig, weil er wirkt. Er wirkt durch Angst, Haß, Lüge und andere negative Attribute. Er lebt in uns, und dabei tötet er unser Leben. Wofür lohnt es sich dann überhaupt noch zu leben? Ich hatte viel Spaß am Leben, und vielleicht werde ich eines Tages auch wieder Spaß dran haben. Dennoch wird mir das allein nie wieder genügen, denn ich will wissen, warum ich lebe. Ich will wissen, warum ich sterben muß und worin der Sinn im Leben und Sterben, in Krankheit und Gesundheit, im Glück und Unglück liegt.

Der Boden, auf dem ich mich zur Zeit bewege, ist mir zu unsicher geworden. Deshalb werde ich heute noch meine Sachen packen und Deutschland vorläufig den Rücken kehren. Ich werde einfach in der Hoffnung gehen, daß ich irgendwann einen festen Boden finde. Vielleicht finde ich ihn, obwohl ich noch nicht einmal weiß, ob es so etwas gibt. Vielleicht. Vielleicht – dieses Wort ist ein Wagnis wert.«

Amsterdam

Nun hatte sie mich endlich wieder. Amsterdam, die Stadt, die ich liebte. Ich kam gerade aus Frankreich, war sozusagen nonstop durchgetrampt und hundemüde. Es war halb zwei nachts, und ich machte mich gleich auf den Weg zum Bahnhof. In seiner Nähe gab es immer ein paar Ecken, wo man schlafen konnte. Skurrile Typen begegneten mir, baten mich entweder um Geld oder pöbelten mich auf irgendeine blöde Weise an. Einige gingen nur einsam an mir vorbei, schienen ohne Hoffnung zu sein, und ich spürte dabei eine drückende Öde. Stille Einsamkeit begegnete mir durch diese Menschen, und ich hatte Mühe, den Kloß im Hals herunterzuschlucken.

Ein zerlumpter alter Mann sammelte Kippen vom Boden auf und atmete dabei schwer. Eine Frau wartete auf Kundschaft, wobei sie nervös an ihrer Zigarette zog. Bilder, die mir nicht unbekannt waren, aber ich konnte mich einfach nicht daran gewöhnen. Trotzdem konnte ich nicht anders, als zu hoffen. Was bleibt einem denn angesichts solchen Elends, als einfach zu hoffen, daß man selbst von einem derartigen Schicksal verschont wird? Damals dachte ich nämlich noch, daß für solche armseligen Kreaturen die Tür des Glücks für immer verschlossen bleibt. Aber was wußte ich damals schon!

15

Als ich sah, was sich am Bahnhof abspielte, änderte ich meine Absicht, dort zu schlafen, schnell. Unzählige Leute lagen wie Heringe in Reih und Glied auf dem Boden. Viele schliefen schon, aber genauso viele waren damit beschäftigt, mit ihren Partnern zu schlafen. Einige Augenblicke schaute ich ungeniert zu, bis ich mich laut fragen mußte, was denn so ein zuckersüßes Geschöpf wie ich hier zu suchen hatte. Als Antwort machte ich auf dem Absatz kehrt.

Traurig schlenderte ich die Grachten entlang, denn die gerade gesehenen Bilder machten mir mal wieder klar, daß ich in eine total beschissene Welt hineingeboren worden war. Ich war müde und überlegte, wo ich mich schlafenlegen konnte. Da entdeckte ich am Ufer einen alten, zerbrechlichen Kahn, der unbemannt zu sein schien. Ohne lange nachzudenken, sprang ich mit einem Satz hinein, und es hätte nicht viel gefehlt, dann wäre das Ding mit Ach und Krach auseinandergebrochen. Ich rollte meinen Schlafsack aus und schlüpfte hinein. Es war eine ungewöhnlich stille Julinacht; nur das Geplätscher des Wassers, das leise gegen die Bootswand schlug, war noch zu hören. Sanft wurde ich in den Schlaf gewiegt.

Zu dieser Zeit hatte ich keinen Freund und sehnte mich auch nicht danach. Zum einen war ich immer unterwegs und zum anderen war mir durch die letzte Beziehung klargeworden, daß ich selbst in einem Mann, der mich liebte, nicht das finden konnte, was ich suchte.

Obwohl ich, den Kopf voller Rosinen, noch nicht einmal wußte, wonach ich überhaupt Ausschau hielt, spürte ich, daß meine Seele weit mehr brauchte als nur einen Mann. Irgendwie schien ein Teil von mir immer unerfüllt zu sein, und ich war mir ziemlich sicher, daß das andere Geschlecht für mich kein Mittel war, das mich aus meiner seelischen Einsamkeit hätte befreien können. Ja, ich hatte keine Zweifel: Kein Mensch würde je in der Lage sein, diese Sehnsucht zu stillen.

Als ich aufwachte, war alle Welt schon auf den Beinen und machte einen so betäubenden Lärm, daß ich genervt aus dem Schlafsack kroch. Ich war müde und hätte gern noch länger geschlafen. Im Zeitlupentempo schnürte ich meine Sachen zusammen und sprang ans Ufer. Dann setzte ich mich auf eine Mauer, die sich an der Gracht entlangzog, denn der Tag wollte für mich einfach noch nicht beginnen. Eine Ewigkeit hatte ich nichts anderes zu tun, als nur die Leute zu beobachten, die an mir vorbeizogen. Alle hatten es eilig und hetzten durch die Straßen. Man konnte meinen, daß jeder von ihnen der erste sein wollte. Langsam aber sicher kam das Leben in meinen Körper zurück, und ich überlegte, was ich zuerst tun sollte. Ich durchwühlte meine Jeans nach Zaster und fand noch einen Hundert-Franc-Schein. Das war alles, was ich hatte, und das genügte mir vorerst auch. Ich machte mir selten Sorgen, wenn das Geld knapp wurde, denn ich war ein Lebenskünstler; irgendwie kam ich immer wieder auf die Beine. So hüpfte ich von der Mauer, schnallte meinen Rucksack um und suchte die nächste Bank auf, um den Schein zu wechseln. Knappe fünfundzwanzig Gulden brachte er ein.

Ohne noch lange Zeit zu verplempern, machte ich mich sofort auf die Suche nach einem Job. Ich klapperte sämtliche Hotels in der Umgegend ab und fragte, ob man mich gebrauchen könnte. Mit welcher Art von Arbeit ich mein Geld verdiente, war mir immer egal. Hauptsache, die Knete stimmte und man ging gut mit mir um. Besonders wenn ich irgendwelche Putzarbeiten verrichtete, achtete ich sehr darauf, daß man mich nicht wie den letzten Dreck behandelte. Bekam ich eine Arbeit, die mir Freude machte, blieb ich auch schon mal länger und machte erst dann eine Fliege, wenn ich meinte, daß ich mal wieder was anderes sehen müßte. So ließ es sich leben, und so gefiel es mir auch sehr.

Nachdem ich eine Absage nach der anderen bekam, wurde ich langsam sauer. Am späten Nachmittag hatte ich keine Lust mehr, mir weiter die Füße wundzulaufen. Ich war zu frustriert, um noch die passende Ausstrahlung für die Jobsuche an den Tag zu legen. Also verschob ich alles auf den nächsten Tag und trottete durch die Fußgängerzone. Irgendwann kam ich dabei an einem Spiegel vorbei, und plötzlich wunderten mich die vielen Absagen überhaupt nicht mehr. Man konnte meinen, ich sei gerade aus einem Container gestiegen. Ich brauchte dringend neue Klamotten und noch dringender eine Dusche. Schnell suchte ich ein Kaufhaus auf, wo ich mir ein paar Sachen klauen konnte. Schnell, weil mich mein Gewissen um so länger quälen würde, je mehr Zeit ich bis zur Tat verstreichen ließ.

Eine halbe Stunde später hatte ich wieder neue Sachen und versuchte, mich zu erinnern, wo das nächste Badehaus war. Ich wußte, daß sich ganz in meiner Nähe eines befand und man dort nur einen halben Gulden für eine Dusche bezahlen mußte.

Nach wenigen Minuten hatte ich es auch schon gefunden und ging hinein. Ein furchtbarer Gestank kam mir entgegen, vermischt mit lautem, überspitztem Lachen der Leute. Es war zum Ersticken. Ich hielt es für besser, wieder zu gehen, um nach etwas anderem Ausschau zu halten. Doch in dem Augenblick kam eine etwa fünfzigjährige Frau auf mich zu und begrüßte mich.

»Kann man hier duschen?« fragte ich unsicher, denn ich zweifelte daran, daß das der gleiche Ort war, den ich von früher kannte.

»Ja, aber es dauert noch ein paar Minuten. Nehmen Sie Platz und warten Sie, bis eine Dusche frei wird. Möchten Sie Kaffee oder einen Tee?« fragte sie freundlich lächelnd.

»Was kostet denn der Kaffee?«

»Nichts«, war die Antwort.

»Oh! Ja, dann einen Kaffee bitte«, sagte ich überrascht. Ich setzte mich an einen freien Tisch und wartete.

Plötzlich kam aus irgendeinem Winkel eine junge Frau zum Vorschein und setzte sich mir gegenüber. Ihre nackten Füße steckten in ein paar verschlissenen Sandalen, ihr T-Shirt war dermaßen verdreckt, daß man die tatsächliche Farbe nur vermuten konnte, und ihre abgewetzten Jeans hatten überall Löcher. Aber nicht nur ihre Kleidung, sondern auch sie selbst war dermaßen ungepflegt, daß ich mich beinahe ekelte. Ich schlürfte meinen Kaffee, und sie starrte mich unentwegt an. Ihre großen, leeren Augen mit den winzigen Pupillen, ihr abgemagerter Körper und die vielen Einstiche an ihren Unterarmen brachten all ihr Elend zutage. Sie gehörte zu den Unzähligen, die an der Nadel hingen, und wieder mußte ich mit dem Kloß im Hals kämpfen.

Ein alter, mit Lumpen bekleideter Mann ging mit müden, schlurfenden Schritten an uns vorbei und setzte sich an einen der hinteren Tische. Sein bleiches, eingefallenes Gesicht erschreckte mich. Ich sah ihn an, und er nickte schlaff zu mir herüber, so, als ob er sagen wollte: »Es ist schon gut so.« Der Mann tat mir leid.

An einem anderen Tisch rauchte ein Mann eine Zigarre und stöhnte dabei so sehr, daß man glauben konnte, er würde beim nächsten Zug ersticken.

Eine Frau hastete verwirrt herum, ängstlich um sich schauend, bis sich unsere Blicke trafen. Sie blieb stehen und sah mich böse, ja fast drohend an. Das verwirrte mich so sehr, daß ich in eine andere Richtung guckte.

Die junge Frau, die mir am Tisch gegenübersaß, starrte mich immer noch an.

»Warum kostet der Kaffee hier nichts?« fragte ich, um ein Gespräch anzuleiern.

Sie antwortete nicht, sondern starrte mich nur an.

»Wenn du nichts mit mir zu tun haben willst, dann glotz mich gefälligst nicht so dämlich an und verschwinde!« fuhr ich sie an.

Sie grinste und sagte: »Der Laden hier gehört religiösen Fanatikern.«

Ich muß wohl ein dummes Gesicht gemacht haben, denn ich konnte nicht verstehen, was religiöser Fanatismus mit freiem Ausschank von Kaffee und Tee zu tun hatte.

»Kapierst wohl nicht, was? Die wollen unsere Seelen retten! Zuerst locken sie mit Kaffee, und schon bleibst du automatisch länger, weil es drinnen warm und draußen kalt ist«, sagte sie gleichmütig.

»Aber draußen ist doch eine Bullenhitze«, unterbrach ich sie erstaunt.

»Haben sie dich erst mal gemustert, dann säuseln sie dir die Ohren voll, damit du fromm und artig wirst«, redete sie, unbeeindruckt von meinem Einwand, weiter.

»So? Und wie retten sie damit unsere Seelen?« fragte ich neugierig.

»Die kann man doch gar nicht retten! Wenn du tot bist, dann bleibst du auch tot«, sagte sie in einem gehässigen Ton.

»Das glaube ich nicht«, sagte ich fast ein bißchen trotzig.

»Bist 'n kleines Dummchen, was? Guck mich an! Ich bin schon so gut wie tot, und sollte ich morgen hopsgehen, dann komm' ich in die Kiste, und das verdammte Ding wird zugenagelt. Ich werde dann langsam vor mich hinfaulen, und das ist es dann auch schon gewesen!«

»Bist 'n kleines Dummchen, was?« gab ich zurück. »Wie kann deine Seele verfaulen, etwas, was man nicht sehen noch fühlen kann?«

»Gehörst du etwa auch zu einer religiösen Sekte?« fragte sie mit mißtrauischem Blick.

»Was ist das denn? Nein, ich bin nicht religiös. Wie wird man das überhaupt? Ich denke halt nur, daß eine Seele nicht sterben kann«, antwortete ich auf ihre komische Frage.

»Wie kann ein denkender Mensch an eine unsterbliche Seele glauben?« fragte sie zynisch.

»Eben weil er denkt! Er sieht die Dinge, wie sie sind oder nicht sein können. Und es kann nicht sein, daß die Seele, die in jedem Menschen ist, die man in sich spürt, aber nicht greifen kann, stirbt. Sie ist vorhanden, ist Geist, wohnt in uns und wird unseren Körper verlassen, wenn wir sterben.«

»Und wo wird sie hingehen, wenn sie meinen Körper verlassen hat?« Ihr zynischer Ton hatte sich plötzlich in einen freundlichen, ja fast sanften verwandelt, und ich freute mich darüber.

»Na da, wo sie hingehört.«

»Und wo gehört sie hin?« fragte sie neugierig.

»Hm! Ich würde viel darum geben, das zu erfahren. Dennoch glaube ich, daß jeder Mensch dabei irgendwie mitbestimmen kann, denn schließlich ist die Seele sein eigen. Aber ich denke auch, daß seine Seele Hilfe braucht, um dort hinzukommen, wo sie hinkommen möchte. Ja, wo geht sie hin? Wo gehört sie hin? Ich möchte es auch gern wissen«, sagte ich.

»Du bist ein komischer Mensch«, sagte sie und lächelte mich an.

»Warum das denn?« fragte ich überrascht.

»Weil ich noch keinen Menschen getroffen habe, der gesagt hat, daß er dies und jenes glaubt, und im gleichen Atemzuge zugibt, daß er nichts darüber weiß. Das finde ich schön, und ich hätte nicht gedacht, daß es so etwas gibt. Ich habe hier schon eine Menge Leute kennengelernt, doch wenn sie mir von ihrem Glauben erzählten, kam mir immer das Kotzen, weil sie so erhaben darüber waren.«

Ich verstand nicht, was sie meinte, und schaute sie fragend an. Doch im gleichen Augenblick wurde ich zum Duschen aufgefordert.

»Bin gleich wieder zurück«, sagte ich zu ihr und verschwand zu den Kabinen.

Das Wasser war kalt, und ich bekam eine Gänsehaut. Ich fluchte und schimpfte, denn ich hatte mich so auf eine warme Dusche gefreut. Wahrscheinlich wollte man unter allen Umständen vermeiden, daß jemand eine Ewigkeit unter der Brause verbrachte, wobei sie bei mir recht erfolgreich waren. Ich wusch mich nämlich in einem fast rasenden Tempo und zog mich genauso schnell wieder an. Na ja, es war Sommer und deshalb halb so schlimm.

Als ich zurück in den Aufenthaltsraum ging, war die junge Frau wie vom Erdboden verschluckt. Ein wenig enttäuscht verließ ich das Haus, denn ich hätte mich gern noch weiter mit ihr unterhalten. Draußen auf der Straße wurde mir klar, daß das nicht das Badehaus gewesen sein konnte, wo ich früher einmal war. »Komisch«, dachte ich, denn ich hätte wetten können, daß es sich am gleichen Ort befand.

Langsam wurde es Abend. Wo sollte ich diesmal übernachten? Wenn ich in Amsterdam war, schlief ich jede Nacht an einem anderen Ort. Besonders für eine Frau war diese Vorsichtsmaßnahme keine Übertreibung. Nach einigen Überlegungen entschied ich mich für den Venlo-Park; denn seit Jahren wagte es niemand mehr, dort zu schlafen, weil angeblich zu viel passierte. Gerade das gab mir das sichere Gefühl, von unangenehmen Überraschungen verschont zu bleiben. Ich dachte mir einfach, daß ein Mensch, der einem anderen etwas zuleide tun will, bestimmt einen Ort aufsucht, wo sich auch Menschen befinden. Aber wenn sich seit einer Ewigkeit keine Menschenseele mehr in den Venlo-Park gewagt hat, dann müßte man dort doch ziemlich sicher sein. Wo keine Beute ist, sind auch keine Räuber.

Ich hatte Schmacht auf eine Zigarette, aber das Geld war zu knapp, um ein paar Gulden für eine Schachtel zu opfern. Also ging ich zum Dam-Square, wo man ungeniert Kippen schnorren konnte.

»Hast du vielleicht 'ne Zigarette für mich?« fragte ich einen jungen Mann, der gelangweilt Löcher in die Luft starrte.

»Klar doch! Mußte dir aber selber drehen, denn ich habe nur Tabak«, sagte er und drückte mir das Päckchen in die Hand.

»Ist der auch sauber?« fragte ich und fing an zu drehen.

»Keine Angst! Ist reiner Tabak«, sagte er. »Du kommst aus Deutschland, nicht wahr?«

»Ja, und du?«

»Aus Venlo«, antwortete er. »Machst wohl Urlaub hier?«

»Eigentlich habe ich vor, mir einen Job zu suchen.«

»Vergiß es! Es ist zwecklos«, sagte er und winkte ab.

»Ich werde es trotzdem versuchen. Und was treibt dich nach Amsterdam?«

»Venlo langweilte mich zu Tode. Bin seit Jahren arbeitslos und hänge nur rum, und hier werde ich es wohl auf Dauer auch nicht aushalten.«

»Hast du denn schon Arbeit gesucht?«

»Nee. Für mich ist der Zug schon längst abgefahren. Ich find' einfach den Dreh nicht mehr. Hin und wieder mache ich mein Geld auf dem Strich, aber die Frauen werden auch immer anspruchsvoller, und das macht die Sache nicht einfacher.«

Ich konnte mir das Grinsen nicht verkneifen.

»Du hast gut lachen!« sagte er ärgerlich. »Irgendein Mann findet sich für dich doch immer, aber für mich wird es von Tag zu Tag schwieriger. Ich verkaufe mich nämlich nur an Frauen; Schwule haben bei mir keine Chance.«

»Tja, was soll ich dazu sagen? Ich habe keine Erfahrung auf dem Gebiet, bezweifle aber, daß die Frauen immer anspruchsvoller werden. Ich denke, daß sie endlich das verlangen, was ihnen in dieser Sache schon immer zugestanden hat. Aber ich kann da nicht mitreden, weil ich mich in diesem Gewerbe nicht auskenne, Gott sei's gedankt.«

»Was?! Du willst mir doch nicht erzählen, daß du noch nie anschaffen warst«, sagte er und schaute mich dabei ungläubig an.

»So ist es! Ich war noch nie anschaffen und werde es auch nie.«

Sichtlich erstaunt guckte er mich an. Fast so, als ob ich nicht normal wäre. »Aber wie alt bist du denn?« fragte er.

»Kannst du mir mal verraten, was Anschaffen mit dem Alter zu tun hat?« fragte ich verdattert.

»Hm! Und was willst du machen, wenn dir die Knete ausgeht?« fragte er.

»Bestimmt nicht auf den Strich gehen. Bevor ich mich verkaufe, gehe ich lieber vor die Hunde.«

»Wieso? Bist wohl ein bißchen verklemmt, was?« fragte er grinsend.

»Nenn es, wie du willst. Jedenfalls verkaufe ich meine Seele nicht«, sagte ich genervt.

»Du spinnst vielleicht! Was hat denn das mit deiner Seele zu tun? Du verkaufst doch nur deinen Körper!« fauchte er mich an.

»So?! Wenn du dir wirklich sicher bist, warum regst du dich dann so auf? Für mich sind Körper und Seele auch zwei verschiedene Dinge, und trotzdem kann ich sie nicht total unabhängig voneinander sehen. Schließlich wohnt meine Seele in meinem Körper, und das ist Grund genug, ihn nicht geringer zu achten. Verkauft man den Körper, dann hat die Seele kein Zuhause mehr. Sie irrt herum, sucht immer wieder andere Körper und bleibt letztendlich doch allein. Wenn du mit einer Frau schläfst, vereinigen sich nicht nur eure Körper miteinander, kapierst du das? Der Mensch, der seinen Körper verkauft, gehört sich nicht mehr, denn er hat mehr verkauft als nur seinen Körper.«

Die nächsten Minuten waren von einem betretenen Schweigen erfüllt. Der junge Mann wandte seinen Blick von mir ab und schaute lange an sich herunter. Als er wieder aufschaute, sah ich ihn weinen.

»Ich wollte dir nicht weh tun«, sagte ich und hätte mich am liebsten geohrfeigt.

Lange schaute er mich an, wischte sich die Tränen aus dem Gesicht und griff dann in seine Hosentasche, um zwanzig Gulden hervorzuziehen. »Hier! Nimm das und den Tabak, damit du dich noch etwas länger über Wasser halten kannst«, sagte er immer noch traurig.

Für einen Augenblick brachte ich keinen Ton heraus, dann

stammelte ich: »Danke! Das wird mir bestimmt weiterhelfen. Aber warum tust du das?«

»Weiß ich auch nicht«, sagte er und ging.

»Hey! Lauf doch nicht weg. Es gibt auch für dich eine Lösung«, rief ich hinterher.

Er aber drehte sich noch nicht einmal um. Ich schaute ihm nach und fühlte mich hilflos. »Hätte ich doch bloß den Mund gehalten!« dachte ich. Vorsichtig faltete ich die zwanzig Gulden zusammen, so, als ob jeder Knick weh tun könnte.

Eigentlich hätte ich mich auch auf den Weg machen müssen, doch ich wollte die Leute noch ein wenig beobachten. Viele von ihnen schienen sich entsetzlich zu langweilen. Sie dösten vor sich hin, starrten ins Leere oder saugten an ihren Zigaretten, als hätten sie nichts anderes, woran sie sich festhalten konnten.

Für einen Moment hatte ich den Eindruck, als ob die Zeit urplötzlich stillstand; in diesem Augenblick kam sie mir wie ein Teil der Ewigkeit vor. Wie gebannt schaute ich auf die jungen Leute, die ungefähr in meinem Alter waren, und fragte mich, ob der Mensch einen Einfluß darauf hat, wie seine Ewigkeit später mal aussehen soll. Hastig holte ich mein Tagebuch hervor, dem ich meine Gedanken ohne Angst anvertrauen konnte:

»Ich sitze hier, beobachte die Leute und stelle mit Entsetzen fest, daß die meisten versuchen, die Zeit totzuschlagen. Das Wichtigste, das sie in ihrem kostbaren Leben haben, machen sie zunichte. Meine Generation leidet wohl ganz besonders unter dem Hunger nach Erlebnissen und der tödlichen Langeweile, die das Leben regelrecht vergiften.

Häufig hoffen wir auf eine andere, bessere Zeit und mit dieser, ich will mal sagen, falschen Hoffnung unterliegen wir der Zeit total. Ich habe auch mal auf eine bessere Zeit gehofft, aber Gott sei Dank hatte ich dabei nicht viel Geduld. Ich hielt es für wesentlich klüger, mein Schicksal selbst in die Hand zu nehmen, denn nur so bekam ich das Gefühl, daß ich wenigstens versuchte, die Zeit sinnvoll zu nutzen. Das Hoffen auf eine bessere Zeit ist für mich gleichbedeutend mit dem Verlieren der jetzigen. Man muß bereit sein, seine schlechten Zeiten einfach anzunehmen, um an ihnen arbeiten zu können, denn wie anders könnten sie sich sonst in wertvolle Lebensperioden verwandeln?

Nur die Zeit, unser Leben, kann die Ewigkeit bestimmen. Bestimmen deshalb, weil es doch irgendwie darauf ankommen muß, was der Mensch mit seinem Leben angefangen hat. Dabei denke ich keinesfalls an atemberaubende Heldentaten; eher an die innere Gesinnung.

Die Menschen reden oft von Himmel und Hölle, und jeder hofft, daß er in den Himmel kommt. Wahrscheinlich ist der Himmel die gute und schöne Ewigkeit, die uns aufnehmen kann, wenn gewisse Bedingungen erfüllt sind. Deshalb fällt es mir schwer zu verstehen, daß die Menschen trotzdem mehr auf den Zufall hoffen anstatt auf den Himmel. Wenn es einen Himmel geben sollte, dann ist es doch wirklich dumm, auf etwas anderes als nur auf den Himmel zu hoffen.

Der Gedanke, mit dem Hoffen auf einen glücklichen Zufall mein Leben zu verschwenden, ist unerträglich für mich. Mit aller Gewalt kämpfe ich gegen die Zufälligkeit meines Lebens an, denn sonst wird nichts geschehen. Mit dem Warten auf den Zufall ist es ungefähr so, als ob man vor einer Kreuzung steht und nicht weiß, welche Richtung man einschlagen soll. Natürlich könnte man in dieser Situation auf einen glücklichen Zufall hoffen und darauf warten, bis er in Gestalt eines Menschen vorbeikommt und einem sagt, wo's langgeht. Aber wenn man Pech hat, steht man in hundert Jahren noch auf der gleichen Stelle, weil keiner vorbeikam. Nein, ich wähle lieber irgendeine Richtung und gehe drauflos. Ist es der falsche Weg, werde ich es sicherlich irgendwann merken und kann dann immer noch umkehren.

Selbstverständlich habe auch ich den Wunsch, in den Himmel zu kommen, was immer das auch sein mag. Ich habe jedoch keine Ahnung, was ich dafür tun muß, und deshalb fürchte ich mich ein bißchen. Obwohl ich glaube, daß jeder Mensch seine reale Chance bekommen wird, denke ich, daß gerade ich sie verpassen könnte.

Vieles, was man in unserer Welt für unerläßlich hält, wie Gesundheit, Beruf oder wenigstens Geld, kann ich nicht bieten. Doch das wird wohl kaum entscheidend für die Ewigkeit sein.

Es ist schon merkwürdig: Man drückte mich an den Rand, schaffte es aber nicht, mich über ihn hinauszudrücken. Woher kommt sie, diese unerklärliche Kraft, die es nur einmal zugelassen hat, daß ich verzweifelt aufgab? Wo kommt sie her, die besonders in Tagen der Krankheit und Niedergeschlagenheit ihre Macht beweist, indem ich durchhalten kann und sicher bin, daß alle Sorgen mal ein Ende haben? Ich habe keine Antwort darauf, aber gerade diese Kraft ist es, die mich hoffen läßt, daß nicht alles allein vom Menschen abhängt.«

Ich steckte mein Tagebuch in den Rucksack und machte mich endlich auf den Weg. Es war schon dunkel, als ich den Venlo-Park erreichte und vor seinen längst verschlossenen Toren stand. Es kostete mich ein paar Versuche, meinen Rucksack über den hohen Zaun zu bekommen, so daß ich hinterherklettern konnte. Hinter einem Busch breitete ich meinen Schlafsack aus und legte mich hin.

Soweit ich mich erinnern kann, gab es in meinem Leben kaum eine Nacht, in der ich nicht träumte oder besser gesagt, wo ich mich am nächsten Morgen an meine Träume nicht erinnern konnte. Zum größten Teil bestanden meine Träume aus einem Wirrwarr von Bildern, auf die ich mir keinerlei Reim machen konnte. Einige Träume waren jedoch so beeindruckend, daß ich sie nie vergessen konnte, zum Beispiel der, den ich im Venlo-Park hatte:

Ich stand urplötzlich in einer Herde Elefanten und suchte verzweifelt den Weg aus ihr heraus. Fragte ich aber einen Elefanten, wie ich die Herde verlassen konnte, schüttelte er nur seinen großen Kopf. Nicht einen einzigen Elefanten konnte ich finden, der bereit war, mir zu helfen, und ich geriet in Panik. Ich schrie und weinte, bis ich plötzlich aus der Ferne eine Stimme vernahm: ›Hab keine Angst! Frage einen anderen Elefanten.‹ Meine Furcht legte sich, und ich suchte einen anderen Elefanten, um nach dem Weg zu fragen. Aber auch dieser wackelte nur mit seinen großen Ohren, und wieder stieg Panik in mir auf.

›Bleibe nur ruhig! Geh zum nächsten und frage ein letztes Mal‹, sagte die Stimme. Ich schaute mich um, denn ich hätte gern gewußt, wer mit mir redete, konnte aber niemand sehen. Ohne zu murren, gehorchte ich und fragte noch einmal einen anderen Elefanten. Aber der hüllte sich in Schweigen. Nicht eine Dickhaut schien mir antworten zu wollen, und ich setzte mich auf den Boden und wartete ängstlich auf den Tod.

Nach geraumer Zeit blickte ich wieder auf und stellte überrascht fest, daß ich mich mit einem Mal aus unerklärlichen Gründen außerhalb der Herde befand. Erleichtert atmete ich auf, wußte aber in dem Moment nicht so recht, was ich nun tun sollte. ›Schau nach vorne‹, hörte ich die Stimme sagen. Ich traute meinen Augen nicht: Entsetzt sah ich dort eine andere Elefantenherde stehen! Sie war zwar nicht so groß wie die erste Herde, aber immerhin ganz schön zahlreich.

›Geh dort hinein‹, flüsterte die Stimme.

›Nein! Eher soll mich der Schlag treffen! Ich fliehe nicht aus der einen Herde, um mich von der anderen niedertrampeln zu lassen‹, schimpfte ich laut.

›Nun bleib mal auf dem Teppich! Du bist nicht geflohen, sondern ich habe dich herausgebracht. Nun geh endlich‹, sagte die Stimme.

›Du tickst wohl nicht richtig! Wer bist du überhaupt, daß du das von mir verlangen kannst?‹ fragte ich trotzig.

›Mein Kind! Ich bin Ich und die Herde, die du dort siehst, ist meine Herde‹, sagte die Stimme ruhig.

Nachdem sie das gesagt hatte, war meine Angst wie weggeblasen, und mutig ging ich auf die Herde zu. Kaum hatte ich sie erreicht, da verwandelte ich mich in einen Elefanten. Ich gehörte dazu und war so glücklich, daß ich nicht daran dachte, die Herde jemals zu verlassen.

»Merkwürdiger Traum«, dachte ich, als ich am nächsten Morgen erwachte. Eine bleierne Schwere lag auf meinen Gliedern. Für einige Augenblicke kam es mir so vor, als ob ich das alles wirklich erlebt hatte. Völlig durcheinander schaute ich mich um, aber es bestand kein Zweifel, daß ich in Amsterdam war.

Den ganzen Vormittag suchte ich einen Job, aber um die Mittagszeit stand ich immer noch ohne Arbeit da. Mein Magen protestierte lautstark gegen seine Benachteiligung, und ich kaufte mir Milch und Brot. Doch nachdem ich gegessen hatte, bekam ich erst richtig Hunger. Ich zog die zwanzig Gulden hervor, die mir der junge Mann geschenkt hatte, und gönnte mir noch ein paar belegte Brötchen. Danach fühlte ich mich wie neugeboren und wunderte mich mal wieder über die enorme Wirkung von Nahrung.

Noch einmal machte ich mich auf die Suche, aber es regnete weiterhin Absagen. »Vielleicht sollte ich es mal mit Humor versuchen«, dachte ich, als ich vor dem Hotel A. stand. Ich richtete meine langen Haare und hörte mich leise sagen: »Lieber Gott! Laß mich jetzt nicht im Stich!« Dann holte ich tief Luft und ging schnell hinein.

»Guten Tag. Ich hätte gern den Personalchef gesprochen«, sagte ich so selbstbewußt, wie es eben ging, zu dem Mann an der Rezeption.

»In welcher Angelegenheit?« fragte er skeptisch.

»In der des Personalchefs. Er erwartet mich bereits«, sagte ich und konnte mir das Grinsen nicht verkneifen. Mit steifer Wirbelsäule, zurückgezogenen Schultern und vorgestrecktem Adamsapfel musterte er mich wie ein Offizier seinen Rekruten. Ohne ein Wort zu sagen, machte er auf dem Absatz eine halbe Drehung nach links und hob ebenso eckig den Hörer ab. »Hier ist eine Dame, die Sie sprechen möchte«, sagte er knapp. »Kann ich nicht sagen. Sie behauptet aber, daß Sie sie bereits erwarten.«

Er legte den Hörer auf und blieb wie angewurzelt stehen. Sein Blick drückte Mißfallen aus, und seine starre Haltung ließ keine freundliche Annäherung meinerseits zu. Deshalb schwieg ich.

Einige Augenblicke später stand ein hochgewachsener Mann im Nadelstreifenanzug vor mir. Sein gelichtetes Haar, seine buschigen Augenbrauen und überhaupt seine ganze Ausstrahlung waren mir sehr sympathisch. Er mochte so um die Fünfunddreißig sein, und seine Haltung war weitaus lockerer als die des steifen Mannes an der Rezeption. »Ja, bitte«, sagte er freundlich.

»Sprechen Sie Deutsch?« fragte ich.

Er nickte, und schon legte ich los. »Mein Name ist Renate Kauffmann. Ich kann putzen, kellnern und kochen, ich kann einfach alles. Zimmermädchen kann ich ebenfalls spielen, und was das Servieren betrifft, das tu ich zwar nicht so gerne, aber sollten

Sie mich gut bezahlen, lass' ich mich auch dazu überreden. Pünktlichkeit ist nicht gerade meine Stärke, doch gleiche ich meine Verspätungen mit erhöhtem Einsatz schnell wieder aus. Selbstverständlich bin ich bereit, auch am Wochenende Ihrem Betrieb zur Seite zu stehen, vorausgesetzt, daß sich das in meinem Gehalt wiederspiegelt. Ich trinke nicht, rauche gern eine Zigarette und die auch während der Arbeitszeiten. Ich verlange eine anständige Behandlung, denn ich bin nicht nur gut, ich bin unersetzlich!

Bevor Sie mir einen Vorschlag machen – denn auf mich haben Sie ja schon lange gewartet –, mache ich Ihnen ein Angebot. Kost und Logis frei, plus tausend Gulden im Monat, bei einer Sechstagewoche mit einer Arbeitszeit von nicht mehr als acht Stunden pro Tag. Überstunden möchte ich entweder ausbezahlt haben oder abfeiern können. Das überlasse ich gerne Ihnen. Mit freiem Logis meine ich ein Einzelzimmer mit TV, Telefon und ruhiger Lage. Sollten Sie glauben, daß ich mich mit einem Gesinderaum, sprich Hundehütte, zufriedengebe, haben Sie sich arg getäuscht.

Ich denke, daß ich Ihnen nun ein faires Angebot unterbreitet habe, welches Sie nicht ausschlagen sollten. Außerdem möchte ich Sie noch darauf hinweisen, daß niemand die Chance seines Lebens verpassen sollte. Wenn Sie mich nicht einstellen, werden Sie dieser Chance ein Leben lang nachtrauern. Falls Sie noch irgendwelche Fragen haben, können Sie sich getrost an mich wenden.«

Ich japste nach Luft und lächelte ihn an. Der Mann an der Rezeption räusperte sich vor Entsetzen, und dem Personalchef hatte es anscheinend die Sprache verschlagen. Verdattert schaute er mich an, und ich mußte darüber herzlich lachen. Einen Moment später fingen seine Mundwinkel an zu zucken, und nach einigen weiteren Augenblicken fing er lauthals an zu lachen. Nach einer Weile sagte er: »Well! Dann kommen Sie mal mit, Sie Chance meines Lebens.«

Mir fiel ein Stein vom Herzen, und ich dachte, daß Humor doch wirklich eine feine Sache sei. In seinem Büro bot er mir freundlich einen Platz an und lachte noch immer. Ich setzte mich und wartete, bis er sich wieder beruhigt hatte.

»Zigarette?« fragte er und hielt mir seine Schachtel hin.

»Gern«, sagte ich und nahm mir eine.

»Mein Name ist Dyck, und wie war Ihrer noch mal?«

»Kauffmann.«

»Gut, Frau Kauffmann. Ich hoffe, daß Ihre Arbeit genausogut wie Ihr Humor ist, denn dann sind Sie wirklich unersetzlich. Sie sagten, daß Sie auch kochen können?«

»Sagte ich.«

»Schön. Ich brauche nämlich unbedingt jemanden für die Kalte Küche. Sie müßten täglich etwa zwanzig frische Salate machen, und dazu kommen noch etliche kalte Platten. Außerdem brauchen wir täglich noch eine Dessert-Auswahl. Ihre Arbeitszeit dürfte nicht über neun Stunden hinausgehen, wobei jede Viertelstunde über die Achte hinaus vergütet wird. Um neun Uhr morgens beginnt Ihr Dienst, und Ihre Mittagspause können Sie machen, wann Sie wollen. Ein Zimmer steht Ihnen zur Verfügung, und tausend Gulden im Monat sind okay. Nun? Glauben Sie, daß Sie das packen?«

»Ich packe alles«, sagte ich lachend. »Wann kann ich anfangen?«

Er lächelte und sagte: »Gleich morgen früh. Gehen Sie zur Rezeption, und lassen Sie sich den Schlüssel von Zimmer 31 geben. Man wird Ihnen den Weg zeigen.« Dann stand er auf und reichte mir die Hand: »Willkommen in Amsterdam.«

»Danke«, sagte ich und ging fröhlich hinaus. Ich ließ mir an der Rezeption den Schlüssel geben und den Weg erklären und mußte die ganze Zeit über das verdatterte Gesicht meines neuen Kollegen lachen.

Als ich die Zimmertür öffnete, präsentierte sich vor meinen Augen die reinste Suite, mit Telefon und TV. Ein eigenes Badezimmer machte die Sache vollkommen, und vor Freude sprang ich in die Luft. Endlich runter von der Straße!

Es gab Zeiten, in denen ich mich nach einem geregelten Lebensablauf sehnte. Ganz besonders dann, wenn ich lange ohne ein Dach über dem Kopf war. Ich träumte dann immer von drei Mahlzeiten pro Tag, einem frisch überzogenen Bett und täglich sauberen Klamotten am Leibe. Sobald aber diese Träume für zwei bis drei Wochen gelebt werden konnten, hatte ich diese Art von Regelmäßigkeit satt.

Jetzt konnte ich es kaum erwarten, das Badezimmer auszuprobieren, und sprang wie der Blitz aus den Klamotten. Es war ein herrliches Gefühl, als plötzlich warmes Wasser über meinen Körper rieselte. Keiner wartete ungeduldig vor der Tür, weil er als Nächster duschen wollte, und so verbrachte ich eine Ewigkeit unter der Brause. Als ich fertig war, kroch ich gleich ins Bett und fühlte mich sauwohl.

Während ich es mir unter der Bettdecke gemütlich machte, gingen mir die Ereignisse des Tages durch den Kopf. Ein paar Augenblicke später schrieb ich ins Tagebuch:

»Heute habe ich etwas getan, was ich beim besten Willen nicht verstehen kann: Ich habe Gott um Hilfe gebeten, obwohl ich doch gar nicht an ihn glaube. Merkwürdig ist das schon, denn es ist nicht das erste Mal, daß ich in Schwierigkeiten gewesen bin. Außerdem wurde ich schon mit weitaus größeren Problemen als diesem konfrontiert. Ohne Geld und Arbeit dazustehen, ist bei mir wahrhaftig keine Seltenheit, aber trotzdem bat ich Gott, mir zu helfen. Verdanke ich es nun Gott oder meinem Humor, daß man mir so bereitwillig einen Job gab?

Gibt es ein höheres Wesen, als es der Mensch jemals sein kann? Schön wäre das ja.

Eigentlich weiß ich doch recht wenig über mich. Wer weiß überhaupt, was ich bin und wer? Kein Mensch, ja, noch nicht einmal ich, kennt mich. Aus dieser Tatsache heraus muß sich doch ganz automatisch die Frage nach dem Sinn des Lebens stellen. Das bloße Dasein läßt mich innerlich leer, und niemals könnte ich sagen, daß es sich für mich gelohnt hat, auf dieser Erde gewesen zu sein. Wie kann ich mit diesem Gedanken überhaupt in Ruhe sterben?

Der Tod muß eine Lüge sein, denn er macht mir große Angst. Aber was man so sehr fürchtet, das kann nicht gut sein, und was nicht gut ist, das kann und darf nicht wahr sein. Wie kann der Tod zu meinem Leben gehören, wenn allein der Gedanke an ihn mir das Leben vergiftet? Das Leben sollte doch gut, wahr und angstfrei sein, oder? Ich bringe es einfach nicht fertig, an den Tod zu glauben. Nein, ich kann nur an das Leben glauben, und das müßte nach meiner Auffassung stärker als der Tod sein. Wenn der Tod Sieger über mein Leben bleibt, ja, habe ich dann überhaupt gelebt? Ich kann es mir zwar nicht erklären, aber ich glaube, daß an einer Lebensauffassung irgend etwas nicht stimmt, in der mit dem Tod alles vorbei sein soll. Es muß ein Leben geben, das niemals aufhört.

Wenn ein Organ meines Körpers plötzlich sehr krank wird und niemand es wieder gesund machen kann, wird es wahrscheinlich sterben. Aber ein totes Organ würde meinen ganzen Körper vergiften, und damit das nicht geschehen kann, muß ein Chirurg das tote Gewebe entfernen; nur dann kann ich weiterleben.

Aber wie ist es mit der Seele? Was muß meine Seele abstoßen, um nicht auch vergiftet zu werden und deshalb sterben zu müssen? Wenn Tod und Leben schon im Körper nicht zusammen hausen können, dann sollte das für die Seele erst recht Geltung haben. Ich denke, daß in meiner Seele nur eines herrschen kann: entweder der Tod oder das Leben. Für mich ist es einfach unmöglich, Tod und Leben miteinander zu vereinen. Den physischen Tod werde ich wohl oder übel hinnehmen müssen, aber den Tod meiner Psyche werde ich niemals akzeptieren.

Ich kannte mal jemanden, der meinte, daß der Sinn des Lebens darin besteht, sich köstlich zu amüsieren. Man sollte halt alles mitnehmen, was man mitnehmen kann. Nun ja, das war seine Meinung, und sollte ich mal zu derselben Auffassung kommen, würde ich jedem Neurochirurgen die Erlaubnis erteilen, mir das Hirn zu amputieren.

Arbeit, die mir Spaß macht und die ich jeden Tag tun könnte, würde meinem Leben etwas mehr Sinn geben. Aber allein in der Arbeit könnte ich den Sinn des Lebens auch nicht finden. Was nur, was macht das Leben zum Ganzen? Heiraten und Kinderkriegen vielleicht? Bestimmt nicht, denn sonst wäre das vollkommene Leben nur für bestimmte Leute gedacht.

Ich kann mich einfach nicht mit einzelnen Erfolgen meines Lebens zufrieden geben. Ich will alles, will das volle und wahre Leben. Ich will den ganzen Kuchen. Keine Halbheiten, keinen zeitlich begrenzten Sinn! Alles! Koste es, was es wolle!

Falls es ein höheres Wesen gibt, das sich vielleicht auch noch Gott nennt; und falls dieser Gott dafür gesorgt hat, daß ich nun eine Arbeit habe; falls es ihn wirklich gibt, dann möchte ich mich jetzt schon bei ihm bedanken.«

Der erste Arbeitstag verlief erstaunlich gut. Abseits von heißen Öfen hatte ich mein eigenes Reich und brauchte mich nicht zu fürchten, daß ich mich bei einem Anfall verbrennen könnte. Ich arbeitete mich sehr schnell ein und war vorerst zufrieden. Kaum hatte ich Feierabend, wurde ich zum Personalchef gerufen. Ich wunderte mich darüber, denn was konnte er noch von mir wollen?

»Ich habe noch einige Fragen an Sie«, sagte er, als ich sein Büro betrat.

Ich setzte mich und wartete ab.

»Was habe ich eigentlich eingestellt? Eine Köchin oder eine Komikerin?« fragte er lächelnd.

»Ohne Humor halte ich die Arbeit nicht durch. Sie wissen ja selbst, wie stressig dieser Job ist. Es geht mir halt alles leichter von der Hand, wenn ich ein bißchen herumblödeln kann.«

»Na, das habe ich gemerkt. Selbst unser Küchenchef, der eigentlich der Ernst in Person ist, lachte so laut, daß man es bis hier oben hören konnte. Sagen Sie mal, haben Sie in Deutschland keine besseren Chancen? Sie wissen ja, daß Sie bei mir nur schwarzarbeiten und keine soziale Absicherung erhalten. Warum sind Sie eigentlich hier?«

»Ach, ich wollte halt mal etwas anderes sehen«, sagte ich und spürte, daß ich rot wurde.

»Hm! Sie wollten also nur mal etwas anderes sehen«, wiederholte er und zog die Augenbrauen hoch. »Zigarette?« fragte er.

»Ja, gern. Es geht doch nichts über eine ordentliche Nikotinspritze«, flachste ich, um vom Thema abzulenken.

Er schaute mich eindringlich an.

Ich sah zum Fenster hinaus, denn ich konnte seinem Blick nicht standhalten. Nervös zog ich an der Zigarette und überlegte, ob ich nicht lieber die Wahrheit sagen sollte. Ansonsten stünde ich täglich unter der drückenden Angst, daß ich während der Arbeitszeit einen Anfall bekommen könnte, und das wäre auf die

Dauer auch kein angenehmer Zustand. »Nun gut! Es ist wohl besser, wenn ich Ihnen reinen Wein einschenke.«

»Ich höre«, meinte er nur gelassen.

»Als ich gestern zu Ihnen kam, war ich froh, endlich mal wieder einen Job zu haben. Ich kam gerade aus Frankreich, schlug mich mehr schlecht als recht durch, und nun wurde es halt Zeit, einen Job zu suchen, um mal wieder vernünftig zu leben. In Deutschland sind die Chancen für mich gleich Null, denn ich leide unter Epilepsie. Die Vorurteile sind dort noch derartig schlimm, daß selbst ein Job als Putze nicht zu kriegen ist. Deshalb hielt ich es für besser, mein Land zu verlassen, um woanders mein Glück zu versuchen, und das lief nicht schlecht. Als Sie mir gestern einen Job in der Kalten Küche anboten, hatte ich an meine Krankheit gar nicht gedacht. Später fiel es mir dann wieder ein, aber ich dachte mir, daß ich lieber nichts sage, denn sonst hätten Sie es sich wieder anders überlegt. Doch ein Job in der Kalten Küche war einfach ideal für mich, denn acht Stunden vor dem heißen Herd zu stehen, wäre nicht so gut für mich gewesen.«

»Wollen Sie damit sagen, daß Sie gar keine Köchin sind?« fragte er verdutzt.

»Nein, bin ich nicht.«

»Aber wo haben Sie denn das gelernt, was Sie zum Beispiel heute alles zubereitet haben?«

»Ich hatte damals eine Lehre als Köchin angefangen, aber schon ein halbes Jahr später stand fest, daß ich Epilepsie habe. Als ich dann ins Ausland ging, habe ich die erste Zeit in Hotels als Spülerin gearbeitet, denn diese Arbeit wurde immer sehr gut bezahlt. Na, und dabei habe ich eben zum Herd hinübergeschielt und mir alles abgeguckt, was man sich halt abgucken kann. Mit der Zeit war ich sicher, daß ich das auch kann, und habe mich dann oft als Köchin ausgegeben; im Ausland fragte mich niemand nach meinem Gesellenbrief. Ich gebe aber zu, daß ich nicht gerne in der Heißen Küche arbeite, weil ich immer ein bißchen Angst habe, daß ich mich verbrennen könnte.«

»Welche Arbeit machen Sie denn am liebsten?«

»Autos reparieren. Aber leider bin ich nicht mehr auf dem neusten Stand, denn ich bin schon zu lange raus.«

»Das gibt es doch nicht«, sagte er lachend, doch dann wurde er plötzlich ganz still. Eine Ewigkeit saß er schweigend da, und ich wagte kaum zu atmen.

»Hätten Sie mir gestern gesagt, daß Sie unter Epilepsie leiden, hätte ich Sie bestimmt nicht eingestellt. Aber nun sieht die Sache anders aus, und ich bin froh, daß Sie mir das doch noch erzählt haben. Können Sie sich das Chaos vorstellen, das es in der Küche geben würde, wenn Sie da urplötzlich umfallen? Nun sagen Sie mir doch bitte, was Ihre lieben Freunde mit Ihnen machen, wenn Sie unvermittelt aus den Latschen kippen.«

»Sonderlich viel kann man da nicht tun. Das ganze Theater dauert meistens nicht mehr als fünf bis zehn Minuten, wenn man sich auf die Aussagen anderer verlassen kann. Danach brauche ich einen starken Kaffee, um wieder auf die Beine zu kommen, denn ich bin hinterher immer schrecklich müde. Eine Zigarette bringt mich dann wieder richtig auf Trab. Falls mein Kopf noch in irgendeiner Salatschüssel liegen sollte, wäre es angebracht, ihn dort herauszuholen. Ja, mehr ist wirklich nicht zu tun.«

Er lachte und sagte: »Ich werde meine Angestellten heute noch einweihen, damit sie vor Schreck nicht ihre eigenen Köpfe in die Suppe fallen lassen, falls es mal rumsen sollte. Aber ist es nicht doch besser, einen Arzt zu rufen?«

»Nein, es ist nicht besser. Erstens kann ich Ärzte nicht leiden, und zweitens bin ich wieder wach, bevor der Arzt überhaupt angekommen ist. Wenn ich mich nicht sichtlich verletzt habe, dann lassen Sie das bitte.«

»Frau Kauffmann, eigentlich dürfen wir keine Epileptiker einstellen. Trotzdem denke ich, daß Sie bleiben sollten. Sie müssen mir allerdings versprechen, daß Sie vom Herd wegbleiben. Ihre Kollegen werden sicher nichts dagegen haben, Ihnen das Wenige, das am Herd anfällt, abzunehmen. Erfahre ich aber ein einziges Mal, daß Sie sich an den Herd gewagt haben, feuere ich Sie. Kapiert?«

»Kapiert. Das heißt, nee. Sagten Sie, daß ich bleiben kann?«

»Sagte ich. Ich muß nur noch den Küchenchef überzeugen, aber ich glaube, das ist kein Problem.«

»Donnerkeil! Sie sind ja super!« rief ich begeistert.

»Sie können jetzt gehen«, sagte er lächelnd.

So konnte ich also bleiben und genoß für eine geraume Zeit ein regelmäßiges Leben. Doch als die Tage und Wochen nur so dahinflogen, wurde ich zusehends unruhiger. Es wurde Zeit zu gehen, denn was konnte ich hier schon noch mehr erwarten? Eines Abends nahm ich mein Tagebuch zur Hand und schrieb:

»Ist das alles, was man vom Leben erwarten kann? Etwas ist in den letzten Wochen in mir geschehen, das ich mit Worten nicht ausdrücken kann. Aber es treibt mich zu der Frage, ob mein Leben ausschließlich innerhalb dieser Welt verläuft, oder ob man irgendwie aus ihr heraus kann? Kann ich mit meinen Gefühlen und meinen Gedanken einen Rahmen durchbrechen, der von der Welt gezogen und bestimmt ist?

Das Verlangen, in meinem Leben einen Sinn zu sehen, wird immer größer. Nicht die möglichste Einfachheit, sondern schonungslose Wahrheit ist mein Ziel. Es ist zum Verrücktwerden, denn wie kann ich in dem bloßen Existieren, dem Nebeneinander von Ereignissen, den Gehalt meines Lebens erkennen?

Was wirkt in mir, das mich mit zwingender Gewalt vorantreibt und mich nicht ruhen läßt? Ich spüre eine Umwandlung in mir, die mich von einem seelischen Konflikt in den anderen wirft. Sie läßt mich an allem zweifeln, drängt mich zum Andersdenken und reißt mich aus eingefahrenen Denkgewohnheiten heraus.

Vieles, was die Menschen als angenehm und schön empfinden, erzeugt in mir eine unendliche Leere. Aber trotz allem fühle ich eine übersprühende Lebensenergie in mir, die mich ahnen läßt, daß es noch andere Wirklichkeiten gibt. Diese Kraft kommt nicht von mir selbst, sie ist einfach da, ob ich will oder nicht. Ich wünschte nur, daß ich eines Tages herausfinde, woher sie kommt, denn dann kann ich besser mit ihr umgehen.

Ich kann einfach nicht glauben, daß die Wahrheit in der bloßen Übereinstimmung bestimmter Wirklichkeiten zu finden ist. Die Wahrheit sollte nach meiner Ansicht doch eigentlich glücklich machen, aber die Wirklichkeiten, die ich bisher kennengelernt habe, machen mich eher traurig. Morgen werde ich kündigen, denn ich habe nicht das Gefühl, daß ich hier mehr erwarten kann als eine Daueranstellung. Einen Beruf zu lernen, ist längst nicht mehr mein Ziel, und das Erlangen bestimmter Fähigkeiten mag nützlich sein, ist für mich aber keinesfalls mehr lebensnotwendig. Ich brauche mehr zum Leben als nur meine Integration in die Gesellschaft, auf die ich ohnehin pfeife.«

Reine Nervensache

Ende Oktober. Während des Tages hatte es mehrmals geregnet, und jetzt am Nachmittag öffnete der Himmel schon wieder seine Schleusen. Der Regen peitschte mir ins Gesicht, als ob er seine ganze Wut an mir auslassen wollte. Außerhalb Kopenhagens stand ich am Straßenrand und wartete auf einen Lift. Ich war so naß wie eine Katze und tippelte ungeduldig auf der Stelle, bis sich endlich ein LKW-Fahrer bequemte, in die Eisen zu steigen. Total durchgeweicht setzte ich mich neben ihn und war mittlerweile schon so fertig, daß ich den Mund nicht mehr aufkriegte.

»Wo soll's denn hingehen?« fragte er freundlich.

»Nach Puttgarden und dann weiter Richtung Hannover.«

»Leider fahre ich nur bis Puttgarden, aber das ist ja auch schon ein ganzes Stück«, meinte er.

»Auch gut«, sagte ich nur und lehnte mich müde zurück. Ich mußte nur nach Hause, weil meine Tablettenration zu Ende ging, ohne die ich nicht sein durfte, und das ärgerte mich.

Die Wärme im Führerhaus machte mich noch müder, als ich eh schon war, und ich hatte große Mühe, die Augen offen zu halten. Irgendwann schlief ich ein. Erst als der LKW auf die Fähre polterte, wachte ich mit Schrecken auf. Der Fahrer lächelte und sagte: »Ganz schön kaputt, nicht wahr?«

In Puttgarden angekommen, stellte ich mich gleich wieder an den Straßenrand. Es war schon dunkel geworden, und das gefiel mir gar nicht. Ich trampte nicht gern in der Nacht, aber ich war müde und wollte so schnell wie möglich im eigenen Bett liegen. Kaum hatte ich den Daumen rausgehalten, stoppte auch schon ein Auto.

»Guten Abend! Fahren Sie zufällig nach Hannover?«

»Ja, steigen Sie ein«, sagte er.

Ich legte meinen Rucksack auf den Rücksitz und schnallte mich an. Während wir so dahinfuhren, kam ein komisches Gefühl in mir auf. Der Mann war stumm wie ein Fisch, wo doch gewöhnlich die Fahrer gern mit den Anhaltern redeten, damit die Fahrt nicht so langweilig wurde. Hin und wieder schaute er mich auf eine Art an, die mich nichts Gutes ahnen ließ.

Seine Blicke wanderten immer häufiger zu mir, und mit der Zeit wurde mir die Sache zu bunt. »Warum gucken Sie mich andauernd so an?« fragte ich ruhig.

»Ich versuche mir halt vorzustellen, wie Sie wohl ohne die Klamotten aussehen«, sagte er unverschämt.

»Scheiße! Genau so habe ich mir das gedacht«, schoß es mir durch den Kopf. »Interessant«, sagte ich. »Aber ich denke, daß es für uns beide gesünder wäre, wenn es bei Ihrer Vorstellung bleiben würde. Davon abgesehen würde Sie die Wirklichkeit nur maßlos enttäuschen.«

»Na, na, na! Warum so kratzbürstig? Wir können doch vernünftig miteinander reden«, sagte er.

»Das will ich hoffen«, gab ich zurück.

»Ich mache Ihnen ein Angebot. Mein Hobby ist Fotografieren, Aktfotos, verstehen Sie? Ich würde einen beachtlichen Preis zahlen, wenn Sie für mich Modell stehen würden. Was sagen Sie dazu?«

Ich schaute ihn an und versuchte mir ein Bild von ihm zu machen. Er mochte auf etwa Einsachtzig sein, und ich schätzte ihn auf etwa Fünfzig. Seine Ausstrahlung war finster und angsterregend, und sein athletischer Körperbau nahm mir jegliche Hoffnung, daß ich im Falle eines Kampfes eine Chance gegen ihn haben würde.

Wir hatten die Autobahn noch nicht ganz erreicht. Mir lag viel daran, daß wir so schnell wie möglich dort ankamen. Auf der Autobahn war nämlich meistens mehr Verkehr als auf anderen Straßen, und ich sah darin eine größere Möglichkeit, mich in der Not bemerkbar zu machen.

»Haben Sie noch ein anderes Hobby als das Fotografieren, zum Beispiel Sport?« fragte ich ruhig.

»Nee. Habe mich nie für andere Sachen begeistern können. Mir hat immer nur eins Spaß gemacht«, sagte er mit einem dreckigen Grinsen auf dem Gesicht.

Endlich fuhren wir auf die Autobahn.

»Na, was ist?« fragte er plötzlich gereizt.

»Was soll denn sein?« gab ich ruhig zurück.

»Haben Sie's sich überlegt?« fragte er äußerst aufdringlich.

Nun ging's ans Eingemachte, und ich hielt es nicht für klug, einfach nein zu sagen. Ich wollte so heil wie möglich aus dieser prekären Situation herauskommen, wobei ein Nein wohl das Ungünstigste gewesen wäre. Daß er mehr als nur ein Foto wollte, stand außer Frage, aber lieber wollte ich sterben, als eine Vergewaltigung über mich ergehen zu lassen. Ein bißchen Hoffnung hatte ich aber noch, denn da er keinen Sport trieb, konnte ich konditionsmäßig im Vorteil sein. »Hm! Ich denke, daß es weniger an mir als an Ihnen liegt«, sagte ich.

»Wie soll ich das verstehen?« fragte er verunsichert.

»Na! Ganz einfach! Sie wollen doch etwas von mir und nicht umgekehrt. Dienstleistung nennt man so was, verstehen Sie?! Was zahlen Sie eigentlich für derartigen Service?«

Er lächelte überlegen und sagte: »Fünfzig Mark.«

Mir blieb die Spucke weg. Ja, das schlug dem Faß den Boden aus! Nicht allein, daß er mir an die Wäsche wollte, auch der Preis war so etwas von dreist, daß ich richtig wütend wurde. Dieser Schnösel fuhr einen dicken BMW, aber für eine Frau wollte er nur fünfzig Piepen locker machen.

»Wie bitte?! Fünfzig Eier! Sie sollten sich mal wegen Altersgeiz beim Psychiater vorstellen! Das sollte wohl ein Witz sein?« spielte ich die Empörte, die allem Anschein nach noch mehr rausschlagen wollte. Meine Hand tastete vorsichtig nach dem Auslöser des Sicherheitsgurtes. Langsam drückte ich auf den Auslöser, behielt aber den Gurt in der Hand. Mit der rechten Hand hielt ich mich am Türgriff fest: »Sie meinen doch nicht ernsthaft, daß ich mich für lächerliche Piepen . . . Passen Sie auf! Vor Ihnen!«

Erschrocken schaute er nach vorn und trat auf die Bremse. Ich hatte Mühe, mich festzuhalten, um nicht an die Scheibe zu sausen. Mein Hobbyfotograf sah angespannt auf die Fahrbahn, und ich nutzte den Augenblick, um den Gurt abzustreifen.

»Sie sehen wohl schon weiße Mäuse«, schimpfte er.

»Ich hätte schwören können, daß da was über die Fahrbahn lief«, sagte ich als Entschuldigung. Plötzlich klopfte mein Herz bis zum Hals. Angstschweiß lief mir den Rücken herunter, und ein leichtes Zittern ging durch meinen Körper. Reine Nervensache. Ich versuchte, mich zu beruhigen, aber es gelang mir nur wenig.

»Nun, an wieviel hatten Sie denn gedacht?« fragte er.

»Lieber Gott! Wenn es dich gibt, dann hilf mir jetzt aus der Patsche. Was soll ich nur antworten? Um Himmels willen, leg 'nen Zahn zu!« flehte ich in Gedanken.

»Wieviel?« schrie er mich an.

»Hm! Eigentlich bin ich unverkäuflich, aber da Ihre aufbrausende Art mich anmacht, fällt es mir diesmal nicht schwer, einmal meinen Prinzipien untreu zu werden.«

Sein Gesicht hellte sich im Nu auf.

»Nun ja, für tausend Kröten wäre ich nicht abgeneigt, für Sie Modell zu stehen. Das gibt bestimmt eine Topserie, und tausend Piepen dürften für Sie doch ein Klacks sein. Wo ist eigentlich Ihre Pocket-Kamera?« fragte ich und mußte dabei laut loslachen. Die Vorstellung, mit einer Pocket-Kamera Aktfotos zu machen, fand ich einfach köstlich.

»Tausend Mark! Sie sind wohl verrückt geworden«, sagte er zornig.

»Ich wäre es, wenn ich es für weniger tun würde. So! Damit wäre das Thema nun aus der Welt«, sagte ich ernst und hoffte, daß er vernünftig bleiben würde.

Für einige Minuten sagte er kein Wort, und ich spürte, daß er irgend etwas ausbrütete. »Ich muß die nächste Ausfahrt abfahren, denn ich habe kein Benzin mehr«, sagte er.

»Sie haben noch genug Sprit, mein Lieber! Glauben Sie ja nicht, daß Sie mich für dumm verkaufen können. Sollten Sie es dennoch wagen, die Autobahn zu verlassen, spring ich raus, das garantiere ich Ihnen. Sollte ich mir dabei das Genick brechen, nehme ich das ohne weiteres in Kauf. Haben Sie mich verstanden?«

Ich muß wohl sehr überzeugend geklungen haben, denn an der nächsten Abfahrt fuhr er vorbei. Trotzdem war ich auf alles gefaßt, denn ich konnte mir nicht vorstellen, daß er so leicht aufgeben würde.

»Die nächste Raststätte ist Stillhorn«, sagte ich. »Ich wäre Ihnen dankbar, wenn Sie mich dort hinauslassen würden.«

»Aber Sie wollten doch bis nach Hannover mitfahren.«

»Halten Sie mich tatsächlich für so bescheuert, daß ich mit Ihnen noch weiterfahren will?« fragte ich böse.

Er antwortete nicht und starrte nur geradeaus. Mir war klar, daß er jetzt stinksauer war, und ich befürchtete, daß das nicht gut für mich sein würde.

Ein paar Minuten später bog er urplötzlich in einen einsamen Parkplatz ein. Sein Wagen rollte noch, da riß ich schon die Tür auf und sprang hinaus. Ich stolperte, fiel hin, rappelte mich schnell wieder auf und lief zum Wagen. Weglaufen hielt ich für sinnlos, denn er hätte mich sicherlich mit ein paar Schritten eingeholt. Ich dachte, daß ich größere Chancen hätte, wenn ich um den Wagen herumlief, denn ich hielt mich für gelenkiger als ihn.

Er stieg aus und blieb erst mal an der Fahrerseite stehen. Einen Augenblick stand er nur da, bis er sagte: »Ich kriege dich! Da kannst du Gift drauf nehmen.«

»Seit wann duzen wir uns denn?« fragte ich und grinste ihn an.

Das war zuviel der guten Worte. Rasend vor Wut rannte er los, und ich lief, was das Zeug hielt. Wie ein Bluthund hetzte er hinter mir her. Mit meiner Gelenkigkeit war ich klar im Vorteil, aber er kam um die Ecken seines Wagens schlecht herum. Einen Augenblick lang mußte ich sogar lachen, denn ich fand es nun bewiesen, daß bei Männern das Oberstübchen nicht mehr arbeitet, wenn sich im Unterstübchen etwas zu regen beginnt. Ich wurde den Eindruck nicht los, daß mein Verfolger seine Ehre nur zu retten meinte, wenn er mich langmachen konnte.

Mit der Zeit ließen meine Kräfte langsam, aber merklich nach, und ich wußte nicht, wie lange ich diese Rennerei noch durchhalten würde. Obwohl mein Hobbyfotograf auch nicht mehr frisch aussah, hatte ich doch arge Zweifel, im Nahkampf zu bestehen. Um nicht noch mehr unnötige Kraft zu verplempern, blieb ich stehen und zog mein Messer, das eigentlich für solche Fälle nie bestimmt gewesen war. »Keinen Schritt weiter, oder ich steche zu!« drohte ich.

Er blieb sofort stehen und sagte: »Glaubst du wirklich, du könntest mir mit dem Ding Angst einjagen?«

»Angst vielleicht nicht, aber ein Loch in den Bauch. Probieren Sie's doch mal! Ich warte«, sagte ich unbeeindruckt.

»Ich will dich, und ich kriege dich«, sagte er haßerfüllt.

»Na, na, na! Wer wird denn gleich mit dem Fuß aufstampfen? Geben Sie doch endlich auf!« sagte ich und konnte mir das Grinsen nicht verkneifen.

Obwohl ich wahnsinnige Angst hatte, fand ich die Sache gleichzeitig urkomisch. War es das Nicht-wahrhaben-Wollen meiner ganzen Situation, die mir das Lachen noch ermöglichte, oder was? Ich weiß es bis heute nicht.

Langsam ging er auf mich zu, und ich war zu jeder Tat bereit. Er war mir schon beängstigend nahe, als plötzlich Scheinwerferlicht den Parkplatz erhellte. Zwei Männer stiegen aus und kamen direkt auf uns zu. Es waren Männer vom Pannendienst.

»Was ist denn hier los?« fragten beide gleichzeitig, als sie mich mit dem Messer in der Hand sahen.

Ich stand wie versteinert da und brachte kein Wort mehr über die Lippen.

»Nicht der Rede wert. Wir hatten nur eine kleine Meinungsverschiedenheit«, sagte mein Verfolger lässig.

Langsam wurde mein Hirn wieder durchblutet, und ich sagte: »Ja, das stimmt. Ich wollte nur eine Mitfahrgelegenheit, aber er wollte mir an die Wäsche. Kann ich mein Messer jetzt wegstekken, oder könnten Sie mir auch noch gefährlich werden?«

Betroffen schauten sich die beiden Männer an, nickten sich dann plötzlich zu, um auf meinen Verfolger zuzugehen und die Fäuste fliegen zu lassen. Für eine Weile empfand ich höchste Genugtuung und sah zu, wie sie ihn verprügelten. Aber wie von einer unsichtbaren Macht wurde ich plötzlich vom Mitleid ergriffen. »Hört auf! Ihr bringt ihn ja um!« schrie ich.

Sofort ließen sie von ihm ab, und er lag stöhnend am Boden. Die Männer standen da und schauten ihn nur an.

»Nun helft ihm doch endlich hoch, oder wollt ihr ihn so liegenlassen?«

»Verdient hätte er es ja«, sagte einer der Pannenfahrer.

»Wenn es nach mir ginge, würde ich das auch meinen. Aber es geht nun mal nicht nach mir.«

»Nach wem geht es denn?« fragte er erstaunt.

»Wer kann das wissen. Los! Stellen Sie mir nicht so schwierige Fragen, sondern helfen Sie ihm hoch«, sagte ich und hörte aus meiner Stimme heraus, wie gereizt ich war.

Sie griffen ihm unter die Achseln und schleiften ihn in sein Auto. Seine Nase blutete, und seine Lippen waren aufgesprungen. Seine Hände hielten sich den Magen, und plötzlich machte ich mir Sorgen um ihn. Ich holte ein Tempo hervor und wischte ihm das Blut aus dem Gesicht.

»Wie geht es Ihnen jetzt?« fragte ich.

»Na ja, wie Sie sehen«, stöhnte er.

»Sollen wir einen Krankenwagen holen?«

»Einen Krankenwagen?! Die Polizei wäre bei dem wohl angebrachter«, sagte ein Pannenfahrer.

»Ach! Lassen wir die Polizei da raus. Er hat sein Fett doch längst weg«, sagte ich.

»Ja, aber was haben Sie denn vor?«

»Ich will nur weg von hier. Können Sie mich bis Stillhorn mitnehmen?« fragte ich.

»Aber natürlich! Haben Sie noch etwas im Wagen?«

»Ach ja! Hätte ich fast vergessen«, ich zog meinen Rucksack heraus. »Machen Sie's gut«, sagte ich nur und ging mit den Männern zu ihrem Wagen.

Mein Rucksack wurde auf den Laderaum gelegt, und wir drängelten uns zu dritt auf die Vordersitze, denn Rücksitze hat ein Pannenwagen gewöhnlich nicht.

»Mann! Haben Sie ein Glück gehabt. Reiner Zufall, daß wir hier anhielten. Normalerweise machen wir unsere Pause nämlich in Stillhorn. Aber heute war das aus merkwürdigen Umständen nicht möglich, denn wir wurden beide urplötzlich so müde, daß wir gezwungen waren, hier haltzumachen. Einen Kaffee brauchen wir allerdings jetzt nicht mehr, denn dieses Erlebnis war aufweckend genug. Aber vielleicht kann ich Ihnen einen anbieten?«

»Gern«, sagte ich.

Er reichte mir die Thermosflasche, und ich versuchte mir den Kaffee in den Becher zu kippen. Dabei zitterte ich so sehr, daß die Hälfte danebenging.

»Geben Sie her! Das kann ja kein Mensch mitansehen. Hier! Der wird Ihnen guttun«, sagte er freundlich, nachdem er den Kaffee eingeschüttet hatte.

Während ich trank, sah ich, wie der Hobbyfotograf seines Weges fuhr. »Da fährt er hin«, dachte ich und hatte dabei ein flaues Gefühl im Magen.

Eine knappe halbe Stunde später kamen wir in Stillhorn an. Ich war fix und fertig und wollte nur meine Ruhe haben.

»So, jetzt gehen wir zur Polizei. Ich habe mir seine Autonummer aufgeschrieben, damit wir etwas in der Hand haben«, sagte einer von ihnen.

Ich aber hatte längst keine Meinung mehr, denn mit einem Mal ging alles über meine Kräfte. Meine Psyche schien jetzt erst richtig zu reagieren und antwortete mit einem gehörigen Schock.

Kaum hatten wir die Polizeistation betreten, kam uns Rudi entgegen. »Mein Gott! Wie siehst du denn aus?« fragte er erschrocken.

»Ihr kennt euch?« fragten die Pannenfahrer verblüfft.

»Allerdings! Wo haben Sie sie denn gefunden?«

»Falsch, Rudi. Ich hatte keinen Anfall«, sagte ich. Rudi war Polizeibeamter, und ich machte mit ihm Bekanntschaft, als er mich eines Tages bewußtlos an einer Autobahnauffahrt fand. Ich hatte einen epileptischen Anfall und stürzte dabei so unglücklich auf die Leitplanke, daß ich mir eine Platzwunde am Kopf und eine Gehirnerschütterung zuzog. Im Krankenhaus stattete er mir dann einen Besuch ab, um seinen Bericht schreiben zu können. So lernten wir uns kennen, und seitdem machte ich hin und wieder einen Abstecher zu ihm, wenn mein Weg mich durch Stillhorn führte.

»Aber was ist denn passiert?« fragte er aufgeregt.

»Wir haben sie auf einem Parkplatz getroffen, wo ein Mann

sie offensichtlich vergewaltigen wollte«, erklärte einer der Fahrer.

»Reg dich nicht auf. Es ist ja noch mal gutgegangen«, versuchte ich ihn zu beruhigen, denn er wurde plötzlich ganz blaß.

»Du meine Güte! Und wo ist der Mann?« fragte er.

»Dem haben wir eine ordentliche Lektion erteilt, bevor wir wegfuhren«, sagte einer der Männer stolz.

»Was?! Ihr habt ihn einfach laufenlassen? Das darf doch nicht wahr sein!« schimpfte Rudi.

Betreten schauten meine Retter drein, und mir wurde augenblicklich schwarz vor Augen. Ich rief: »Schnell! Einen Stuhl!«

Endlich konnte ich mich setzen. Nach ein paar Minuten ging es wieder, und ich atmete auf.

»Hast du schon was gegessen?« fragte Rudi.

»Ja.«

»Wann?«

»Heut morgen.«

»Hervorragend! Jetzt haben wir Mitternacht. Hier! Nimm die Stullen«, schimpfte er und drückte mir seine Schnitten in die Hand.

Während die Pannenfahrer erzählten, was sie gesehen hatten, kaute ich gelangweilt auf dem Brot herum. Rudi ließ sich ihre Personalien geben und fragte: »Willst du Anzeige machen?«

»Nee. Ich will meine Ruhe haben«, sagte ich mürrisch.

»Darüber reden wir noch«, sagte er und wandte sich nochmals zu den Fahrern. »Vielen Dank für Ihre Hilfe. Sie kamen gerade noch rechtzeitig.«

»Ich möchte mich auch bei Ihnen bedanken. Das war allerhöchste Eisenbahn, und ich werde Ihnen das nie vergessen«, sagte ich.

»Aber das war doch alles selbstverständlich«, sagte der eine Fahrer. »Ich wünsche Ihnen alles Gute. Auf Wiedersehen! Und passen Sie ein bißchen besser auf sich auf.«

»Werde ich! Auf Wiedersehen!«

Nachdem die Männer gegangen waren, schaute mich Rudi ernst an.

»Halt mir jetzt bloß keine Moralpredigt«, sagte ich.

»Was würde das bei dir schon nützen?«

Ich sagte nichts mehr.

»Meinst du nicht, daß du den Mann anzeigen solltest?«

»Ich meine überhaupt nichts mehr«, sagte ich genervt.

»Ist ja schon gut. Wir reden ein anderes Mal darüber«, sagte er plötzlich verständnisvoll.

»Hast du Kaffee?« fragte ich.

»Bedien dich. Du weißt ja, wo er steht.«

Ich schenkte mir ein und fragte: »Wo sind eigentlich die anderen?«

»Im Einsatz, und einige sind krank. Es gab 'ne Menge Unfälle. Wir hatten alle Hände voll zu tun. Mich wundert nur, wo Peter abgeblieben ist. Er wollte eigentlich schon längst da sein. Aber sag mal, wie ist es dir die letzte Zeit ergangen?«

»Nicht schlecht. Hab' mich ganz gut durchgeschlagen.«

»Willst du nicht endlich mal ein vernünftiges Leben anfangen?«

»Wie sieht denn so was für dich aus?«

»So wie deins bestimmt nicht. Ich kann einfach nicht begreifen, daß man nur, um zu arbeiten, solche Strapazen auf sich nimmt. Warum heiratest du nicht und gründest eine Familie?«

Ich mußte lachen. »Sehr schön! Das wäre also nach deiner Meinung vernünftig. Rudi, ich glaube, du bist nicht ganz dicht. Angenommen, ich würde es tun, was wäre dann?«

»Na, was soll werden? Dann bist du glücklich. Die Ehe ist für die meisten Menschen das Glück überhaupt«, sagte er überzeugt.

»Na, dann wollen die meisten Menschen das Glück wohl nicht haben, denn bei den wenigsten ist die Ehe von Dauer. Außerdem ist die Ehe für mich sowieso kein Thema, denn eine Ehe ist kein Nervensanatorium.«

»Was soll das denn heißen?« fragte er überrascht.

»Das soll heißen, daß die Katastrophe schon vorherbestimmt wäre, wenn ich heute heiraten würde. Ich weiß doch gar nicht, wo ich zur Zeit stehe, was ich vom Leben erwarte und was es mir noch bringen wird. Wenn man eine Ehe eingeht, sollte man das wenigstens ungefähr wissen, damit ein Gleichgewicht vorhanden ist. Sonst könnte die Sache chaotisch werden, und das meine ich mit Nervensanatorium.«

»Glaubst du nicht, daß zwei Menschen, die sich lieben, gemeinsam ihr Gleichgewicht erreichen könnten?«

»Pah! Niemals! Was nicht vorhanden ist, schafft auch eine Ehe nicht herbei. Das müßtest du doch viel besser wissen! Warum bist du denn noch allein? Weil du erfahren mußtest, daß sich zwei Menschen heute lieben können und morgen schon nicht mehr. Deine Freundin hat dich geliebt, du hast sie geliebt, und zum Schluß ist doch alles den Bach heruntergegangen. Merkst du nicht auch, daß mit der Liebe generell etwas nicht stimmt? Geht man davon aus, daß die meisten Ehen aus Liebe geschlossen werden, dann machen einem spätestens die Scheidungsraten klar, daß entweder Liebe allein nicht genügt oder der Mensch eine total falsche Vorstellung von ihr hat. Der menschlichen Liebe fehlt etwas, denn sonst würde sie nicht so oft versagen. Frage hundert Menschen, was Liebe ist, und du wirst hundert verschiedene Meinungen hören, und dabei wette ich noch, daß keiner recht hat.

Was mich betrifft, habe ich längst keine Vorstellung über die Liebe mehr. Die hatte ich mal, und sie war falsch, und deshalb glaube ich, daß ich die wahre Liebe auch nie kennengelernt habe. Eins und eins ist zwei, daran gibt es nichts zu rütteln, und wir brauchen eine Liebe, an der es ebenfalls nichts zu rütteln gibt. Verstehst du? Solange es nicht nur eine einzige Interpretation für die Liebe gibt, kann ich nicht daran glauben. Aber ich brauche etwas, woran ich glauben kann, und mit Sicherheit kann ich nicht an die Ehe glauben oder an einen Mann. Ich suche einen Glauben, der nicht nur ein Hirngespinst ist, einen Glauben, der wahr ist. Ich denke, daß es etwas gibt, wovon ich eines Tages sagen kann: ›Das ist es! Das steht bombenfest! Das kann mir keiner nehmen.‹ Ich werde jedenfalls so lange danach suchen, bis ich es gefunden habe, und alles andere kann mir den Buckel herunterrutschen.«

»Du meine Güte! Ich möchte gern mal wissen, wie dieses Bombenfeste bei dir aussehen soll. Ich glaube eher, daß du dein Leben auf der Suche nach etwas verschwendest, das es gar nicht gibt«, sagte er ernst.

»Du bist mal wieder sehr ermutigend«, sagte ich lachend.

Mit einem Mal wurde ich sehr müde und wollte auf keinen Fall noch in derselben Nacht weitertrampen. »Rudi, ich bleibe heute nacht hier. Ich bin so kaputt, daß ich nur noch schlafen möchte.«

»Hast du etwa geglaubt, daß ich dich heute nacht noch weglasse? Geh man ruhig in die Zelle. Bevor die nächste Schicht kommt, werde ich dich wecken.«

»Alles klar! Gute Nacht.«

»Kannst du nach diesem Erlebnis überhaupt schlafen?«

»Und ob. Wie eine Tote.«

»Hoffnungsloser Fall«, meinte er kopfschüttelnd und wünschte mir eine gute Nacht.

Als ich die Zelle betrat, war ich richtig froh, daß ich Rudi kannte. Wie oft habe ich bei ihm schon Rast machen können und in der Zelle schlafen dürfen!

Die Zelle sah wie immer aus: blanke Kacheln, ein Betonklotz als Bett, darauf eine Schaumgummimatratze und schwere graue Decken als Bettzeug. Hundemüde legte ich mich hin und schlief wie immer sofort ein.

»Raus aus der Koje! Es ist fünf Uhr, und das Frühstück ist fertig«, grölte Rudi.

»Das war die kürzeste Nacht meines Lebens«, dachte ich, denn ich war noch todmüde. »Guten Morgen! Hallo Peter! Wo warst du gestern?« fragte ich, als ich Peter sah.

»Ach! Mal wieder der Magen«, sagte er. Peter war ein Kollege von Rudi, die beiden arbeiteten am liebsten zusammen. Ich kannte ihn nur flüchtig, er war oft krank, hatte Probleme mit seinem Magen, die zum größten Teil nervös bedingt waren. Er wußte das, konnte es aber nicht ändern.

»Bei dem Beruf hätte ich überall Geschwüre«, sagte ich.

Peter lachte. »Was machen deine Anfälle?« fragte er nach einer Weile.

»Es geht. Du weißt ja, daß die Leute viel schlimmer sind als die Anfälle.«

»Standen mal wieder tausend um dich herum?«

»Ja, das passiert leider oft, und ich werde mich wahrscheinlich nie daran gewöhnen.«

»Mir würde das auch auf die Nerven gehen. Ich frage mich nur, wie du dabei so normal geblieben bist.«

»Bin ich doch gar nicht«, sagte ich, verdrehte die Augen und ließ die Zunge heraushängen.

Peter und Rudi lachten sich kaputt, und zum Spaß zog ich noch ein paar Grimassen mehr.

Als wir gefrühstückt hatten, wurde es Zeit, sich zu verabschieden. »Ich danke euch. Macht es gut und paßt auf euch auf.«

»Na, das sollte ja wohl mehr für dich gelten. Tschüß, Renate, und ruf mal an«, sagte Rudi.

»Mach' ich«, versprach ich und ging.

Ich mußte nicht lange warten, bis mich ein Autofahrer mitnahm, und zweieinhalb Stunden später war ich schon zu Hause. Erschöpft ließ ich mich ins Bett fallen und wachte erst wieder am Nachmittag auf. Die letzten vierundzwanzig Stunden gingen mir durch den Kopf, und wie gewöhnlich mußte ich die Dinge schriftlich verarbeiten:

»War es Glück, war es Unglück oder soll ich es Glück im Unglück nennen? Ich glaube nicht, daß es purer Zufall gewesen ist. Gibt es Glück und Unglück überhaupt? Angeblich sollen manche Menschen das Glück gepachtet haben, wobei andere vom Pech nur so verfolgt werden. Also, ich weiß ja nicht, aber für mich ist das alles dummes Geschwafel, denn es kommt doch wirklich darauf an, was man unter Glück versteht. Ich habe schon allerlei Sorten Mensch kennengelernt, Reiche und Bettelarme, Erfolgreiche und Versager, Bescheidene und Aufschneider, und trotzdem konnte ich kaum Unterschiede zwischen ihnen erkennen, woraus ich vielleicht hätte schließen können, daß das eine glücklicher macht als das andere.

Wenn ich ehrlich bin, habe ich gar keine richtige Vorstellung vom Glück. Kommt das Glück von außen, wie ein Lottogewinn oder eine berufliche Karriere? Das dürfte wohl schlecht sein, denn dann wäre Glück und Unglück ja wieder etwas Zufälliges. War es etwa ein glücklicher Zufall, daß die Pannenfahrer gerade dann müde wurden, als ich dringend Hilfe brauchte? Mein Unglaube gegenüber dem Zufall erschreckt mich schon sehr, denn dadurch laufe ich Gefahr, in die Irre zu rennen. Und trotzdem glaube ich nicht an den Zufall! Nein, ich glaube langsam an eine Macht, die es gestern vermochte, zwei Pannenfahrer zur Rast zu zwingen. Es gibt einen Gott! Ich will, daß es einen Gott gibt ... Dieser Gott hat mir gestern das Leben gerettet, und es ist mir ganz egal, ob man mich nun für verrückt hält.

Gibt es einen Gott, dann kann es kein Glück und Unglück in dem Sinne, wie wir es verstehen, geben. Ich kann dann wieder nur vom Schicksal reden. Folglich muß Glück etwas sein, daß das Schicksal, so schwer es auch sein mag, in Frieden annehmen kann. Das wahre Glück muß Frieden im Menschen hervorrufen, einen Frieden, der nicht gleich verlorengeht, wenn der Mensch Probleme bekommt. Einen Frieden, der mit einer gleichgültigen Ruhe nicht zu verwechseln ist und der einen das ganze Leben lang hindurchträgt. Es hat mich schon immer nachdenklich gemacht, wenn mir Leute begegneten, die sich andauernd vormachen mußten, wie glücklich sie doch sind. Ich habe ein feines Gespür für übertriebene Fröhlichkeit und überschwengliche Zufriedenheit. Es wirkt so unecht wie Theater.

Obwohl jeder etwas anderes unter Unglück verstehen mag, fürchtet sich der Mensch doch sehr davor. Ich habe kaum noch Angst vorm Unglück, weil ich zusehends mehr auch an einen Sinn des Unglücks glaube. Anfangs sah ich meine Krankheit ebenfalls als ein Unglück an, aber heute nicht mehr. Längst habe ich darin einen Übergang zu einer neuen Gesundung erkannt. Nicht zu einer körperlichen, aber zu einer neuen seelischen Gesundheit. Das habe ich ganz besonders an den Perioden erkannt, in denen die Anfälle täglich kamen. Dabei habe ich immer viel Kraft verloren, aber mit meiner Psyche geschah etwas, was ich als Stärkung empfand.

Ob Krankheit oder Unglück, der Mensch ist jedesmal enttäuscht davon. Aber sollte man Ent-täuschungen nicht positiv gegenüberstehen? Das Wort allein sagt mir doch schon, daß man sich erst hat täuschen lassen, bevor man ent-täuscht wird. Enttäuschungen bringen einen unweigerlich der Wahrheit näher. Meine Krankheit machte es zum Beispiel möglich, daß auch ich von der Welt enttäuscht war. Gut so, denn endlich sah ich die Welt, wie sie wirklich war. Wahrscheinlich hätte ich mich von der Welt weiterhin täuschen lassen, wenn ich immer gesund geblieben wäre.

Näher zur Wahrheit kommen und vielleicht eines Tages die Wahrheit kennen – nur das kann Glück sein. Dafür nehme ich jedes Leid gern in Kauf, denn letztendlich muß mich die Wahrheit zum Frieden führen und nicht körperliche Gesundheit oder Reichtum.

Zum jetzigen Zeitpunkt kenne ich nur die Wahrheit der Welt und bin überzeugt, daß diese Wahrheit eine Lüge ist. Sie ist genauso eine Lüge wie das menschliche Glück, denn es ist trügerisch und noch dazu vergänglich. Wahres Glück muß jedem zugute kommen und darf nicht nur einzelnen beschieden sein. Auf das menschliche Glück kann ich gut und gerne verzichten, denn es macht mir nur Angst. Ich will das Wahre, das Unvergängliche! Nur das ist Glück.

Falls es einen Gott gibt, könnte ich mir gut vorstellen, daß nur er genau weiß, wie ich das wahre Glück erreichen kann.«

Unterwegs nach Valencia

Herbst. Eine Jahreszeit, die ich am liebsten hatte, und nicht nur deshalb, weil ich dann meistens gut bei Kasse war. Der Herbst war für mich immer die ehrlichste Jahreszeit und erinnerte mich an alte Menschen. Wie der Herbst war für mich das Alter die Zeit der Reife, in der die Früchte des Lebens sichtbar werden. Dieser Lebensabschnitt macht häufig offenbar, was der Mensch in seinem Leben für wichtig gehalten hat, ja, wie es um ihn bestellt ist.

Das Sprichwort »Ein Bäumchen biegt sich, aber ein Baum nicht mehr« kommt wohl nicht von ungefähr, ich fand es oft bestätigt. Alten Leuten habe ich immer gern meine Aufmerksamkeit geschenkt und dabei erkannt, daß sie häufig die Dinge nicht mehr so gut vertuschen konnten wie junge Leute. Ich wurde nie den Eindruck los, daß viele Menschen sich im Alter nicht mehr ändern konnten, weil sie es ihr ganzes Leben nicht gewollt hatten. Das Alter wird für viele die Zeit der seelischen Offenbarung werden und damit wohl die ehrlichste Periode ihres Lebens sein.

Im Alter läßt Krankheit oft die wahre Persönlichkeit erkennen. Unzählige Male habe ich sie in den Krankenhäusern ertragen müssen, die verbitterten Alten, die der Krankenschwester das Leben zur Hölle machten. Und dann muß man sich von den Verwandten noch anhören, daß sie durch die Krankheit so geworden sind und vorher ganz anders gewesen waren. Ein schrecklicher Unsinn, denn sie haben sich vorher nur anders gegeben, bis die Krankheit sie von der wahren Seite zeigte. Durch die Krankheit wurden sie indirekt gezwungen, Farbe zu bekennen, und unweigerlich traten damit ihre wahren Charaktere ans Tageslicht.

Ich denke an die alte Frau, die immer gesund war und dann, mit achtzig Jahren, ins Krankenhaus eingeliefert wurde. Sie lag mit mir im Zimmer und wagte es nicht, mich um etwas zu bitten, war so bescheiden. Ich war nie ein besonders hilfsbereiter Typ und erst recht nicht, wenn man bei mir auf der Mitleidstour reiten wollte. Aber für diese Frau hätte ich mich am liebsten zerrissen. Manchmal liefen ihr vor Schmerzen die Tränen übers Gesicht, aber nie hörte ich ein Wort der Verbitterung von ihren Lippen. Sie war so gutmütig, so lieb, und wenn mir manchmal die Zeit zu lang wurde, hatte sie immer tröstende Worte für mich.

Eines Nachts erwachte ich von einem Anfall, und als ich die Augen öffnete, sah ich sie an meinem Bett sitzen und mich streicheln. Sie wischte mir das Blut aus dem Gesicht (ich hatte mir die Zunge zerbissen). Und das erste Mal in meinem Leben konnte ich mich von einer herzlichen körperlichen Berührung nicht abwenden. Es tat so gut, es war so ehrlich, daß ich, noch während sie mich streichelte, wieder einschlief. Diese Nacht werde ich nie vergessen, und das Gesicht der alten Frau werde ich immer in meinem Gedächtnis behalten.

»Herbst – Reifezeit – Erntezeit. Wie werden meine Früchte sein? Trocken, bitter, verkümmert?« schrieb ich einmal ins Tagebuch. »Ich habe Angst, so zu werden wie die verbitterten Alten, in denen man keine Liebe findet. Mein Gott, ich habe Angst.«

Es war Herbst, und ich war unterwegs nach Valencia, um die Orangenernte mitzumachen. Ein freundlicher LKW-Fahrer nahm mich mit, und zu meiner Freude hatten wir auch noch das gleiche Ziel. Doch bald schlug meine Freude in Sorge um, denn ich bemerkte, wie übermüdet er war. Ich hätte auch gern ein biß- chen geschlafen. Aber das wagte ich nicht, denn ich hatte Angst, daß er am Steuer einschlafen könnte, wenn ich ihn nicht unter- hielt.

Als Anhalterin zog ich LKWs den Personenwagen vor, weil sie weitere Strecken fuhren und ich mir dadurch das ewige Umstei- gen und das damit verbundene Warten auf den nächsten Lift er- sparte. Außerdem wurde ich von Autofahrern weitaus häufiger sexuell belästigt als von LKW-Fahrern, was ein nicht unerhebli- cher Grund für meine Wahl war. Auch meine Erlebnisse mit Ka- mikaze-Fahrern machten mir die Entscheidung zwischen Por- sche und LKW ungemein leicht.

Es gelang mir nicht, den Fahrer noch lange zu unterhalten, denn ich konnte kaum noch meine Augen aufhalten. »Ich muß mich unbedingt aufs Ohr hauen«, sagte ich, »und du solltest auch eine Pause machen.«

»Geht nicht! Wenn ich die Ladung nicht pünktlich in Paris ab- liefere, bin ich meinen Job los. Aber ist das erst mal erledigt, kann ich mich auch ein paar Stunden hinlegen. Geh du nur ruhig schlafen, aber vergiß nicht, das Netz vor die Koje zu spannen.«

Ich sagte nichts mehr, kroch in die Koje, spannte das Sicher- heitsnetz vor und schlief ein.

Starke Schmerzen im Brustkorb machten plötzlich dem Schlaf ein Ende. Ich hörte Sirenen heulen und ein Gewirr von Stimmen. Vor meinen Augen bot sich ein schreckliches Bild. Der Fahrer lag leblos im Wagen, ein Teil des Lenkers hatte sich in seinen Bauch gegraben. Das ganze Führerhaus, oder besser gesagt, was davon noch übriggeblieben war, war voller Blutspritzer. Niemals zuvor hatte ich soviel Blut gesehen, und ich dachte, ich sei dabei, den Verstand zu verlieren. Der LKW lag mit der Fahrerseite direkt auf dem Asphalt, so daß sich mein Körper praktisch in der Senk- rechte befand. Meine Beine waren eingeklemmt, und ich konnte mich keinen Zentimeter bewegen. Wie gebannt starrte ich nur nach unten, wo der Fahrer lag und langsam verblutete.

Der französische Rettungsdienst versuchte verzweifelt, uns von der Beifahrerseite aus zu bergen, aber es war ein hoffnungsloses Unterfangen. Ein Mann redete ruhig auf mich ein, und obwohl ich kein Wort verstand, tat es mir gut. Das Blut lief mir über die Augen, und der Helfer legte mir einen Verband an. Ich sah nur manchmal seine Augen, denn er mußte mich ja von oben behandeln, weil der Wagen umgekippt war. An den Fahrer kamen sie vorerst nicht ran, und bei mir konnte auch nicht viel mehr geschehen, als bereits getan war.

Einige Zeit später fühlte ich, daß der Fahrer bald sterben würde, und bekam Angst. Ich habe den Tod bei anderen Menschen immer schon vorher gespürt, bevor er eintrat. Als ich auf der Intensivstation lag, habe ich den Tod von Menschen schon viel eher wahrgenommen als das EKG. Noch bevor es Alarm schlug, habe ich alles gefühlt. Jedesmal, wenn sich dieses furchterregende Gefühl in mir breitmachte, waren alle Wiederbelebungsversuche bei einem Patienten umsonst. Spürte ich aber nichts, und das EKG bekundete trotzdem Gefahr, dann führten die Wiederbelegungsversuche zum Erfolg. Wenn ich so etwas erleben mußte, fragte ich mich immer: War der Mensch schon tot, wenn Herz und Lunge nicht mehr arbeiteten? Oder war er erst dann tot, wenn die Seele seinen Körper verlassen hatte? Ich wußte ganz genau: Mein Gefühl vor dem Eintreten des Todes zeigte mir, daß die Seele eines Menschen im Begriff war, seinen Körper zu verlassen. War sie erst mal gegangen, dann war der Mensch mit Sicherheit auch tot. Ich begann zu ahnen, daß nur die Seele über das Weiterleben des Menschen auf der Erde bestimmt, und daß nur sie es vermag, den kranken Körper wieder so zu stärken, daß er alle Kräfte mobilisiert und selbst ein Herz wieder zum Schlagen bringt. Trotz meiner Vermutungen blieben die für mich wichtigsten Fragen immer unbeantwortet: »Wo kommt die Seele her? Wo geht die Seele hin? Und wer bestimmt, wann sie den Körper zu verlassen hat?«

Es dauerte noch eine Ewigkeit, bis ein Kran den Laster wieder auf seine vier Räder hievte. Zuerst kümmerte man sich um den Fahrer, der einige Augenblicke vorher gestorben war, und dann versuchte man meine eingeklemmten Beine zu befreien. Sie zogen und zerrten an mir herum, und ich schrie vor Schmerzen. Ratlos sahen sich die Helfer an, denn auch die Sitze waren nicht zu bewegen. Durch den Aufprall war alles so ineinander verkeilt, daß schieben und ziehen absolut sinnlos war. Irgendwann fing mein Herz plötzlich an zu rasen, und ich zitterte vor Kälte. Der Notarzt versuchte, mir einen Zugang für eine Infusion zu legen, doch es wollte ihm nicht gelingen. Durch die vielen Spritzen, Infusionen und Blutabnahmen in vergangenen Zeiten waren fast alle Venen derart verknorpelt, daß kaum noch ein Durchkommen war. Ich wollte dem Arzt sagen, daß er es doch mal am Hals versuchen sollte, aber meine Kehle war wie zugeschnürt. Es kam mir vor wie eine Ewigkeit, bis man mich endlich mit einem Schneidegerät befreien und in den Krankenwagen legen konnte.

Ich spürte nichts, hörte nur das Geräusch der Sirenen und sah den Arzt vor mir. Doch mit einem Mal füllte sich der Rettungswagen mit Nebel, und ich fühlte, daß ich nicht mehr lange bei Bewußtsein bleiben würde. Langsam verdunkelte sich das Bild vor meinen Augen. Ganz aus der Ferne hörte ich noch die Sirene, sah das Gesicht des Arztes verschwommen, blaß, verzerrt. Krampfhaft versuchte ich die Augen offenzuhalten, aber der Schleier vor mir wurde immer dichter. Panische Angst überkam mich, und hilflos flehte ich in Gedanken: »Mein Gott! Laß mich nicht sterben, bevor ich dich gefunden habe!« Danach ergriff mich die Dunkelheit völlig.

Als ich wieder erwachte, mußte ich nicht lange überlegen, wo ich war. Die weißen Bettlaken, das EKG, der Zugang am Hals und die Sitzwache ließen keine Zweifel zu. »Scheiße«, dachte ich nur.

»Wie geht es Ihnen? Ich kann nur ganz wenig Deutsch«, sagte die Schwester freundlich.

»Mit meinem Französisch ist es auch nicht weit her. Doch wie ist es mit Englisch?« fragte ich.

Das ging gut, und sie erzählte mir, daß ich vor anderthalb Tagen eingeliefert worden war. Mehr durfte sie wohl nicht sagen, denn sie fragte mich, ob ich einen Arzt sehen wollte. Ich nickte nur, und sie stand auf, um ihn zu holen. Einige Augenblicke später stand er vor meinem Bett. Ich holte tief Luft, damit ich meine Abneigung gegen die weißen Kittel besser unter Kontrolle bekam. Die schlechten Erfahrungen, die ich mit Ärzten gemacht hatte, waren immer noch nicht überwunden und machten mir jede Begegnung unsagbar schwer.

»Können Sie mir sagen, was mit mir los ist?« fragte ich so freundlich, wie es ging.

»An was können Sie sich denn noch erinnern?«

»Wir hatten einen Unfall?«

»Genau! Und dabei haben Sie sich mehrere Rippen gebrochen. Dazu kommt eine Platzwunde am Kopf und ein schwerer Schock. Außerdem ist Ihr Körper übersät mit kleinen Schnittwunden und Hämatomen.«

»Was?! Das ist alles? Wegen der paar Kleinigkeiten liege ich auf Intensiv?« fragte ich überrascht.

Er zog die Augenbrauen hoch: »Der Schock hätte Sie fast ins Jenseits befördert. Ihr Kreislauf war zusammengebrochen, und während wir dabei waren, ihn wieder auf Touren zu bringen, bekamen Sie einen Krampfanfall nach dem anderen. Ihre schlechten Venen trieben uns fast zur Verzweiflung, denn Sie brauchten unbedingt einen Zugang. Sie haben uns einen ganz schönen Schrecken eingejagt, von Kleinigkeiten kann man daher wirklich nicht sprechen.«

»Hm«, machte ich nur.

»Kannten Sie den Fahrer näher?« fragte er.

»Nein. Er ist tot, oder?«

»Ja. Sie können uns aber nicht sagen, wie das alles passiert ist?«

»Nein. Ich habe fest geschlafen.«

»Das war Ihr Glück. Wissen Sie, wie lange der Fahrer nicht geschlafen hatte?«

»Ich glaube, er war schon sehr, sehr lange unterwegs.«

Vorwurfsvoll schüttelte der Arzt den Kopf.

»Wie lange muß ich noch hier bleiben?« fragte ich, denn ich wollte die Orangenernte nicht verpassen.

»Wenigstens eine Woche.«

»Das ist unmöglich! Die Rippen wachsen doch von allein wieder zusammen, und vom Schock merke ich auch nichts mehr. Von den Anfällen habe ich mich bereits erholt, und so gehe ich lieber heute als morgen.«

»Kommt überhaupt nicht in Frage! Die Verantwortung übernehme ich nicht. Sie hatten zu viele Anfälle, und bevor Sie nicht wenigstens eine Woche anfallsfrei sind, lasse ich Sie nicht gehen«, sagte er ärgerlich.

»Na, dann buchen Sie mal gleich ein Bett für ein Jahr. Ich bekomme nämlich jede Woche Anfälle«, sagte ich, ebenfalls sauer.

»Wie bitte?! Das ist doch nicht normal! Dann sind Sie doch medikamentös überhaupt nicht richtig eingestellt«, sagte er und tat so, als ob er genauestens Bescheid wußte.

Wie oft hatte ich solche Sprüche schon gehört! Etliche Ärzte meinten schon, daß gerade sie mich anfallsfrei bekommen würden, und taten, als ob alle anderen blöd seien. Unzählige Male hatte ich mir Hoffnung machen lassen, ließ an mir herumexperimentieren, bis ich einsehen mußte, daß sie noch viel weniger zustande brachten als ihre Vorgänger. Keiner hatte Erfolg, und ich hatte es langsam satt, mich als Versuchskaninchen zur Verfügung zu stellen. Aber auch das wäre alles nicht so schlimm gewesen, wenn ich am Ende der erfolglosen Therapie nicht immer den Sündenbock hätte spielen müssen. Nur weil Ärzte sich ihre Mißerfolge nicht selbst zuschreiben wollten, machte man mich am Ende für alles verantwortlich. Das fand ich mit der Zeit so widerwärtig, daß ich sie zum Schluß nur noch hassen konnte. Viele Ärzte können sich einfach nicht eingestehen, daß auch die Medizin ihre Grenzen hat. Und nun stand wieder einer vor mir, der glaubte, alles besser zu können. Anstatt mich zu fragen, was man alles schon bei mir versucht hatte, wußte er bereits die Antworten.

»Wir bekommen Sie schon anfallsfrei«, sagte er ohne den geringsten Zweifel, und ich verspürte große Lust, ihm eine runterzuhauen.

»Mistkerl«, dachte ich nur, denn sein Befehlston ließ mir die Galle hochkommen. Wieder einmal mußte ich mit Abscheu erkennen, daß ich kein Mensch, sondern nur ein medizinischer Fall war. Es war schon merkwürdig, gerade in Krankenhäusern hatte ich nie das Gefühl, daß man mir wirklich helfen wollte. An keinem anderen Ort fühlte ich mich je so alleingelassen, so respektlos behandelt wie dort. Man ist entweder ein schwieriger oder ein interessanter Fall, oder man gilt als problemlos. Ich war nicht nur eine schwierige, sondern auch eine unangenehme Patientin. Nicht selten sagte man mir, daß ich eigenwillig sei, so, als ob es etwas ganz Schlimmes wäre, seinen Willen zu bekunden. Ich fragte zuviel und lehnte so manche Therapie konsequent ab, wenn ich wußte, daß sie mir mehr schaden als helfen würde. Und ich wußte es! Mir fehlte außerdem die Ohnmacht, die so viele Patienten gegenüber den Göttern in Weiß empfinden. Diese Ohnmacht, dieses Gefühl der Unmündigkeit machte die meisten Ärzte so überheblich, daß sie es einfach nicht ertragen konnten, wenn jemand wagte, zu widersprechen.

Mit der Zeit hatte ich gelernt, zu schweigen, weil meine Einwände einfach zu oft überhört wurden. Ich mußte einsehen, daß ein Patient lieber das tun sollte, was er für richtig hält. Damit er keine Fehler macht, besorgt er sich das nötige Fachwissen am besten aus Büchern. Es hatte einfach keinen Zweck mehr, sich auf Diskussionen einzulassen, wenn der Arzt letztendlich doch nur seinen Willen durchsetzen wollte. Und genau aus diesem Grund schwieg ich auch diesmal und dachte nur: »Dein Gesicht möchte ich sehen, wenn du die nächsten Tage eine Visite vor einem leeren Bett machen mußt.«

Den nächsten Morgen wurde ich auf Normalstation verlegt. Meinen Rucksack bekam ich auch wieder. Als ich darin herumkramte, wurde ich angenehm überrascht, denn zu meinem Erstaunen fehlte nichts. »Mein Geld ist ja noch da!« jubelte ich. Damit hatte ich überhaupt nicht gerechnet, denn ich wurde so oft bestohlen, daß ich mich mit der Zeit schon gar nicht mehr darüber aufregte. Wer meint, daß das Pflegepersonal und der Rettungsdienst ausschließlich ehrliche Leute sind, wird schnell enttäuscht. Es ist eben so, und was konnte man schon dagegen tun, wenn einem die Geldbörse geklaut wurde, während man bewußtlos im Krankenwagen lag oder einmal seinen Nachttisch unbeaufsichtigt ließ, weil man zu einer Untersuchung mußte? Aber diesmal war noch alles da, und ich freute mich sehr darüber. »Hier in Paris gibt es wahrscheinlich mehr ehrliche Leute«, flachste ich fröhlich vor mich hin.

Ich durfte aufstehen; mit meinem »boyfriend« (ein fahrbarer

Ständer, an dem die Infusionsflasche hing) erkundete ich die Station. Ich nannte das Ding boyfriend, weil ich in meinem Leben öfter in Begleitung eines Infusionsständers war als in der eines Mannes. Nachdem ich mich genauestens umgesehen hatte, ging ich zurück ins Zimmer, denn ich wußte nun, wie ich am schnellsten das Krankenhaus verlassen konnte.

Die Langeweile empfand ich im Krankenhaus oft quälender als Schmerzen. Ich fand aber auch selten die Ruhe, die man als Kranker so dringend braucht. Der ganze Tag ist mit kleinen Störungen ausgefüllt, die es verhindern, sich einer Sache mit Konzentration zu widmen. Letztendlich werden alle Aktivitäten schon im Keim erstickt, weil man genau weiß, daß in spätestens zehn Minuten wieder jemand zur Tür hereinkommt, um seine Pflicht zu tun. Nachmittags kommt dann laufend Besuch; so mancher bleibt bis in die späten Abendstunden, denn nur noch sehr wenige Krankenhäuser haben vorgeschriebene Besuchszeiten. Und wenn man glaubt, daß man wenigstens nachts seine Ruhe hat, war man entweder noch nie in einem Krankenhaus oder man lag mit Bagatellfällen auf einem Zimmer. Ich brauche nach einer Entlassung immer mindestens zwei Wochen Erholung, denn die Unruhe in Krankenhäusern macht mir mehr zu schaffen als die Krankheit selbst.

Ich kramte mein Tagebuch aus dem Rucksack, damit ich mir die Zeit wenigstens mit Schreiben vertreiben konnte. Meine Gedanken kreisten plötzlich um die vergangenen Jahre. Nach meiner Meinung waren sie ein bißchen zu aufreibend, denn nicht gerade selten entging ich nur mit knapper Not dem Tod. Ich wünschte mir, mein Leben würde in dieser Hinsicht ein bißchen ruhiger verlaufen, aber ich wußte nicht, was ich dafür tun konnte.

»Der Fahrer war höchstens fünfunddreißig Jahre alt«, schrieb ich, »und ich kann nicht verstehen, warum es ihn jetzt schon erwischt hat. Ich habe mal gehört, daß ein Mensch erst dann stirbt, wenn er seine Aufgabe erfüllt hat. Aber dann frage ich mich, was zum Beispiel ein Kind für eine Aufgabe erfüllen konnte, wenn es im Alter von fünf Jahren stirbt. Wahrscheinlich ist das alles dummes Geschwätz, aber wenn nicht, dann muß eine Aufgabe etwas ganz anderes sein, als wir uns vorstellen.

Im Krankenwagen hatte ich nur die Angst, sterben zu müssen. Und mir wäre auch dann nicht wohler gewesen, wenn ich hätte sagen können, daß ich meine Aufgabe in dieser Welt erfüllt habe. Ob ich eine Aufgabe beendet habe oder nicht, in spätestens fünfzig Jahren hat man mich vergessen, und alles, was ich in meinem Leben bewirken konnte, wird so unwesentlich sein wie ein Tropfen auf dem heißen Stein.

Ich bin einfach nicht bereit, zu sterben, aber sollte das nicht die Bedingung sein, um unbeschwert leben zu können? Nicht sterben können, macht das Leben so unnötig schwer. Nur Tiere können sterben, denn ihnen ist gar nicht bewußt, daß sie überhaupt leben. Mein Hund hatte sich auch nicht gewehrt, als es soweit war. Aber er brauchte es auch nicht, denn er hatte ja keine Seele.

Ja, meine Seele ist es, die sich gegen das Sterben aufbäumt. Aber warum tut sie das? Da meine Seele nicht sterben kann, ist es doch unlogisch, wenn sie sich gegen den Tod zu wehren versucht. Aber vielleicht wehrt sie sich gerade deshalb. Sie kann nicht sterben, muß aber den toten Körper verlassen, um dann an einem anderen Ort zu leben. Will die Seele einfach den Körper nicht verlassen, oder will sie nicht zu dem Ort, zu dem sie dann gehen muß? Weiß meine Seele überhaupt, wohin sie nach dem Tode kommt?

Wenn ich Angst vor dem Sterben habe, bedeutet das doch, daß ich nicht dahin will, wo ich hingehöre. Ansonsten brauchte ich mich doch gar nicht zu fürchten. Wäre meine Seele mit ihrer neuen Wohnung einverstanden, müßte sie doch sogar Freude am Sterben haben. Ich glaube ja auch an die zwei Ewigkeiten oder an Himmel und Hölle, wie es die Leute nennen. Sollte es Himmel und Hölle wirklich geben, dann frage ich mich: Wer bestimmt, wo ich nach dem Tode hinkomme? Langsam glaube ich, daß meine Angst vor dem Sterben daher rührt, daß ich den Ort nicht mag, an dem ich nach dem Tod in alle Ewigkeit leben muß. Meine Angst könnte folglich eine unbewußte Gewißheit sein, die ich zu verdrängen versuche. Hm! Unbewußt bin ich ein Kind des Todes. Unbewußt bin ich ein Kind der Hölle! Ein unheimlicher Gedanke! Aber wie, wie um Himmels willen kann ich ein Kind des Lebens und des Himmels werden?

Spätestens mit dem Tod ist der Ort meiner Ewigkeit beschlossen, und darin sehe ich eine Chance, denn noch lebe ich. Doch worauf kommt es in erster Linie in meinem Leben an, wenn ich die Möglichkeit, in den Himmel zu kommen, nutzen möchte? Was muß ich tun, um dort leben zu dürfen? Was muß meine Seele so durchdringen, daß ich den Tod nicht mehr als mein Ende sehe, sondern als den Eintritt in ein neues, schönes und ewiges Leben? Das ist alles ungeheuer wichtig für mich, denn nur diese Sicherheit könnte mein Leben so verändern, daß ich bereit wäre, für all die Dinge zu kämpfen, die der Himmel gutheißen würde.

Im Krankenwagen flehte ich verzweifelt um Gottes Beistand. Wie ist das zu erklären, daß ich immer häufiger nach ihm verlange? Ich weiß doch gar nichts von ihm, ja, ich bin mir noch nicht einmal sicher, ob er überhaupt existiert, und trotzdem verlange ich nach ihm.

Manchmal habe ich Angst, daß jemand mein Tagebuch in die Hände bekommen könnte. Meine Gedanken wären sicherlich eine Begründung zur sofortigen Zwangseinweisung. Ich weiß ja selbst, daß meine Gedanken oft in die Irre rennen, aber ich habe niemanden, mit dem ich über dieses Thema reden könnte. Ich fühle mich so hilflos, wenn ich über Gott nachdenke; nichts wünschte ich mehr, als mich einmal mit einem Menschen darüber unterhalten zu können. Besonders dann, wenn dieses unerklärliche Verlangen wie ein Platzregen über mich kommt. Dann habe ich immer das Gefühl, daß ich von irgend etwas wie ein Magnet angezogen werde, ohne auch nur die geringste Chance, mich dieser unwiderstehlichen Kraft zu entziehen.

Ja, ich wünsche mir einen Gott! Kein Wunsch ist größer als dieser. Bin ich eine Träumerin? Ein hoffnungsloser Idiot? Manchmal komme ich mir so vor. Aber es ist mir vollkommen egal! Ich will einen Gott! Aber ich will ihn nur, wenn er kein Traum, sondern Wahrheit ist. Ob dieser Gott lesen kann?«

Ich klappte mein Tagebuch zu und legte es wieder in den Rucksack. Danach setzte ich mich aufs Bett und wartete auf das Mittagessen. Die zwei Frauen, mit denen ich das Zimmer teilte, schauten mich hin und wieder skeptisch an, was ich mit einem Lächeln erwiderte. Derartige Blicke war ich gewohnt, sie störten mich kaum noch. Viele Patienten waren nämlich der Meinung, daß ich wie das blühende Leben aussah, und konnten oft nicht begreifen, daß ich wirklich krank war. Tatsächlich sah ich immer frisch und munter aus, was aber erfahrungsgemäß mehr Nach- als Vorteile hat, denn man wird oft nicht ernstgenommen, wenn man ohne Leidensmiene sagt, daß es einem schlecht geht. Ich sage längst kein Wort mehr, wenn es mir nicht gutgeht, denn Antworten wie: »Dafür siehst du aber erstaunlich gut aus«, hängen mir zum Hals heraus.

Manchmal wurde ich den Eindruck nicht los, daß man als Kranker die Pflicht hat, den Gequälten zu mimen. Aber diese Art liegt mir nicht, und wenn ich sie bei anderen bemerke, stößt sie mich ab.

Ich hatte immer eine heitere Natur und konnte trotz meiner Krankheit schnell Kontakte knüpfen. Aber in einem Kranken- haus vermied ich jede vermeintliche Annäherung wie die Pest. Zu Beginn meiner Krankheit war das noch nicht so, doch als ich bemerkte, daß für viele die Krankheit gleichzeitig der Lebensin- halt war, zog ich mich schleunigst zurück. Ich konnte so etwas einfach nicht ertragen, denn es war mir immer sehr wichtig, daß ich in Krankheitstagen mein Bewußtsein in eine andere Rich- tung lenken konnte. Das hatte keinesfalls etwas mit Verdrän- gung zu tun; nur indem ich den nötigen Abstand zu meiner Krankheit hielt, konnte ich mich ein Stück von meinem Leiden freimachen.

Leider merkte ich im Krankenhaus, daß manche Kranke gar nicht gesund werden wollten. Ja, ich möchte sogar behaupten, daß einige auf der Stelle sterben würden, wenn sie von heute auf morgen wieder gesund wären. Diese Menschen hatten nichts an- deres als nur ihre Krankheit, und hätte man ihnen die auch noch genommen, dann hätte man sie vor das absolute Nichts gestellt. Als ich noch gesund war, hätte ich diese Tatsache nie für möglich gehalten; es schockierte mich sehr, daß es Menschen gibt, die ih- re Krankheit pflegen und hüten wie die Mutter ihr geliebtes Kind.

Ich habe viel über das Leid nachdenken müssen, versuchte, es zu interpretieren, und stand immer wieder vor neuen Rätseln.

Leid ist ein subjektives Empfinden, und weil der Mensch es aus seinem eigenen Empfinden heraus zu erklären versucht, kann man das Leid auch gar nicht vergleichen. Aber ganz besonders wichtig ist die Frage, in welcher Weise das Leid Spuren hinterläßt, das heißt, ob es negativ oder positiv auf einen Menschen wirkt. Die Qual des Leidens beginnt eigentlich erst dann, wenn der Mensch seiner Krankheit hilflos ausgeliefert ist und ihr praktisch nichts mehr entgegensetzen kann. Wenn er nichts anderes mehr vermag als nur auf Besserung seines Zustandes zu hoffen, dann erst quält sich in meinen Augen der Mensch. Aber solange man noch hoffen kann, so lange kann man sein Leid auch noch ertragen.

Zur Qual wird das Leid in dem Augenblick, wo die Hoffnung gestorben ist, denn dann wird das Leid zu einer unerträglichen Last. Ohne Hoffnung ist kein Leiden auf Dauer auszuhalten. Die Hoffnung trägt bei mir einen großen Teil des Leides. Sie tröstet auf unsagbare Weise, weil man durch sie an einen Sinn seines Leides glaubt. Leiden wird da sinnlos, wo die Hoffnung schon längst gestorben ist, und wehe dem, der einem anderen die Hoffnung raubt! Gott sei Dank lebte in mir immer die Hoffnung, die mir sagte, daß meine Krankheit nicht sinnlos ist. Deshalb konnte ich auch nie sagen, daß meine Krankheit mich quälte. Sie quält mich nicht, nein. Aber ich leide unter ihr.

Die folgende Nacht stellte ich die Infusion auf die kleinste Medikamentenabgabe ein. Ich kannte die Arznei nur zu gut und wußte, daß sie bei mir nicht das geringste ausrichten konnte. Während ich darauf wartete, daß meine Zimmergenossinnen einschliefen, damit ich endlich abhauen konnte, fiel auch ich ins Reich der Träume. Ich wachte erst auf, als die Schwester mich am nächsten Morgen zum Waschen weckte. Was konnte ich da anderes tun, als herzlich über meinen verpennten Fluchtversuch zu lachen?

Die kommende Nacht sollte mir das aber nicht mehr passieren. Sobald die Frauen eingeschlafen waren, zog ich mir die Kanüle aus dem Hals und preßte den Daumen fest auf die Einstichstelle, damit es nicht nachblutete. Dann hüpfte ich aus dem Bett und zog mich an. Leise holte ich meinen Rucksack aus dem

Schrank und legte ihn aufs Bett. Jetzt mußte ich nur noch an der Nachtschwester vorbei. Ich lugte vorsichtig aus dem Zimmer. Die Schwester strickte und strickte. Es sah nicht so aus, als ob sie in der nächsten Zeit das Stationszimmer verlassen wollte. Minuten stand ich nur da und wartete darauf, daß sie endlich aus dem Zimmer ging. Aber nichts geschah. Mit der Zeit wurde mir die Sache zu bunt, und ich schlüpfte in das Zimmer nebenan, drückte auf den Alarmknopf und lief wieder zurück. Als der erste Ruf ertönte, stand sie auf und ging in das Zimmer, in dem ich geläutet hatte. Eilig griff ich meinen Rucksack und rannte über den Flur zum Treppenhaus. Ein paar Augenblicke später stand ich schon auf der Straße, und weiter ging die Reise.

Der Traum

Jahre reiste ich damals durch Europa. Gute und schlechte Zeiten wechselten sich ab, wobei die schlechten Zeiten manchmal ganz schön hart zu mir waren. In solchen Zeiten war mir die Frage nach Recht und Unrecht ziemlich egal, denn wer hungert, will essen und nicht lange diskutieren. Als ich das erste Mal in meinem Leben geklaut hatte – es waren Lebensmittel –, wunderte ich mich nur, wie leicht so etwas war, und das ermunterte mich, es immer wieder zu tun, wenn ich kein Geld hatte.

Eigentlich habe ich es meinem Gewissen zu verdanken, daß ich nicht völlig auf die schiefe Bahn geriet. Es quälte mich vor und nach jeder Tat so sehr, daß ich mit der Zeit großen Respekt vor ihm bekam. Das Gewissen konnte ich auch nie als einen Teil von mir sehen, denn es spreche zu mir, und ich konnte seine Stimme nicht so einfach abstellen.

Allein die Tatsache, daß es mich duzte, ließ mich Ehrfurcht vor ihm haben. Oft sagte es: »Willst du das tun, dann willst du Unrecht tun.« Wenn es sich auf diese Art in mir bemerkbar machte, hatte ich immer das Gefühl, eine Person spreche zu mir. Außerdem war nicht zu übersehen, daß mein Gewissen rein und gut, ich aber alles andere als das war.

Ich hatte an der Reinheit meines Gewissens nie die geringsten Zweifel, denn es nahm mich vor und nach einer unrechten Tat ins Gebet. Hatte ich mich trotzdem für das Unrecht entschieden, floh es von mir. Ja, während der Tat hatte ich kein Gewissen mehr; es kam erst wieder zu mir zurück, wenn die Tat vorbei war. Aber dann machte es mich auf mein begangenes Unrecht aufmerksam, wobei ich mich furchtbar schlecht fühlte. Ich war dann immer so zerknirscht, daß ich mir immer wieder vornahm, ein ehrlicher Mensch zu werden.

Eines Tages – ich war gerade unterwegs nach Jugoslawien – schloß ich mich einer Gruppe von Weltenbummlern an. Sie nahmen mich in ihrem VW-Bus mit, und ich reiste mit ihnen ein paar Tage durch Österreich, bis es zur ersten und letzten Meinungsverschiedenheit kam. Ich erfuhr nämlich, daß sie den VW-Bus geklaut hatten. Was mich dabei am meisten störte, war die Tatsache, daß sie darauf noch stolz waren. Vorwurfsvoll sagte ich ihnen, daß das nicht recht war. »Du redest vom Recht!? War es vielleicht recht, daß du gestern Proviant geklaut hast?« gab einer von ihnen zurück.

»Aber das sind doch Kleinigkeiten! Ein Auto hat doch einen viel größeren Wert«, verteidigte ich mich.

»Okay! Du bist eine kleine Diebin, und ich bin ein großer. Aber wo ist da der Unterschied? Dieb ist Dieb, und davon abgesehen haben alle mal klein angefangen.«

Ich kochte vor Wut, denn es wurmte mich gewaltig, daß er sich einfach mit mir auf eine Stufe stellte. Natürlich hatte er recht, aber das war es ja gerade, was mich zum Kochen brachte. Ein paar Minuten später fragte ich: »Hattet ihr denn gar kein schlechtes Gewissen?«

Sie lachten alle plötzlich schrill auf, und einer sagte: »Ich sehe, du bist noch nicht soweit. Aber mit der Zeit wirst auch du lernen, dein Gewissen zu ignorieren. Solange, wie du dich damit beschäftigst, solange wird es auch nicht aufhören, dich zu quälen, und du wirst immer unterliegen. Du mußt es konsequent ignorieren, nur dann wird es dich in Ruhe lassen.«

Ich war über seine Antwort so erschrocken, daß ich sagte: »Das dürft ihr nicht tun, denn ohne Gewissen seid ihr so gut wie

tot! Wie wollt ihr denn ohne Gewissen gegen das Böse ankämp-
fen? Dann wird das Böse bis an euer Lebensende in euch herrschen.«

Diese erschrocken ausgesprochenen Worte brachten sie zum
Lachen. Eine Art Grauen ging durch meine Seele, und ich schrie:
»Halt an! Haltet sofort an!«

Lachend hielt der Fahrer an, und ich stieg aus. Dann fuhren sie
kreischend davon, aber ich fühlte die Wahrheit einwandfrei. Die
Wahrheit, die mir sagte, daß es Gut und Böse gibt, und daß man
sich vom Bösen fernhalten soll.

Spontan entschloß ich mich, in Österreich zu bleiben. Ich
wanderte landeinwärts, um mit meinen Gedanken allein zu sein
und sie zu ordnen. Ich mußte aus der Verwirrung und Bestürzung
wieder auftauchen, um noch einmal von vorn anfangen zu können. Nachdenklich trottete ich dahin, die Worte »Dieb ist Dieb«
wollten mich nicht mehr loslassen. Sie gingen mir so zu Herzen,
daß ich mich verzweifelt fragte, warum ich es nicht schaffte, meinem Gewissen treu zu bleiben. »Gut«, sagte ich ärgerlich. »Ab
heute werde ich versuchen, konsequent ehrlich zu bleiben. Komme, was da kommen mag! Wenn ich verhungere, kann ich wenigstens sagen, daß ich ehrlich krepiere.«

Mit diesem Vorsatz im Herzen klapperte ich sämtliche Bau-
ernhöfe in der Umgebung ab und fragte nach einem Job. Für ein
bis zwei Tage hatte man immer Arbeit für mich, aber bald verging mir die Lust, alle zwei Tage etwas anderes zu suchen. Ich
nahm mir vor, mich nach einem Hof umzusehen, der mich wenigstens für drei Wochen gebrauchen konnte.

Während ich einen Paß überquerte, zog ein Unwetter auf. Die
Blitze und Donnerschläge waren so gewaltig, daß ich jedesmal
zusammenzuckte. Ozongeschmack lag auf meiner Zunge, und
mir wurde mulmig zumute. Schon einen Augenblick später
stand ich förmlich in den Wolken; das ist ein Gefühl, als ob man
vom Nebel verschluckt wird. Höchste Eile war nun angesagt,
denn es ist nicht ungefährlich, bei so einem Unwetter im Gebirge
zu sein. Zu schnell kann das Wetter umschlagen und den Weg
nach unten unbegehbar machen. »Schnell«, dachte ich. »Schnell
raus hier!« Die Angst trieb mich voran. Ich konnte kaum noch et-

was sehen und stolperte vorwärts. Man spürte die elektrische Spannung in der Luft. Mann, hatte ich eine Angst!

Rechtzeitig mit Beginn der Dunkelheit war ich wieder unten und atmete erleichtert auf.

In der Ferne sah ich ein Licht. Das mußte ein Hof sein. Der Himmel schüttete seine Wasservorräte eimerweise auf die Erde und weichte mich regelrecht auf. Als ich den Hof erreicht hatte, war das Licht bereits erloschen. Ich wollte die Leute zu so später Stunde nicht mehr stören, steuerte auf eine Scheune zu und öffnete das Tor. Man konnte nichts erkennen, und so knipste ich meine Taschenlampe an. Ich mußte lachen, denn ungefähr dreißig Kühe glotzten mich verdutzt an. »Auch egal. Scheune oder Kuhstall, was macht das mir aus«, sagte ich nur und legte mich in eine Ecke schlafen.

»Ja mei! Ja schau dir das an. Josef! Komm amal her!«

Erschrocken fuhr ich aus dem Schlaf. Vor mir stand eine recht korpulente Frau mit einer Mistgabel in der Hand. Mir wurde bange, und ich stammelte: »Guten Morgen. Entschuldigen Sie bitte, daß ich hier einfach so eingedrungen bin, aber ich hatte gestern nacht nicht den Mut, Sie so spät noch zu stören. Ich war hundemüde und brauchte dringend ein Dach über dem Kopf.«

Inzwischen war auch Josef angerannt gekommen und schüttelte nur mit dem Kopf.

»Dummerchen! Hättest ruhig anklopfen können. Wir sind doch keine Unmenschen, und das hier ist doch wirklich kein Ort zum Schlafen«, sagte die Frau freundlich.

»Ich muß an die Arbeit. Kümmer du dich um die Kleine«, sagte Josef und verließ den Stall.

»Bist du über den Paß gekommen?« fragte Josefs Frau.

Ich nickte.

»Na, da hast du ja was erlebt! Das muß die Hölle gewesen sein, wir haben den Wetterbericht gehört. Hast du Angst gehabt?«

»Und wie!«

»Nun komm erst mal mit. Du stinkst nach Kuhmist und brauchst dringend ein Bad«, sagte sie lächelnd.

Erleichtert stand ich auf, nahm meinen Rucksack und folgte

ihr wie das Kücken der Henne. Schnurstracks führte sie mich ins Badezimmer und ließ gleich Wasser in die Wanne.

»Hast du noch saubere Sachen im Rucksack?« fragte sie.

Ich schüttelte den Kopf.

»Hol die dreckigen heraus. Ich werde sie sofort waschen.« Sie musterte mich von Kopf bis Fuß und meinte: »Die Hosen von meinem Sohn müßten dir passen. Nun los! Auf was wartest du noch? Runter mit den Klamotten.«

Ich wurde rot bis über beide Ohren.

»Gut«, sagte sie verständnisvoll. »Gib mir nur die Sachen aus deinem Rucksack. Danach verschwinde ich und lege dir etwas Sauberes vor die Tür. Wenn du fertig bist, komm in die Küche.«

Das gefiel mir schon besser, und als sie das Badezimmer verlassen hatte, streifte ich meine Kleidung ab und schlüpfte ins warme Bad. Das Wasser entspannte mich, ich hätte am liebsten den ganzen Tag in der Wanne zugebracht. Die Hose und das Hemd von ihrem Sohn waren ein bißchen zu groß für mich, aber was machte das schon aus? Als ich die Küche betrat, sah ich sie gedankenversunken am Tisch sitzen. »Hallo«, sagte ich leise, damit sie mich bemerkte. Sie blickte auf und sagte: »Oh, jetzt sehe ich erst mal, wie hübsch du bist.«

»Ich hoffe viel mehr, daß ich gut rieche«, scherzte ich.

»Und ob! Komm und setz dich! Du hast sicher Hunger. Bitte, bedien dich«, sagte sie und zeigte auf den gedeckten Tisch.

Fröhlich setzte ich mich, denn ich hatte wirklich großen Hunger. Während ich frühstückte, beobachtete sie mich mit einem sorgenvollen Gesicht. Mich störte das überhaupt nicht, denn Sorgengesichter kannte ich zur Genüge und dachte dabei oft, daß Sorgengesichter unnützer waren als jede andere Mimik. Was konnte ein Sorgengesicht schon verändern? Es erweckte noch nicht einmal ein Gefühl in mir, außer vielleicht Gleichgültigkeit. Ein Lächeln dagegen vermochte fast alles.

»Kind, hättest du nicht Lust, ein wenig bei uns zu bleiben?« fragte sie plötzlich.

»Du meine Güte!« dachte ich. »Jetzt nennt sie mich schon Kind, und morgen will sie mich sicher mit ihrem Sohn verkuppeln. Rette sich, wer kann!«

»Wir könnten nämlich noch gut eine Arbeitskraft gebrauchen«, redete sie weiter.

Das hörte sich schon ganz anders an, und ich sagte: »Ich brauche aber einen Job, der mindestens für drei Wochen anhält. Es macht mir nämlich keinen Spaß mehr, alle drei Tage etwas anderes suchen zu müssen.«

»Du kannst auch noch länger bleiben. Ich sag' mal schnell meinem Mann Bescheid. Iß nur ruhig weiter, du brauchst dich nicht zu genieren«, sagte sie und stürzte fast aus der Küche.

Als sie draußen war, überlegte ich, ob ich nicht lieber abdampfen sollte. Ich hatte nämlich den leisen Verdacht, daß die gute Frau eine von der Sorte Mensch war, die den Hang hatte, aus jedem verlorenen Typen einen »vernünftigen« Menschen machen zu wollen. Eine schreckliche Vorstellung.

Nach ein paar Minuten kam sie schon wieder zurück und sagte: »Mein Mann ist einverstanden und freut sich schon über deine Mitarbeit, und ich ganz besonders, weil nun endlich mal wieder ein weibliches Wesen im Haus ist. Das ist hier nämlich die reinste Männerwirtschaft.«

»Na, dann ist ja alles geritzt«, sagte ich und gab die Absicht auf, fortzugehen.

»Komm mit! Ich möchte dir jetzt dein Zimmer zeigen«, sagte sie.

Als wir in dem Zimmer standen, fragte sie: »Gefällt es dir?«

»Ja«, sagte ich.

»Wie heißt du eigentlich?«

»Renate, und Sie?«

»Du brauchst mich nicht zu siezen. Ich bin Ruth.«

»Okay.«

»Hast du noch einen Wunsch?«

»Ja, schon. Könnte ich mich gleich ein paar Stunden hinlegen? Ich bin so kaputt, daß ich unbedingt ein wenig Ruhe brauche.«

»Aber natürlich. Ach! Hättest du gestern nacht nur nicht so viel Rücksicht genommen«, seufzte sie.

»Das war schon richtig so. Ich bin halt nur müde.«

»Dann leg dich erst mal hin. Ist es dir recht, wenn ich dich zum Mittagessen wecke?«

»Ja, sehr.«

»Na, dann schlaf gut«, sagte sie und ging aus dem Zimmer.

Ich zog mich aus und legte mich ins Bett. Ich schlief sofort ein, und auch diesmal hatte ich einen verwirrenden Traum. Er war so merkwürdig, daß ich ihn gleich aufschreiben mußte, als ich erwachte. »Ich stand in einem Meer von Blumen. Niemals zuvor hatte ich so schöne Blumen gesehen. Es war so überwältigend, daß ich nur stumm dastand und sie betrachtete. Sanft wiegte der Wind das Blumenfeld hin und her, und ich konnte mich an diesem Anblick nicht sattsehen. Ich versank regelrecht darin.

›Suche dir die Schönste aus‹, hörte ich plötzlich eine Stimme sagen.

Erschrocken schaute ich mich um, aber es war niemand zu sehen.

›Nun geh schon und pflücke sie dir‹, sagte die Stimme.

Vorsichtig trat ich in das Blumenfeld und schaute mich um. Eine Blume war schöner als die andere, und wenn ich dachte, daß ich die Schönste gefunden hatte, sah ich schon wieder eine, die noch schöner war. Es dauerte lange, bis ich die schönste Blume gefunden hatte, aber sie war so schön, daß sie von allen anderen regelrecht abstach.

›Ich hab' sie! Ich hab' sie!‹ rief ich erfreut aus.

›Kind, sie ist es wahrhaftig. Mein ein und alles! Ich möchte sie dir schenken‹, sagte die Stimme.

Mein Herz klopfte; daß ich die Blume haben durfte, machte mich überglücklich. Bevor ich überhaupt bereit war, sie zu pflücken, mußte ich sie lange anschauen. Dann nahm ich ganz vorsichtig ihren Stengel in die Hand und brach ihn ab. Sanft hielt ich sie nun in meinen Händen und konnte es noch gar nicht fassen, daß sie jetzt mir gehören sollte. Aber die Freude hielt nicht lange an, denn plötzlich spürte ich etwas Warmes in meinen Händen herunterlaufen. Mit Schrecken sah ich, daß die Blume aus ihrem Stengel heraus blutete.

Ich fing an zu weinen und bat um Verzeihung. ›Das habe ich nicht gewollt‹, sagte ich immer wieder. Und während ich diesen Satz unaufhörlich wiederholte, starb sie in meinen Händen.

Nun liefen mir Tränenbäche die Wangen herunter, und nichts in der Welt hätte mich trösten können.

›Warum weinst du?‹ fragte die Stimme.

›Weil ich dein ein und alles getötet habe. Ich wollte es nicht, aber es geschah‹, sagte ich schluchzend.

›Weine nicht mehr. Es ist gut so, denn es mußte so kommen‹, sagte die Stimme ruhig.

Ich aber konnte mich nicht mehr beruhigen und wäre am liebsten auf der Stelle gestorben. Diese Blume war alles, was ich hatte; sie gab mir Freude am Leben, und nun war sie tot.

›Schau auf das Feld‹, meldete sich die Stimme erneut. Ich sah mir das Feld an, das mittlerweile mit dem Blut der Blume durchtränkt war. Langsam nahmen die anderen Blumen das Blut in sich auf und wurden dadurch genauso schön wie die eine, die ich getötet hatte. Das war ein so herrlicher Anblick, daß sich meine Trauer in höchste Freude verwandelte.

›Warum freust du dich?‹ fragte die Stimme.

›Schau doch! Das Blumenfeld! Deshalb freue ich mich!‹

›Nein, mein Kind. Das Blut der Blume bringt die Freude in dir hervor und nicht die schönen Blumen.‹

›Das verstehe ich nicht. Was meinst du damit?‹ fragte ich unsicher.

›Das kannst du auch nicht verstehen. Jedenfalls jetzt noch nicht‹, sagte die Stimme.

Nach diesen Worten erwachte ich.«

Ein komischer Traum! Wie konnte vergossenes Blut glücklich machen? Und warum war ich jetzt immer noch so fröhlich?

Ruth rief mich zum Mittagessen, und dabei hatte ich gleich Gelegenheit, alle Angestellten des Hofes kennenzulernen. Außer Ruth und Josef, den Besitzern, arbeiteten noch ihr Sohn und drei andere Männer in dem Betrieb. Mit der Zeit sollte ich sie besser kennenlernen.

Die ersten Tage kümmerte sich Ruth um meine Kleidung. Sie tat das sehr gern, obwohl sie dabei unentwegt mit dem Kopf schüttelte. Ruth war eine sehr gutmütige Frau, immer voller Rücksicht und immer darauf bedacht, ihre Mitmenschen besser zu verstehen.

Josef war ein recht schweigsamer und nachdenklicher Mann, und mit ihm arbeitete ich am liebsten zusammen. Bei ihm gab es keine festen Pausenzeiten, die bestimmte er ganz allein. Ich war oft überrascht, wenn er eine Pause ausrief, denn er tat das immer dann, wenn ich anfing abzubauen. Es ist mir heute noch ein Rätsel, wie schnell er das bei mir feststellen konnte. Er selbst schien nie müde zu sein, und mehr als fünf Stunden Schlaf brauchte er auch nicht.

Der Sohn von Josef und Ruth war ein undurchschaubarer Typ. Ich wußte nie so recht, was ich von ihm halten sollte. Sein Gemüt schwankte von einem auf den anderen Tag, wobei er heute fröhlich und gesellig, aber schon morgen launisch und unnahbar sein konnte. Mit seinen damals achtundzwanzig Jahren kam er mir eher wie ein ungestümes Fohlen als wie ein vernünftiger junger Mann vor. Manchmal konnte er den Eindruck erwecken, als ob er genau wüßte, wo's lang ging, aber schon im nächsten Augenblick konnte man meinen, daß er nicht wüßte, wo rechts und links ist. Eine äußerst unausgeglichene Natur, bei der sich Sturm und Windstille im Nu abwechselten.

Die drei Angestellten waren alle sehr nett, aber einer von ihnen war mir trotzdem unheimlich. Ja, ich hatte sogar Angst vor ihm und bat Josef, daß ich nicht mit dem Mann zusammen arbeiten mußte.

»Warum?« fragte Josef.

»Ich kann es dir nicht erklären. Mir zittern halt die Knie, wenn er in meiner Nähe ist. Ich habe einfach Angst vor ihm«, sagte ich.

»Komisch«, meinte Josef nachdenklich, »ich manchmal auch.«

»Was ist mit ihm?«

»Ich weiß es auch nicht. Irgendwann muß er mal einen gehörigen Knacks bekommen haben. Einmal habe ich ihn dabei beobachtet, wie er seinen Kopf solange gegen einen Balken schlug, bis er blutete.«

»Das ist ja schrecklich! Aber warum hat er das getan?«

»Ich glaube, daß er den Zwang hat, sich zu bestrafen, wenn er einen Fehler begangen hat. Eines Tages rutschte er mal durch eine Unachtsamkeit mit dem Traktor in den Graben. Eine Bagatelle, die innerhalb einer Stunde wieder behoben wurde. Ich sagte ihm, daß das nicht so schlimm ist und jedem passieren kann, denn ich sah seinen gequälten Gesichtsausdruck. Er aber schimpfte sich einen Idioten und Versager, und in seiner Wut schlug er die Faust dermaßen hart gegen den Trecker, daß er sich alle Knöchel blutig haute. Unsereins hätte vor Schmerzen aufgeschrien, aber er schien überhaupt nichts zu spüren.«

Während Josef mir das erzählte, bekam ich eine Gänsehaut. Gleichzeitig tat mir der Mann unsagbar leid, und eine tiefe Traurigkeit breitete sich in mir aus. »Kennst du seine Familie?« fragte ich.

»Er hat eine sehr nette Frau und zwei Söhne. Seine Frau kennt das Problem, meint aber, daß es sich dabei nur um eine Unbeherrschtheit handelt, die sich mit der Zeit noch verlieren wird.«

»Sehr milde ausgedrückt. Und was meinst du?« fragte ich.

»Der Mann ist jetzt zweiunddreißig Jahre alt. Mit der Zeit wird sein Problem eher größer werden, bis eines Tages ein Unglück geschieht. Es wird zur Tragödie kommen, da bin ich mir ziemlich sicher.«

»Das befürchte ich auch.«

Abends lag ich nach dem anstrengenden Arbeitstag müde im Bett, doch ich konnte nicht einschlafen. Der Mann ging mir nicht aus dem Kopf, denn niemand schien ihm helfen zu können. Es mußte für diesen Masochisten oder besser: autoaggressiven Menschen doch auch einen Weg geben. Irgend etwas mußte es doch geben, was ihn von seiner Qual befreien konnte! Ich fand keine Lösung.

»Ein Mensch, der seinen Körper quält, um sich damit selbst zu bestrafen, hat sicherlich eine immense Sehnsucht nach Befreiung«, schrieb ich ins Tagebuch. »Ist es vielleicht die Befreiung von Schuld, die er sich durch seine Selbstzüchtigung erhofft? Mit brutaler Härte verfährt er gegen sich selbst und muß dabei immer wieder die grausame Erfahrung machen, daß man trotzdem weiterhin Fehler macht und die Schuldgefühle auch nicht verschwinden. Folglich wird er das nächste Mal noch härter gegen sich verfahren. Ein wahrer Teufelskreis.

Auch ich habe die Veranlagung, unbarmherzig hart gegen mich zu sein. Manchmal hasse ich mich richtig, wenn ich etwas getan habe, was ich nicht hätte tun sollen. Auch so manchen Fehler kann ich mir nicht verzeihen, und dann flippe ich total aus. Obwohl ich mir nie selbst physischen Schaden beibrachte, sehe ich trotzdem eine gewisse Ähnlichkeit zwischen Josefs Angestelltem und mir: Ich glaube, daß wir uns einfach nicht so annehmen können, wie wir nun mal sind. Ein und dasselbe Problem, das sich nur auf unterschiedliche Weise bemerkbar macht.

Manchmal denke ich, daß alle psychisch Kranken ein gemeinsames Problem haben: Sie werden nicht mit ihrer Schuld fertig. Je nach ihrer Tendenz wirkt sich das dann in übertriebener Weise in ihrem Verhalten aus. Sei es Masochismus oder Sadismus, sei es neurotischer oder hysterischer Natur. Natürlich spielt sich dieser Kampf zum überwiegenden Teil im Unterbewußten ab. Wenn ich ehrlich bin, halte ich die psychisch Auffälligen für weitaus gesünder als die sogenannten Normalen. Bei den psychisch Unauffälligen spielt sich vielleicht gar nichts oder nichts mehr ab. Jedenfalls ist Gleichgültigkeit und Stumpfheit das beste Rüstzeug, um als normal angesehen zu werden. Ich finde diese Welt zum Kotzen.

Je mehr ich mich in die Lage von Josefs Angestelltem versetze, desto sympathischer wird er mir, und die Angst vor ihm verschwindet zusehends.

Das Übel der Menschheit, was immer der einzelne darunter verstehen mag, könnte man nach meiner Meinung mit einem Schlag beseitigen, wenn die Menschen ihre Schuld wie auf einer Mülldeponie einfach abladen könnten. Aber leider gibt es so was nicht, und wir müssen uns quälen, müssen selber zusehen, wie wir mit unserer Schuld fertig werden. Nur der Tod wird diesem Leben mit seinen Schuldgefühlen und Versagensängsten einmal ein Ende setzen. O Schreck! Das klingt ja so hoffnungslos, so, als ob man keine Chance mehr hätte. Aber was sonst als der Tod kann uns von den Schuldgefühlen befreien?«

Die Zeit bei Josef und Ruth verging schnell. Ich fühlte mich wohl bei ihnen, aber nach einigen Wochen fing diese Unruhe wieder an, die mich zum Fortgehen zwang. Ruth brach in Tränen aus, als Josef mir meinen Lohn auszahlte, und ich mußte schlukken.

»Du kannst ruhig bei uns bleiben. Du verdienst hier gutes Geld, und mit deinen epileptischen Anfällen kommen wir jetzt auch zurecht. Außerdem hättest du ein Zuhause«, sagte Josef.

»Ein Zuhause«, dachte ich und hatte dabei ein komisches Gefühl. Wie oft hatte ich Orte und Menschen schon verlassen? Ich verließ mein Land und nicht zuletzt meine eigene Person, die ich noch weniger verstand als alles andere um mich herum. Eine Entwicklung, die so kommen mußte, denn wenn man oft verlassen wurde, dann kommt eines Tages der Moment, wo man sich schon aus dem Staub gemacht hat, bevor der andere einen Abschied seinerseits in Erwägung ziehen kann.

Ich war über Josefs Vorschlag sehr gerührt, tat aber unberührt. »Das ist nett von euch, aber ich muß weiter«, sagte ich und hatte Mühe, mich unter Kontrolle zu halten.

Salzburg

Nachdem ich Ruth und Josef verlassen hatte, zog es mich nach Salzburg. Es war längst zu kalt, um noch draußen zu schlafen, und ich suchte dort eine Pension, die gut und noch dazu billig war. Aber ich fand nur solche, die gut und teuer waren. Müde klapperte ich sämtliche Hotels ab. Ein Theater spuckte gerade Menschen in Trauben aus. Ihr lautes Lachen drang wie Kreischen in meinen Ohren, und als ich in die lachenden Gesichter sah, erschrak ich über die mitternächtig starren Blicke. Endlich fand ich eine Pension, in der ein Zimmer für mich erschwinglich war, und quartierte mich ein. Ich legte mich sofort schlafen, denn ich wollte am nächsten Morgen Arbeit suchen.

Der folgende Tag sollte mir kein Glück bringen, und ohne Arbeit machte ich mich auf den Weg zurück in die Pension. Als ich in mein Zimmer gehen wollte, begegnete mir ein junger Mann auf dem Gang. Freundlich lächelte er mich an und sagte: »Grüß Gott! Machen Sie auch Urlaub?«

Einen Augenblick schaute ich ihm in die Augen, dann sagte ich: »Was geht Sie das an?«

»Nichts! Rein gar nichts«, antwortete er mit einem verschmitzten Lächeln.

Genervt ging ich in mein Zimmer und ließ mich todmüde aufs Bett fallen. Den lieben langen Tag war ich wie eine Blöde herumgerannt, aber niemand wollte etwas von mir wissen. Das Geld, das ich bei Josef und Ruth verdient hatte, würde bestimmt noch vier Wochen reichen, wenn ich vernünftig wirtschaftete. Aber vier Wochen ohne Beschäftigung wäre für mich ein schlimmeres Übel gewesen, als vier Wochen ohne Geld dazustehen.

Ich starrte gegen die Zimmerdecke. Meine Augen wanderten von einer Ecke zur anderen, bis mein Blick an einem Kreuz hängenblieb, das über dem Türrahmen hing. Etliche Male hatte ich so etwas schon in meinem Leben gesehen. Dieses grausame Ding, an dem ein Mann angenagelt wurde, der aus so vielen Wunden blutete. An diesem Tage fragte ich mich das erste Mal, warum man sich so etwas ins Zimmer hängte und was das für eine Bedeutung haben konnte. Mich erschreckte aber auch die Brutalität, die sich so offen durch das Kreuz präsentierte. Gefühle von Mitleid und Wut kamen plötzlich in mir auf. Mitleid für den Mann, der so qualvoll litt, und Wut über diejenigen, die so etwas Gemeines tun konnten.

Plötzlich klopfte es an die Tür. »Herein!« rief ich. Der Mann, der mir erst vor ein paar Minuten begegnet war, trat ein. Überrascht schaute ich ihn an und stand von meinem Bett auf.

»Entschuldigen Sie bitte, gnädige Frau«, sagte er lächelnd.

»Sie sind verdammt hartnäckig, oder?«

»Meinen Sie? Nun ja, vielleicht. Aber ich habe meine Gründe«, sagte er und lächelte immer noch.

»Na, dann schießen Sie mal los!« forderte ich ihn auf.

»Ich wollte Sie einfach fragen, ob Sie Lust hätten, heute abend mit mir auszugehen.«

Mir blieb die Spucke weg.

»Krieg' ich keine Antwort?« fragte er.

»Wie stellen Sie sich denn so einen Abend vor?« fragte ich skeptisch.

»Nun, ich dachte, daß wir zuerst essen gehen und dann tanzen«, schlug er vor.

»Nicht übel, aber leider kann ich nicht tanzen«, sagte ich.

»Sie machen Witze, oder?« fragte er ungläubig.

Ich amüsierte mich über sein verdutztes Gesicht: »Durchaus nicht. Ich kann zwar zu Disco-Musik hin- und herhopsen, aber so richtig tanzen – nein!«

»Na, dann wird es aber Zeit, daß es Ihnen jemand beibringt«, sagte er entschlossen.

»Sie wollen sich tatsächlich mit mir blamieren?«

»Wenn es sein muß«, sagte er.

»Sehr gut! Aber ein Problem bleibt noch.«

»Was denn noch?« fragte er.

»Nun, ich sehe, daß Sie viel Wert aufs Äußere legen. Aber ich besitze kein einziges Kleid, und selbst meine beste Hose kann mit Ihren Klamotten nicht mithalten«, erklärte ich.

»Kein Kleid? Das gibt es doch nicht! Nicht ein einziges?« fragte er erstaunt.

»Noch nicht einmal ein halbes«, sagte ich.

Er schüttelte den Kopf und sagte trocken: »Nun, dann tut es die beste Hose auch.«

Ich mußte lachen, denn seine Art gefiel mir. Er lachte mit und sagte: »Nun, was ist? Wollen wir den Abend zusammen verbringen?«

»Wir wollen. Holen Sie mich doch bitte in einer halben Stunde ab.«

Als wir das Restaurant betraten, traute ich meinen Augen nicht. Nobler ging es kaum noch. Man brachte uns die Speisekarte, und während ich die Qual der Wahl hatte, fragte ich mich, was ein Mann wie dieser Herr Stein wohl in einer billigen Pension zu suchen hatte, wenn er in ein Restaurant gehen konnte, in dem ein Menü nicht unter 700 Schilling zu haben war. »Wahnsinn!« dachte ich nur.

Nachdem man den Wein eingeschenkt hatte, erhob er das Glas und sagte: »Auf einen schönen Abend.«

Ich nickte nur und dachte: »Man wird sehen.«

»Rauchen Sie?« fragte ich.

»Ja, leider«, sagte er.

»Na, prima! Ich hätt' gern eine«, sagte ich.

Schmunzelnd bot er mir eine an, und als er mir Feuer gab, sah ich mir seine Hände an. Eine handwerkliche Tätigkeit übten diese Hände nicht aus.

»Was machen Sie eigentlich in Salzburg?« fragte ich neugierig.

»Urlaub«, antwortete er knapp.

»Urlaub? In so einer billigen Pension? Sie sehen nicht gerade so aus, als ob Sie knapp bei Kasse wären«, sagte ich.

»So? Ich sehe also nicht so aus«, sagte er lachend.

»Nein, sehen Sie nicht.«

»Was führt Sie denn nach Salzburg«? fragte er.

»Ich suche Arbeit.«

Er runzelte die Stirn und fragte: »Arbeit? Was für Arbeit?«

»Das ist mir ziemlich egal. Ich habe fast schon alles gemacht.«

»Was zum Beispiel?«

»Vor ein paar Tagen habe ich noch auf einem Bauernhof mitgeholfen. In Städten suche ich mir meistens etwas in Hotels oder Autowerkstätten. Zimmermädchen oder Köchin, Automechanikerin oder Putze, ich mache alles. Als Fensterputzerin und Fließbandarbeiterin habe ich auch schon mein Geld verdient. Ach, ich weiß gar nicht, was ich schon alles gemacht habe.«

»Sie kennen sich mit Autos aus?« fragte er.

»Ja, sogar gut. Allerdings bin ich nicht mehr auf dem neusten Stand, aber kleine Reparaturen traue ich mir durchaus noch zu. Ich habe das mal während meiner Schulzeit gelernt. Ich verbrachte fast mehr Stunden in der Werkstatt als auf der Schulbank, denn in der Werkstatt konnte man wenigstens was lernen«, sagte ich lächelnd.

»Ja, konnten Sie denn so einfach von der Schule wegbleiben?« fragte er überrascht.

»Nein, konnte ich nicht. Aber dafür konnte ich gut die Unterschriften meiner Eltern unter Entschuldigungen fälschen.«

Er schüttelte lachend den Kopf. »Warum suchen Sie denn gerade hier einen Job?«

»Weil ich nun mal hier bin.«

»Gefällt Ihnen diese Art zu leben?«

»Die meiste Zeit schon. Bis jetzt habe ich auch noch nichts Besseres gefunden, aber sollte es das geben, dann bin ich bereit, alles andere an den Nagel zu hängen.«

»Haben Sie eine Vorstellung, wie dieses Bessere aussehen könnte?«

»Nee. Aber ich denke, daß es etwas geben muß, wofür es sich lohnt zu leben.«

»Das verstehe ich nicht. Finden Sie das Leben denn nicht schön?« fragte er.

»Doch, sehr! Aber das genügt mir nicht. Meinem Leben fehlt einfach die Überzeugungskraft, die glaubhaft machen könnte, daß es einen Sinn hat. Obwohl es mir gut geht, erlebe ich immer wieder Zeiten seelischer Zerrissenheit, die mich fragen lassen, was ich auf dieser Welt überhaupt zu suchen habe.«

»Na, die Frage wird wohl niemand beantworten können. Der Mensch lebt nun mal in dieser Welt und muß zusehen, daß er das Beste draus macht.«

»Und was ist das Beste?«

»Sobald der Mensch mit seinem Leben zufrieden ist, hat er das Beste daraus gemacht.«

Seine Antwort irritierte mich. Praktisch konnte ich damit gar nichts anfangen, denn Zufriedenheit war doch ein recht relativer Begriff. Ich überlegte einen Moment und fragte: »Wollen Sie damit sagen, daß ein Mensch, der andere ausnutzt oder gar über Leichen geht und dabei noch zufrieden ist, das Beste aus seinem Leben gemacht hat?«

»Ein Mensch, der auf andere keine Rücksicht nimmt, kann nicht zufrieden sein«, meinte er.

»Da bin ich aber ganz anderer Meinung. Es gibt genug Menschen, die andere übers Ohr hauen und sich ganz wohl dabei fühlen. Und die, die unter ihrem Egoismus leiden, sind zwar nicht zufrieden, wissen aber auch nicht, wie sie ihre negativen Charakterzüge in den Griff bekommen, um dann zufrieden leben zu können.«

»Das mag sein, aber so ist die Welt nun mal. Es gab immer Glück und Elend, Reichtum und Armut, Gesundheit und Krankheit.«

»Aber was ist mit den Menschen, die von anderen ins Elend gestürzt wurden? Was wird aus denen, die keine Hoffnung mehr haben? Und was passiert mit denen, die andere ins Unglück stürzen? Was geschieht mit solchen Menschen, die die Seelen der anderen töten?«

»Das sind Fragen, die kein Mensch auf der Welt beantworten kann«, sagte er.

»Vielleicht, aber haben Sie sich denn niemals gefragt, warum Sie auf der Welt sind?«

»Wissen Sie denn nicht, wie der Mensch auf die Welt gekommen ist?«

»Nein, Sie etwa?«

»Haben Sie denn nie etwas von der Evolutionstheorie gehört?«

»Ach so! Sie meinen die Sache mit dem Affen.«

»Genau«, sagte er lächelnd, »der Mensch stammt vom Affen ab.«

»Schön und gut. Aber wer schuf den Affen? Und wenn wir beim Wasser angelangt sind, bleibt immer noch die Frage: Wer machte den Anfang? Wissen Sie, mir ist es ziemlich schnuppe, ob wir vom Affen oder vom Kamel abstammen. Für mich ist nur wichtig zu wissen, wer das ganze Rennen an den Start gebracht hat, und wo das Ziel sein soll.«

»Der Mensch ist ein Zufallsprodukt der Evolution, und somit gibt es keinen Anfang und schon gar kein Ziel«, sagte er.

Mittlerweile wurde das Menü serviert, und wir fingen an zu essen. Nach einer Weile sagte ich: »Wenn wir tatsächlich vom Affen abstammen, warum gibt es dann noch Affen? Warum konnten sich dann nicht alle Affen zu Menschen entwickeln? Waren nur die klugen Affen intelligent genug, sich weiterzuentwickeln, wobei die dummen auf der Strecke blieben? Das wäre ganz schön ungerecht, nicht wahr?« scherzte ich.

»Was glauben Sie denn?« fragte er.

»Ich glaube eher, daß wir einen Schöpfer haben. Der Zufall kann so etwas wie einen Menschen nicht zustande bringen.«

»Daß wir vom Affen abstammen, ist leichter zu beweisen als die Existenz Gottes«, bemerkte er gelassen.

»Und das macht mich stutzig. Die Wissenschaft kann nicht beweisen, ob es einen Gott gibt oder nicht. Das finde ich auch gut so, denn ich glaube nicht, daß das zu den Aufgaben der Wissenschaft gehört. Ich bin eher der Meinung, wenn es einen Gott gibt, ist es seine Aufgabe, sich bemerkbar zu machen. Der Mensch kann ja sowieso nur das erklären, was er mit seinem Verstand wahrnimmt. Alles, was unter der Stufe des Menschen steht, kann der Mensch analysieren, aber einen Gott beweisen zu wollen, ist einfach lächerlich. Sollte es einen Gott geben, dann steht er über allem, dann kann der Mensch nur auf Gnade hoffen. Es muß einen Gott geben! Es muß jemand dasein, der uns versteht, denn nur das Höhere kann das Niedere erklären. Einen muß es doch geben, der uns einfach besser kennt als wir uns. Einen, der weiß, warum wir so und nicht anders gehandelt haben.«

»Ich glaube, daß Sie zu viele Fragen über Gott und den Menschen stellen. Niemand wird sie je beantworten können«, meinte er todsicher.

»Auf jede Frage gibt es eine Antwort, und auf manche Antworten habe ich ein Recht. Ja, ich habe das Recht zu wissen, woher ich komme. Ich bestehe sogar darauf, denn das ist wirklich das Mindeste, was ich verlangen kann«, sagte ich aufgeregt.

»Bis heute ist es uns nicht gelungen, einen Gott zu beweisen, und seit Jahrtausenden ist der Mensch auf dieser Erde. Wenn es uns bis jetzt nicht möglich war, dann wird es uns niemals möglich werden«, meinte er.

»Das kommt ganz darauf an. Nämlich darauf, warum wir nach Beweisen suchen. Ich stelle mir eher die Frage nach dem Nutzen, denn ich will wissen, wofür Gott da ist, wenn er da ist. Wissen Sie, ich bin ein praktischer Mensch, und wenn mir jemand ein Pulver gibt und dabei behauptet, daß es Kaffee sei, dann würde ich keine Beweise verlangen. Ich würde es einfach selbst ausprobieren, und wenn das Zeug wie Kaffee schmeckt, dann glaube ich das auch. Um ganz sicher zu gehen, müßte ich das Pulver untersuchen lassen, denn was wie Kaffee schmeckt, muß noch lange kein Kaffee sein, aber was soll's? Ungefähr so stelle ich mir auch die Sache mit Gott vor. Wenn er da ist, dann muß er für etwas gut sein. Aber das müßte man dann auch erfahren können, ohne daß man ihn unbedingt sehen muß. Ja, Gott muß irgendwie erfahrbar sein. Ich kann einfach nicht glauben, daß Gott eine pure Erfindung ist. Ich habe eher den Verdacht, daß die Menschen lügen, wenn sie sagen, daß es keinen Gott gibt. Warum sagen Sie so etwas, wenn Sie es nicht beweisen können? Und wo kommt der Name Gott eigentlich her? Vielleicht hat es ja mal einen Menschen gegeben, der Gott gekannt hat, und der hat dann allen anderen von ihm erzählt, bis alle Welt davon wußte. Anders geht es doch gar nicht, oder?«

Ich war total von der Rolle und fuchtelte mit dem Besteck herum, als ginge es um Leben und Tod. Aber ihm schien das Thema egal zu sein, denn er sagte: »Wechseln wir lieber das Thema, denn hier kommen wir kein Stück weiter.«

»Okay! Wie heißen Sie? Wie alt sind Sie?« fragte ich ungeniert.

»Ich heiße Martin Stein, bin dreiunddreißig, geschieden und habe einen Sohn von drei Jahren«, sagte er schmunzelnd. Er schien überhaupt die meiste Zeit zu lächeln. Ich schaute ihn an und schüttelte den Kopf.

»Schockiert Sie das?«

»Was?«

»Daß ich geschieden bin?«

»Nee. Ich wundere mich nur darüber, daß ich kaum jemanden kenne, der nicht geschieden ist. Aber ich frage mich, woran das wohl liegt, daß immer weniger Menschen miteinander auskommen.«

»Ich denke, daß es einfach besser ist, sich scheiden zu lassen, anstatt jahrelang im Krieg zu leben«, erklärte er.

»Und ich denke, daß es besser ist, Frieden zu schließen, damit der Krieg endlich ein Ende hat.«

»Aber leider ist es oft so, daß eine der Parteien keinen Frieden will«, sagte er, und ich bemerkte ein nervöses Zucken um seine Mundwinkel herum.

»Glaube ich nicht. Es sind wohl eher die Friedensbedingungen, mit denen der eine oder andere nicht einverstanden ist. Schließlich konnte man ja anfangs gut miteinander auskommen.«

»Ja, aber nur so lange, wie man glaubte, daß man den richtigen Partner geheiratet hat.«

»Du meine Güte! Das ist mir alles zu kompliziert! Man sucht sich einen Partner, von dem man anfangs glaubt, daß er der einzig Richtige sei. Aber plötzlich wird aus Frieden Krieg, und man kommt zu dem Schluß, daß die Wahl des Partners wohl doch nicht so optimal war. Begreife das, wer will, aber sollte es tatsächlich Liebe in dieser Welt geben, dann findet man sie sicherlich nicht bei den Menschen«, stöhnte ich.

»Haben Sie denn niemals geliebt?« fragte er.

»Hm! Ich würde sagen, daß ich es versucht habe. Aber ich mußte einsehen, daß ich es nicht kann, und bin dann gegangen.«

»Das verstehe ich nicht.«

»Ich auch nicht, aber mir fehlte etwas. Irgendwie spürte ich, daß ich nicht so lieben konnte, wie es für eine dauerhafte Beziehung von Nöten ist. Ja, und irgend etwas fehlte mir.«

»Was fehlte Ihnen denn?«

»Das weiß ich selbst nicht genau. Trotz der Liebe meines Freundes blieb ein Teil in mir immer unerfüllt. Auch er konnte diesen Leerraum in mir nicht ausfüllen, und letztendlich empfand ich das als einen unerträglichen Zustand. Ich trennte mich von ihm und kam zu dem Entschluß, daß es für mich etwas Wichtigeres geben muß als die Ehe. Wenn die Liebe eines Mannes mich nicht glücklich machen kann, dann müßte es etwas anderes für mich geben.«

»Für mich ist die Ehe aber sehr wichtig, und ich glaube, daß jeder Mensch den Wunsch hat, geliebt zu werden.«

»Ja, ja«, stöhnte ich. »Alle Menschen wollen geliebt werden, aber niemand ist bereit zu lieben. Manche haben wohl den Wunsch, richtig lieben zu können, doch sie wissen nicht, wie sie dahin kommen. Ich jedenfalls möchte mich nicht mehr an einen Menschen binden, denn in punkto Liebe bin ich viel zu unzufrieden mit mir.«

»Mein Gott! Was verlangen Sie denn von sich? Niemand ist perfekt. Aber ich möchte doch gern wissen, was Sie unter Liebe verstehen.«

»Das ist nicht so einfach zu sagen. Aber vielleicht kann ich Ihnen erklären, wie ich gern lieben möchte. Ich möchte gern ins Leere hinein lieben, ohne Ansprüche und Erwartungen. Den anderen so lieben, wie er ist, und nicht, wie man ihn haben möchte, denn ich will ja auch, daß man mich liebt, wie ich bin. Aber der andere Teil in mir liebt nur die Menschen, die ihm sympathisch sind. Es ist so schwer, Menschen zu lieben, an denen man dies oder jenes nicht leiden kann. Aber ich möchte es so gern, verstehen Sie? Wie oft rege ich mich über die Fehler der anderen auf, wobei ich meine Fehler gar nicht sehen will, und wenn ich sie doch sehe, meine ich immer, daß sie nicht so schlimm wie die der anderen sind. Diesen Teil von mir finde ich so verlogen, daß ich mich direkt davor ekele.

Ja, jeder Mensch will lieben, aber er schafft es noch nicht einmal, eine Ehe aufrechtzuerhalten. Ist das nicht zum Kotzen? Ich jedenfalls kann auf eine menschliche Liebe nicht bauen, denn man kann ihr nicht vertrauen, geschweige sich darauf verlassen. Nichts ist mir klarer, als daß der Liebe etwas ganz Entscheidendes fehlt. Um eine Liebe zum Leben erwecken zu können, braucht der Mensch eben mehr als nur den Willen dazu.«

Betroffen schaute er mich an, und Minuten des Schweigens vergingen, bevor er etwas sagen konnte. »Als Sie das erste Mal spürten, daß Sie jemand liebt, wie haben Sie sich da gefühlt?«

»Beschissen«, fiel mir dazu nur ein.

»Wie bitte?« fragte er entsetzt.

»Sie haben schon richtig gehört.«

Ärgerlich schaute er mich an, aber ich konnte ihm meine Antwort nicht erkären, weil ich dieses Gefühl selbst nicht verstand. Es mußte wohl diese eine Antwort gewesen sein, die die allgemeine Stimmung niederdrückte, denn es kam kein vernünftiges Gespräch mehr zustande. Herr Stein schien irgendwie schockiert zu sein, doch ich konnte nichts dagegen tun.

»Es ist wohl besser, wenn wir das Tanzen für heute vergessen, denn ich glaube, wir haben jetzt beide keine Lust mehr«, sagte ich.

»Sie haben recht. Fahren wir nach Hause«, sagte er, immer noch betroffen. Er ließ sich die Rechnung kommen und bestellte ein Taxi. Während der Fahrt starrte er nur geradeaus und sagte kein Ton.

»Was hat Sie eigentlich so geärgert?« fragte ich nach einer Weile.

»Ach! Nichts Besonderes. Ihre Antworten haben mich nur etwas schockiert«, sagte er.

»Na, dann wird es aber Zeit, daß Sie sich langsam von Ihrem Schock erholen«, sagte ich.

Mit einem Mal lächelte er wieder und sagte: »Bin schon dabei. Sie sind aber auch wirklich nicht einfach zu verstehen.«

»Das geht vielen so«, sagte ich.

In der Pension angekommen, brachte er mich bis vor die Zimmertür, und ich sagte: »Vielen Dank für alles. Gute Nacht.«

»Nichts zu danken! Aber wollen Sie tatsächlich schon schlafen gehen?«

»Ja, das will ich«, sagte ich kurz und bündig und nahm ihm damit jede Hoffnung auf ein Techtelmechtel.

»Na, dann gute Nacht«, sagte er lächelnd.

»Warum lächeln Sie eigentlich immer?« fragte ich.

»Nicht immer, aber heute«, sagte er – lächelnd.

Ich ging ins Zimmer und schloß die Tür hinter mir ab. Sofort setzte ich mich ans Tagebuch, denn ich war so aufgewühlt, daß ich unmöglich schlafen konnte.

»Manchmal kommt es mir so vor, als ob ich in Gegenwart anderer Leute eher drohe unterzugehen, als einen Auftrieb zu bekommen. Woran liegt das nur? Liegt das ausschließlich an mir oder auch daran, daß heutzutage alles, aber auch wirklich alles relativiert wird? Ich kann mich einfach nicht in einer Welt zurechtfinden, in der es keine absoluten Werte mehr gibt. Was ist heute noch fair? Was ist gut und was ist böse? Alles relativ! Aber ich kann das nicht einfach so stehenlassen, jedenfalls nicht für mich. Aus diesem Grunde verabscheue ich es auch, mit der Masse der Menschheit auf ein unbekanntes Ziel loszurennen. Ich gehe gern allein, denn in der Masse gehe ich unter. In der Masse habe ich nicht das Auge, bin blind für jene Tiefen, in die der Mensch immer wieder abstürzt. Jene Tiefen, in denen alle Zärtlichkeit verschwindet und jedes liebe Wort verschluckt wird. Aber auch wenn ich allein gehe, lauern Gefahren auf mich. Wie kann ich mein Auge dafür schulen, daß es sie schnell erkennt und ich nicht in ihnen umkomme?

Wenn Liebe relativiert wird, wie kann ich mich dann noch in

ihr geborgen fühlen? Denke ich an menschliche Nähe, überfällt mich eine lähmende Angst, weil ich nie weiß, ob es ehrlich gemeint ist. Wer so tief empfindet wie ich, der hat heutzutage kaum eine Chance mehr, sich zu verwirklichen. Der muß versuchen, sich dieser Veranlagung zu entledigen oder sie wenigstens so geschickt zu verbergen, daß seine Gefühle nicht schamlos ausgenutzt werden. Ich bin ein höchst sensibler Mensch, der sich anderen gegenüber ziemlich abgebrüht oder oberflächlich gibt. Daß ich mit Herrn Stein so offen reden konnte, ist ein Wunder für mich. Aber wahrscheinlich liegt es daran, daß ich weiß, ich sehe ihn sowieso nie wieder. Mit Freunden konnte ich noch nie so reden. Warum eigentlich? Warum bin ich so? Diese tiefen Empfindungen, diese Sensibilität machen mich fast krank. Was für ein Doppelleben! Innerlich so verletzlich und äußerlich hart wie Stahl. Nichts wünschte ich mehr, als mich so geben zu können, wie ich wirklich bin.

Wer kann mir einen Halt in meiner Verwirrung geben? Von Zeit zu Zeit erhebt sich in mir eine warnende Stimme, die mich ermahnt, durchzuhalten. Besonders dann, wenn ich krank im Bett liege und an meinem Leben verzweifele, macht sich diese Stimme in mir stark. Durchhalten, höre ich dann, und meine Seele kann wieder hoffen. Alle Mutlosigkeit ist dann plötzlich verschwunden, und ich empfinde ein Gefühl der Geborgenheit. Was ist das? Hat mein Unterbewußtsein die Fähigkeit, mir Mut zuzusprechen? Das ist schwer zu glauben, weil es so unvermittelt und immer im richtigen Moment kommt.

Wie ist es möglich, daß ich überhaupt noch an die wahre Liebe glauben kann? Wie ist es zu erklären, daß ich noch an das Gute und an die Gerechtigkeit glauben kann, obwohl ich doch äußerst wenig davon erfahren habe? Bin ich eine hoffnungslose Träumerin, die nur deshalb daran glaubt, weil sie die Realität sonst nicht ertragen könnte?«

Es wurde Zeit, ins Bett zu gehen, denn ich mußte wieder früh aufstehen, damit ich eine Arbeit finden konnte.

Als ich morgens aufwachte, war ich todmüde und wäre gern noch liegengeblieben. Mit einem Ruck begab ich mich in die Senkrechte und taumelte zum Waschbecken. Eine Katzenwäsche war alles, wozu ich Lust hatte. Gähnend setzte ich dann meinen Gaskocher in Gang, um heißes Wasser für Kaffee zu bekommen. Mir war der Morgen immer irgendwie heilig, und ich genoß seine Ruhe und die Sorglosigkeit, die in ihm lag. Langsam schlürfte ich meinen Kaffee und spürte schon bald seine belebende Wirkung. Ungefähr eine Stunde genoß ich die Stille, bis ich das Haus verließ, um mein Glück erneut zu versuchen.

Sieben Uhr abends. Total erschöpft schloß ich mein Zimmer auf und trat dabei auf einen Zettel, den man unter die Tür geschoben hatte. »Bitte melden Sie sich doch mal bei mir«, stand darauf. Natürlich unterschrieben von Herrn Stein. Ich hatte nicht die geringste Lust, schon wieder auszugehen, denn ich war müde. Unterwegs hatte ich mir noch ein paar Zeitungen gekauft, um die Stellenangebote durchzugehen. Aber kaum hatte ich die erste Zeitung in der Hand, da klopfte es auch schon an der Tür.

»Herein«, murrte ich unwillig.

»Grüß Gott! Waren Sie auf Arbeitssuche?« fragte Herr Stein.

»Ja.«

»Und?«

»Nichts. Vielleicht morgen.«

»Darf ich mich einen Augenblick zu Ihnen setzen?« fragte er höflich.

»Tun Sie sich keinen Zwang an.«

Er setzte sich aufs Bett und fragte: »Meinen Sie nicht, daß Ihr Leben ganz schön anstrengend ist?«

»Das meine ich nicht«, antwortete ich knapp.

»Also ich würde es äußerst stressig finden, wenn ich etliche Male im Jahr einen Job suchen müßte.«

»Weil Sie so etwas nicht gewohnt sind. Mir macht das längst nichts mehr aus«, erklärte ich ihm.

»Wenn Sie nichts dagegen haben, würde ich Ihnen gerne einen Vorschlag unterbreiten«, sagte er zögernd.

»Na, dann unterbreiten Sie mal«, sagte ich lächelnd.

»Sie verbringen einen dreiwöchigen Urlaub mit mir, und ich komme dafür für sämtliche Kosten auf. Na, ist das ein Angebot?«

Das schlug dem Faß den Boden aus! Mir klappten die Fußnägel hoch, und ich mußte tief Luft holen. Für einige Augenblicke verschlug es mir die Sprache, doch dann wetterte ich los. »Sagen Sie mal! Haben Sie noch alle Tassen im Schrank? Sie halten sich wohl für unwiderstehlich, was? Machen Sie bloß, daß Sie rauskommen, sonst schmeiße ich Sie raus! Sie glauben wohl, daß man sich mit Geld alles kaufen kann!«

»Nein, nein! Sie haben mich total falsch verstanden. Ich suche keine Frau fürs Bett«, sagte er sichtlich erschrocken über meine Reaktion.

»So?! Was suchen Sie denn?« zischte ich wütend.

»Ob Sie's glauben oder nicht, ich suche nur Gesellschaft. Ich bin einfach nicht der Typ, der allein Urlaub machen kann.«

»Und warum haben Sie sich das nicht früher überlegt?«

»Weil ich einfach mal raus mußte. Ich hatte die Nase gestrichen voll und brauchte einfach mal Abwechslung.«

Was sollte ich dazu noch sagen? Ich glaubte ihm, aber wie sollte ich mich nun verhalten? Allem Anschein nach schienen ihm die Probleme über den Kopf gewachsen zu sein, und er konnte nur vor ihnen davonlaufen. Ich überlegte hin und her, doch ich kam zu keinem anderen Entschluß, als abzulehnen.

»Ich glaube, daß ich Ihr Angebot trotzdem ablehnen muß. Ich sehe da zu viele Probleme, denen ich vielleicht nicht gewachsen bin. Außerdem leide ich unter Epilepsie, und so ein Anfall ist kein schöner Anblick. Sie würden nur unangenehm mit mir auffallen, weil diese Anfälle noch häufig auftreten«, sagte ich und hoffte zugleich, daß ich ihn mit meiner Krankheit abschrecken könnte.

»Das ist überhaupt kein Problem. Ich bin zwar kein Neurologe, aber dafür Internist. Ich praktiziere in Wien und . . . Was ist denn mit Ihnen los? Sie werden ja ganz blaß.«

Erinnerungen wurden wach, und Ablehnung machte sich in mir breit. Ich konnte richtig spüren, wie der Haß in mir mächtig wurde. »Warum sind Sie Arzt geworden?« fragte ich.

»Weil es ein interessanter Beruf ist, und ich mir keine bessere finanzielle Absicherung vorstellen kann. Kranke wird es immer geben«, sagte er lächelnd.

»Bitte gehen Sie! Ich kann Ärzte nicht leiden; Ihre Sorte Mensch ist mir einfach zuwider«, sagte ich kalt.

Er schaute mich böse an. Dann ging er aus dem Zimmer und knallte die Tür hinter sich zu.

Dieser Rums, mit dem die Tür ins Schloß fiel, kam mir wie eine verdiente Ohrfeige vor. Regungslos stand ich da, fühlte mich schrecklich und konnte nichts dagegen tun.

Das erste Mal in meinem Leben wurde mir bewußt, daß der Haß mich innerlich zerfressen würde, wenn ich ihm weiterhin freien Lauf ließ. Endlich wurde mir klar, daß ein Mensch, der haßt, mehr Schaden an seiner eigenen Seele nimmt, als der, dem er den Haß entgegenbringt. Ja, ich hatte widerliche Dinge mit Medizinern erlebt, aber plötzlich konnte ich meinen Haß in keinster Weise mehr entschuldigen. Ich war sogar richtig erschrocken über mich. Daß ich Herrn Stein eine so eiskalte Abfuhr erteilen konnte, hätte ich nicht für möglich gehalten. Ich erkannte, daß der Haß in mir regelrecht brütete und nur auf eine passende Gelegenheit wartete, um auszubrechen. Wie konnte ich nur glauben, daß ich meine negativen Erfahrungen längst verarbeitet hatte? Was tut man mit den Dingen, die einem angetan wurden? Wie konnte man damit fertig werden?

»Was hast du getan?! Du mochtest doch den Mann ganz gern. Bist du total verrückt geworden? Geh gefälligst hin und entschuldige dich«, befahl mir mein Gewissen. Ziemlich deprimiert verließ ich mein Zimmer, ging den Flur entlang, bis ich vor seiner Tür stand. Ich klopfte an und ging einfach hinein. Er stand da und schaute mich bitter an. Ich schämte mich und wäre am liebsten im Erdboden versunken.

»Es tut mir leid. Mir ist einfach die Sicherung durchgebrannt. Wissen Sie, ich habe nämlich ziemlich schlechte Erfahrungen mit Ärzten hinter mir, und wenn es über mich kommt, dann schere ich immer noch alle über einen Kamm. Bitte entschuldigen Sie. Vergessen Sie's einfach«, sagte ich.

»Erst beleidigen Sie mich, und dann schmeißen Sie mich auch noch raus. Und nun kommen Sie einfach her und sagen, daß ich das alles vergessen soll. Denken Sie nicht, daß das ein bißchen zuviel verlangt ist?« fragte er böse.

Ich stand da und überlegte. War das wirklich zuviel verlangt? Ich wußte es nicht. Trotzdem sagte ich: »Ob das zuviel verlangt ist, weiß ich nicht. Aber ich glaube, daß ein Mann, der eine ehrliche Entschuldigung nicht annehmen kann, noch weit davon entfernt ist, ein richtiger Mann zu sein.«

Mit halboffenem Mund guckte er mich an und japste nach Luft. »Erst beleidigen Sie mich, und jetzt werden Sie auch noch unverschämt. Ich entschuldige nichts. Verschwinden Sie, aber schnell!«

Ohne noch ein Wort zu verlieren, verließ ich sein Zimmer. Ich kam mir wie ein verprügelter Hund vor, der nicht wußte, weshalb er die Prügel überhaupt bezogen hatte. Natürlich konnte ich verstehen, daß meine Beleidigungen Herrn Stein sehr gekränkt hatten, aber verstand er nicht, daß er, indem er meine Entschuldigung nicht annahm, mich nicht nur verletzte, sondern regelrecht verfluchte? Er brachte mein Verständnis von Gerechtigkeit ins Wanken.

Traurig schlug ich mein Tagebuch auf und schrieb mir den Kummer von der Seele. »Wenn das Gerechtigkeit ist, daß jeder das bekommt, was er verdient, dann fängt die Ungerechtigkeit genau an diesem Punkt an. Ja, dann wird Gerechtigkeit zu einer unbarmherzigen Härte. Sicherlich war ich gemein zu Herrn Stein, aber ich finde es noch viel abscheulicher, daß er mir partut nicht verzeihen wollte.

Was macht der Mensch mit seiner Schuld, wenn niemand mehr vergeben kann? Wenn ich nur daran denke, wieviel Schuld ich im Laufe meines Lebens auf mich geladen habe und wieviel Schuld ich noch auf mich laden werde, dann wird mir angst und bange. Manchmal plagen mich die Schuldgefühle so sehr, daß ich mich mit Selbstvorwürfen nur so überschütte. Hin und wieder lähmen sie sogar meine Absichten, mich zu bessern, weil ich mich an solchen Tagen frage, wozu das alles gut sein soll, wenn selbst ein Richtungswechsel meine Schuld nicht wegnehmen kann. Wenn mir das bewußt wird, bin ich manchmal ganz schön fies, und es kommt mir so vor, als ob ich die Verachtung in mir einfach auf andere übertrage. Ich bin ein Schwein. Aber so möchte ich nicht weiterleben! Ich kann es einfach nicht mehr ertragen, mir andauernd mein Todesurteil anhören zu müssen.

Manchmal komme ich mir vor, als säße ich in einer Todeszelle und wartete Tag für Tag, Woche für Woche, Jahr für Jahr auf die Vollstreckung. So ein Zustand ist zermürbender, als wenn man sofort nach dem Urteil zum Schafott geführt wird. Stündlich wartet man darauf, daß man abgeholt wird, und am Abend hofft man dann wieder. Hofft, daß die Woche schnell vorbeigeht und freut sich auf den Sonntag, weil sonntags niemand gehängt wird. Und manchmal schleicht sich sogar die Hoffnung auf Begnadigung ein. Ja, und so hofft man, hofft und hofft ...

Mein Gewissen hat das Urteil über mich schon längst gesprochen. Theoretisch liegt mir die Schlinge schon um den Hals, aber warum wird nicht vollstreckt? Und warum wiederholt sich mein Gewissen so oft? Wenn ich tatsächlich zum Tode verurteilt bin, dann würde es doch ausreichen, wenn das Urteil einmal gesprochen und dann vollstreckt wird. Was will mein Gewissen damit erreichen, indem es mich immer wieder daran erinnert, daß ich ein schuldiger Mensch bin? Wenn ich wirklich nicht zu retten bin, warum gibt es sich dann so viel Mühe, mir in regelmäßigen Abständen meine Schuld in Erinnerung zu rufen? Was brauche ich denn noch, damit ich der Stimme meines Gewissens gehorchen kann?

Wenn die Menschen wirklich alle gleich sind, dann dürfte auch niemand frei von Schuld sein. Aber dann sind wir ja alle verloren! Das kann ich nicht glauben. Ich frage mich, woher wir eigentlich wissen, daß wir alle gleich sind. Jeder Mensch hat sein einzigartiges Schicksal, unsere Wege sind verschieden, wie kann man da noch von Gleichheit sprechen? Oder spricht man eher vom Wert des Menschen? Gibt es Menschen, die mehr wert sind als andere? Wohl kaum. Trotzdem möchte ich wissen, wie man so eine Behauptung in den Raum stellen kann, denn niemand kennt alle Menschen auf der Welt, und ich wette, wenn es ein paar Leute gäbe, die alle Menschen kennen würden, würden sie nicht sagen, daß alle Menschen gleich sind. Was haben die Menschen außer der Schuld gemein, das ihre Gleichheit beweisen könnte? Ich habe noch nicht einmal etwas mit meinen Geschwistern gemeinsam, außer denselben Eltern. Und nur das macht uns irgendwie gleich, denn unsere Herkunft ist das stärkste Band zwischen uns. Manchmal, wenn wir uns verkracht hatten, war es nur die Beziehung zu unseren Eltern, die für uns Grund genug war, uns wieder zu vertragen.

Aber was hat der Rest der Welt damit zu tun? Was habe ich mit dem Mann auf der Straße gemeinsam, der weder mein Freund noch mein Bruder ist? Wenn wir Menschen tatsächlich alle gleich sind, dann kann diese Gleichheit doch auch nur von einer Beziehung herrühren. Wäre ich mir hundertprozentig sicher, daß es Gott wirklich gibt, dann könnte ich mit Bestimmtheit sagen, daß in ihm unsere Gleichheit liegt. Ja, dann ist jeder mein Bruder und meine Schwester. Ach! Aber Millionen Menschen glauben nicht an Gott und haben somit auch keine Beziehung zu ihm. Wie kann ich das wieder unter einen Hut bringen?

Nun, was man glaubt oder nicht, ist eine Sache, aber die Wahrheit eine andere. Unsere Herkunft ist unabänderlich, aber die Beziehung zu Gott ist nicht mehr vorhanden. Gibt es einen Gott, dann muß irgendwann einmal eine Beziehung zu ihm bestanden haben. Eigentlich schafft doch schon ganz allein unsere Herkunft eine Beziehung, auch wenn es eine sehr schwache ist. Gehe ich einfach weiter davon aus, dann müßte es doch möglich sein, eine abgebrochene Beziehung wieder in Gang zu kriegen. Aber wie bringe ich diese an einem hauchdünnen Faden hängende Beziehung wieder auf Vordermann? Irgendwie muß das möglich sein, denn sonst hat der Himmel ein Kind verloren.

Wo ist Gott, wenn nicht in der Welt? Wie kann ich ihn finden, wenn nicht in diesem Leben? Ich kann doch unmöglich aus dieser Welt heraus, bin fest mit ihr verankert. Finde ich Gott in dieser Welt nicht, dann gibt es ihn entweder nicht, oder ich muß blind sein. Aber es muß ihn geben, denn die Unzerstörbarkeit meiner Seele und die unverkennbare Stimme meines Gewissens kann doch nur in Gott begründet sein. Wo sollte ich ihn denn noch suchen, wenn nicht auf dieser Erde? Müßte er nicht überall zu finden sein, oder macht er gerade seinen jährlichen Erholungsurlaub im Tessin?

Meine einzige Hoffnung ist Gott. Diese Hoffnung muß ich pflegen, indem ich sie täglich verstärke und festhalte, denn nur noch diese Hoffnung hält mich aufrecht. Nur mit ihr kann ich mich in dieser Welt zurechtfinden. Mit Gott würde ich noch einmal allen Mut zusammennehmen, und Enttäuschungen würden mich dann nicht so schnell aus der Bahn werfen, denn dann weiß ich ja, daß wenigstens Gott Wahrheit ist. Nur mit Gott würde ich es noch mal versuchen, meine zwischenmenschlichen Beziehungen zu verbessern. Nur mit ihm würde ich noch mal ganz von vorne anfangen. Nur er könnte den Sturm meiner Angst noch stillen. Nur ihm traue ich noch alles zu. Wo bist Du, Gott? Wo?«

Erschwerte Abreise

Am darauffolgenden Morgen packte ich sofort meine Sachen. Ich wollte Herrn Stein nicht mehr über den Weg laufen, denn das wäre einfach zuviel für mich gewesen. Also trampte ich nach Innsbruck und hoffte, dort eine Arbeit zu finden.

Es schneite, als ich in Innsbruck ankam. Merkwürdig war, daß ich plötzlich überhaupt keine Lust mehr hatte, zu arbeiten. Ich wollte plötzlich nichts anderes tun als schreiben.

Wieder nistete ich mich in einer billigen Pension ein und zahlte gleich für eine Woche im voraus. Für das Geld war die Unterkunft gar nicht mal so schlecht. Hundert Schilling für ein beheiztes Zimmer mit Dusche und warmem Wasser war relativ billig. Es war sauber und gemütlich eingerichtet. Nur das Bett war schrecklich weich, man lag in einer richtigen Kuhle. Aber dafür freute ich mich über den Tisch, an dem ich gut schreiben konnte. Ich zögerte nicht lange, sondern setzte mich gleich hin, um meine Gedanken endlich niederschreiben zu können.

»Der Gedanke an Gott will mich einfach nicht mehr loslassen. Und das Gefühl, daß er uns in die Welt gesetzt hat, ja, wir von ihm abstammen könnten, macht mich nicht nur ratlos, sondern auch unsicher. Es kann doch wirklich nur unsere Herkunft sein, die die Gleichheit aller Menschen diktiert. Der Unterschied zwischen den einzelnen Menschen kann daher nicht der von Gut und Böse sein, sondern eher der, daß die einen eine Beziehung zu Gott haben und die anderen nicht. Folglich muß es irgendwo auf dieser Welt Leute geben, die zu Gott eine Beziehung haben. Das sind zwar alles vage Vermutungen, aber sollten sie stimmen, dann bekommt das Wort »Freiheit« einen ganz anderen Sinn für mich.

Unentwegt hört man die Leute nach Freiheit schreien, doch wir alle sind Gefangene unserer eigenen Triebe, Ängste und Gefühle. Wenn ich nur an die sexuelle Freiheit denke, kommt mir das Kotzen. Ich empfinde einen tiefen Abscheu gegenüber Menschen, die kein Schamgefühl haben. Es ist doch merkwürdig: Obwohl die Menschen sich nach mehr Freiheit sehnen, ziehen sie sich die Ketten immer straffer an. Wir sind alle Sklaven unserer selbst. Das weiß ich wohl am besten, denn ich habe keinen Boß, von dem ich mich unterdrücken lasse. Ich kann praktisch tun und lassen, was ich will; und spüre dabei, daß ich mein schlimmster Feind bin. Auch ich bin eine Sklavin, und dabei ist es nur natürlich, daß ich mich auch nach Freiheit sehne. Nur wüßte ich nichts mit einer Freiheit anzufangen, von der ich gar nicht weiß, wozu sie da ist.

Auch die Freiheit muß den Menschen zu einem Ziel führen, und gerade das sehe ich nicht. Die Freiheit, die ich kenne, führt nirgendwo hin und hat für mich irgendwie einen vernichtenden Charakter. Und zu dieser Art von Freiheit wollen wir dann noch eine gehörige Portion Liebe . . . Allein bei dem Gedanken könnte ich schon wieder kotzen. Es ist einfach nicht mehr zum Aushalten! Wissen wir eigentlich, was wir wirklich haben wollen? Ich bezweifle es doch sehr! Freiheit und Liebe fehlt etwas, was ihnen ein gewisses Maß an Glaubwürdigkeit schenken könnte.

Was ich zum Beispiel bei der Liebe vermisse, das ist die Aufrichtigkeit. Leider mußte ich immer wieder erfahren, daß gerade die, die mich mochten, mich nicht mehr so gern hatten, wenn ich ihnen etwas gestand oder sie etwas über mich erfuhren, was sie bei mir nie für möglich gehalten hätten. So erkannte ich, daß der Mensch sich selbst mehr täuscht, als ein anderer ihn täuschen könnte. Ist er es nicht ganz allein, der sich ein falsches Bild von seinem Mitmenschen gemacht hat? Aber anstatt ihn wegen seines Geständnisses nun noch mehr zu lieben, verachtet er ihn.

Ich hasse es, wenn sich Leute ein Bild von mir machen. Man gerät dadurch automatisch in eine Zwickmühle, die es einem verdammt schwer macht, aufrichtig zu bleiben. Das Bild ist nämlich oft schöner, als man in Wirklichkeit ist, und wer hat dann noch den Mut zu sagen, daß man eben nicht so ist? Wagt man es dennoch, dann ist der andere maßlos enttäuscht, weil man seinen Idealvorstellungen nicht gerecht werden konnte. Oh, diese Verlogenheit! Geht mir weg mit der Liebe! Der Mensch hat nicht die geringste Vorstellung davon, sonst würde er sich niemals ein Bild von einer geliebten Person machen.

Der Mensch hat vor allen Dingen Angst vor der Wahrheit, die natürlich sein gemachtes Bild zerstören könnte. Im Grunde genommen liebt er gar nicht die Person, sondern nur das Bild, das er sich von der Person gemacht hat. Bloß nicht den wahren Charakter eines Menschen erkennen, denn das könnte ja alle Illusionen zerstören! Solange Geständnisse die Liebe mehr vernichten anstatt aufrichten, solange will ich nichts von ihr wissen.

Ich möchte eine Liebe, die den anderen erst einmal so annimmt, wie er ist. Wenn ein Mensch zu einem anderen sagen kann: ›Du, du hast dich geirrt. Ich bin gar nicht mutig, sondern feige, und außerdem bin ich viel unehrlicher, als du geglaubt hast‹ und dann hört: ›Nicht zu fassen! Hätt' ich nicht von dir gedacht! Aber ich mag und brauch' dich trotzdem‹, dann erst wird für mich wahre Liebe sichtbar.

Nein, wir sind noch lange nicht frei, denn wir wissen nicht, was Liebe wirklich ist. Aber Freiheit und Liebe müssen irgendwie zusammengehören, das spüre ich. Das eine kann nicht ohne das andere sein.

Wo ist die Freiheit, nach der ich mich sehne? Eine Freiheit, die es nicht zuläßt, mein eigener Sklave zu sein? Eine Freiheit, bei der man seinen Fehlern und Schwächen ruhig gegenüberstehen kann, ohne andauernd von ihnen untergebuttert zu werden? Freiheit muß doch ein gewisses Maß an Kontrolle über meine Person beinhalten, aber es erscheint mir eher so, daß ich meinem Ich hilflos ausgeliefert bin.

Manchmal möchte ich einfach davonlaufen, so wie ein Sklave vor seinem brutalen Herrn flüchten möchte. Aber was nützt dem Sklaven die Flucht? Er ist und bleibt das Eigentum seines Diktators, und der wird ihn nie freigeben.

Wer kann mir die Freiheit schenken? Wer hat so eine Macht, die meine Seele jubeln lassen kann? Wo sind die Freunde meiner Seele, die den Feind vertreiben und meine Ketten sprengen könnten?

Einer der größten Feinde meiner Seele ist die Vergangenheit. Manchmal legt sie sich wie ein Schatten auf alles Gegenwärtige, der mich daran hindert, mein Innenleben wieder neu aufzubauen. Bin ich erst mal in diese Falle getappt, dann zählen sich automatisch alle Ungerechtigkeiten auf, die ich in meinem Leben begangen habe, und sagen mir, daß sie eines Tages gegen mich antreten und sich an mir rächen werden.

Doch im gleichen Augenblick wünsche ich mir, daß ich vieles wiedergutmachen könnte. Bei einigen Dingen wünsche ich es mir nur aus Angst vor Strafe, aber bei anderen tut es mir wirklich sehr leid, daß ich so gehandelt habe. Gleichzeitig wird mir klar, daß ich kaum etwas wiedergutmachen kann, und ich hoffe dann, daß Gott nicht nur gerecht, sondern auch gnädig ist. Einen ausschließlich gerechten Gott könnte ich nicht gebrauchen, denn dann wäre ich verloren.

Meine Vergangenheit kann ich unmöglich allein bewältigen. Sei es positives Denken oder irgendein anderer Schnickschnack von Autosuggestion, mir schafft das keinen Seelenfrieden. Was habe ich schon alles versucht! Man kann sich damit zwar eine kurze Zeit über Wasser halten, doch letztendlich weiß man ganz genau, daß der Tag kommen wird, an dem man endgültig absäuft. Man weiß, daß man sich selbst betrügt, denn der bittere Beigeschmack vom Schuldgefühl bleibt. Für mich ist es schier unmöglich, unbelastet in der Gegenwart zu leben, wenn die Vergangenheit mich auf Schritt und Tritt verfolgt.

Gibt es einen Gott, dann kann es nicht in seinem Sinne sein, daß die Vergangenheit uns daran hindert, uns frei zu entfalten. Für Gott dürfte nach meiner Ansicht nur die Gegenwart entscheidend sein, sonst wäre er umsonst da, weil das Vergangene für mich sowieso ohne ihn abgelaufen ist.

Nur Gott könnte mein Seelenleben in- und auswendig kennen, und nur er könnte mich frei machen. Ich weiß ja selbst, daß das alles nur Wunschträume sind. Aber es sind schöne Träume!

Ach, wenn ich doch mal einen Menschen kennenlernen könnte, der zu Gott eine Beziehung hat! Ich würde viel darum geben, denn ich stehe mit diesen Gedanken so furchtbar allein da. Man fühlt sich so unendlich einsam, wenn man niemanden hat, mit dem man über solche Sachen reden kann.«

Mein Magen knurrte, und ich hörte auf zu schreiben. Es war schon spät, die Geschäfte waren längst geschlossen, und so blieb mir nur noch irgendein Restaurant. Ich zog mir etwas über, steckte mein Portemonnaie in die Hosentasche und verließ die Pension. Die frische Luft tat mir gut. Übermütig hüpfte ich die Bordsteinkante rauf und runter und machte dabei unmögliche Verrenkungen. »Du bist ein verrücktes Huhn«, dachte ich. Und mit einem Mal verspürte ich ein unbeschreibliches Glücksgefühl. »Ich bin ein Mensch«, dachte ich. »Ein Mensch wie alle anderen!« rief ich plötzlich in die Welt hinaus. »Ein Mensch, eine junge Frau und ein verrücktes Huhn!« Unbändige Lebensfreude kroch in jede Faser meines Herzens. Ich blieb stehen und hielt inne. »Gott«, dachte ich. »Gott, bist du das? Machst du mich so glücklich?«

Ich weiß nicht, wie lange ich so dastand. Ich fragte mich, auf was ich eigentlich wartete. Hatte ich tatsächlich eine Antwort erwartet? Ein wenig verschämt über meine kindlichen Erwartungen, setzte ich meinen Spaziergang fort.

Plötzlich hörte ich Schritte hinter mir, und erschrocken drehte ich mich um. Zwei Männer waren unmittelbar hinter mir und grinsten mich blöde an. Mir wurde unheimlich, und ich wechselte die Straßenseite. Kein Mensch weit und breit, nur ich und die beiden Männer. Mein Gott, hatte ich eine Angst! Als ich mich umdrehte, überquerten sie ebenfalls die Straße. Es gab nur zwei Möglichkeiten: Stehenbleiben und abwarten oder weglaufen. Das eine wie das andere würde mir nicht helfen, falls sie tatsächlich etwas Böses im Sinn hatten. Und so blieb ich stehen. Sie kamen auf mich zu und stellten sich breitbeinig vor mich hin. »Was wollt ihr?«

»Nicht viel, nur dein Geld«, sagte einer von ihnen.

»Da habt ihr aber Pech! Ich habe nämlich kein Geld zu verschenken«, sagte ich bissig.

»Komm, mach keinen Quatsch. Entweder du gibst es uns, oder wir werden es uns holen«, drohte der andere.

Ich muß von Sinnen gewesen sein, denn ich sagte: »Dann holt es euch doch!« Das, was danach folgte, lief so schnell ab, daß ich im ersten Augenblick gar nicht wußte, wie mir geschah. Sie schlugen wie verrückt mit den Fäusten auf mich ein, und ich fiel zu Boden. Dann traktierten sie mich mit Fußtritten, und ich mußte laut aufschreien vor Schmerzen. Wimmernd lag ich auf dem Pflaster, wobei sie mir das Geld abnahmen. Als sie es endlich hatten, suchten sie schnell das Weite.

Für ein paar Sekunden blieb mir regelrecht die Luft weg, und ich konnte mich kaum bewegen. Erst als die Kälte mir durch alle Glieder fuhr, wagte ich aufzustehen. Mühsam schleppte ich mich zur Pension und war froh, als ich endlich mein Zimmer erreichte. Mit starken Schmerzen legte ich mich erst mal ins Bett. Für eine geraume Zeit starrte ich nur gegen die Decke, bis ich plötzlich zu lachen anfing. Mir wurde unwiderruflich klar, daß ich ein Talent hatte, in Schwierigkeiten zu geraten. Und so lachte ich in die tiefschwarze Nacht hinein, was ja eigentlich das gleiche wie weinen war. Acht Wochen Lohn waren nun dahin. Acht Wochen schweißtreibende Landarbeit. Zum Glück hatte ich die Miete für eine Woche im voraus bezahlt, und es blieb nur zu hoffen, daß ich durch die Verletzungen keine ärztliche Hilfe in Anspruch nehmen mußte. Nun hatte ich also nichts mehr, außer für eine Woche ein Dach überm Kopf und Leitungswasser.

Nach einer Weile wagte ich, aufzustehen. Vorsichtig zog ich mich aus, wobei jede Bewegung schmerzte. Als ich vor dem Spiegel stand, war ich richtig erschrocken. Nase und Augenpartien waren stark angeschwollen, und die passenden Farben würden sich über kurz oder lang sicherlich auch einstellen. Mein Brustkorb meldete ebenfalls Zerstörung seines Geländes an, denn die Fußtritte waren nicht von Pappe gewesen. Vorsichtig tastete ich meine Brüste ab, die ebenfalls schmerzten, aber ich konnte nichts Beunruhigendes fühlen. Sicherlich nur Prellungen, vermutete ich. Meine Seele begann nun etwas von Vergeltung zu munkeln, doch mein Gewissen gab mir den Ratschlag, ins Bett zu gehen. Also legte ich mich ins Bett und versuchte zu schlafen. Lange lag ich wach, denn mir tat alles weh, bis mich dann doch die Gnade des Schlafes überkam und ich ruhen konnte.

Als ich am nächsten Morgen aufwachte, hatte ich Hunger. Ich stand auf und trank ein paar Glas Wasser. Mein Brustkorb war bedenklich angeschwollen, und ich machte mir deshalb ein paar kalte Umschläge. Ich war ziemlich deprimiert, jedoch war mir immer noch nicht ganz klar, worüber ich eigentlich so erschüttert war. Den ganzen Tag war ich damit beschäftigt, kalte Umschläge zu machen, um die Schwellungen zum Abklingen zu bringen. Erschöpft und müde schlief ich dann im Laufe des Abends ein.

Am darauffolgenden Tag ging es mir schon etwas besser. Ich konnte mich an den Tisch setzen und schreiben, was mich wieder ein wenig aufmunterte.

»Was geht in einem Menschen vor, der sich nicht scheut, einen anderen auf offener Straße zusammenzuschlagen? Und was hat es noch für einen Sinn zu lieben, wenn es solche Menschen gibt? Wenn nur Haß die Antwort auf Liebe ist, was soll's?« schrieb ich verzweifelt. »Seit ein paar Wochen verliefen die Anfälle glücklich, so daß ich sie ohne nennenswerte Verletzungen überstehen konnte. Aber dafür haben mich vorgestern zwei Schwachköpfe so zugerichtet, daß ich für ein paar Monate genug habe.

Welchen Weg soll der Mensch gehen? Es kommt der Tag, an dem ich mich entscheiden muß. Und da es in meinem Leben immer nur alles oder nichts gegeben hat, wird es wohl bei dieser Entscheidung auch keinen Mittelweg geben. Liebe oder Haß, das ist die Frage. Kann man sich überhaupt für den Weg der Liebe entscheiden, wenn man dann ganz allein dasteht? Aber den andern Weg, den des Egoisten, kann ich auch nicht gehen, denn totale Rücksichtslosigkeit und ausschließliches Benutzen der Ellenbogen liegt mir überhaupt nicht. Was soll ich nur machen? Ich, die doch eigentlich an die Liebe glaubt, komme mir vor, als ob ich an den Weg des Bösen regelrecht angekettet bin.

Die beiden Schläger haben wahrscheinlich ihren Weg schon längst gewählt. Ich kann ihnen aber gar nicht richtig böse sein, denn bestimmt haben sie diesen Weg nur deshalb beschritten, weil sie ebenfalls Angst davor haben, daß sie auf dem Weg der

Liebe ganz allein gehen müßten. Und wenn sie wirklich nur deshalb so sind, dann halten die beiden das nicht lange durch, und auch sie müssen eines Tages eine bewußte Entscheidung treffen. Ach, ihr armen Schweine! Ihr seid wie ich.

Plötzlich fällt es mir gar nicht so schwer, das Böse in der Welt zu begreifen. Der Mensch tut oft nur Böses, weil die Angst ihn dahin treibt. Nur wer angstfrei leben kann, der müßte nach meiner Ansicht auch ohne Angst lieben können. Und wer ohne Angst lieben kann, bei dem kann das Böse bestimmt nicht übermächtig werden.

Die Welt ist ein einziger Misthaufen, und ich kann absolut nicht verstehen, daß ich sie trotzdem liebe. Und wo kommt diese Sehnsucht her? Dieses Verlangen, das noch von keinem Menschen gestillt werden konnte, muß doch irgendwo seine Befriedigung finden. Woher kommen diese Kräfte, die mir einen unbändigen Lebenswillen beinahe aufzwingen? Was habe ich in mir, das für die Welt unerreichbar, ja unantastbar ist? Niemand kann das in mir zerstören, doch was der Mensch nicht zerstören kann, kann folglich nicht von dieser Welt sein. Wenn nicht von der Welt, dann von Gott!

Warum hat er uns eigentlich in die Welt gesetzt? Fühlte er sich allein? Oder wollte er nur schaffen? Er sollte uns wenigstens die Möglichkeit einräumen, mit ihm reden zu können. Was ist ein Zusammensein ohne Kommunikation? Wie kann daraus eine sinnvolle Beziehung entstehen? Ist es überhaupt möglich, Kontakt zu bekommen, wenn ich noch nicht einmal weiß, ob Gott ein bloßer Wunschtraum von mir ist oder ob er wirklich existiert?

›Hey, kannst Du mich hören? Gibt es Dich überhaupt? Falls ja, dann hör mit dem Versteckspielen auf. Ich habe nämlich langsam die Schnauze voll von der ewigen Ungewißheit. Ich will Dich kennenlernen und finde es nicht fair, wenn Du das nicht zuläßt. Du bist Gott, und deshalb habe ich keine Chance, wenn Du mir keine gibst. Als ich ein Kind war, hat mein Vater mir das Schachspielen beigebracht. Anfangs ließ er seine Dame aus dem Spiel, denn sonst hätte ich nicht die geringste Chance gehabt. Erst als ich das Spiel einigermaßen beherrschte, nahm er auch seine Dame mit aufs Brett. Aber was machst Du? Ich habe eher den Eindruck, daß Du mit zwei Damen und vier Türmen spielst. Du mogelst, und ich dachte, daß ein Gott so etwas nicht nötig hat. Bist Du wirklich Gott, dann gib mir eine faire Chance!«

Nach diesem ersten bewußten Schriftverkehr mit Gott schloß ich mein Tagebuch und legte mich aufs Bett. Mein Magen verlangte sein Recht, aber ich konnte ihm nur Wasser geben. Ich war schon wieder müde und schlief bald ein. Erst am Nachmittag wachte ich auf und mußte feststellen, daß ich Fieber hatte. Das machte mir große Sorgen, denn bei Fieber bekam ich immer sehr viele Anfälle. Prophylaktisch nahm ich eine erhöhte Dosis Antiepileptika und hoffte, daß das ein wenig helfen würde. Danach fiel ich erneut in den Schlaf.

Am nächsten Tag ging es ein bißchen besser. Das Gespräch mit Herrn Stein über die Evolutionstheorie kam mir wieder in den Sinn, und ich schrieb: »Die Evolutionstheorie kann vielleicht vieles beweisen, aber sie kann nicht sagen, daß es keinen Gott gibt. Für mich deutet diese Theorie eher darauf hin, daß da jemand unermüdlich am Arbeiten war. Und wie ist das mit dem Gewissen? Wenn Gott die Evolution in Gang gesetzt hat, dann hat er uns auch das Gewissen gegeben.

Mein Gewissen und ich führen einen ständigen Dialog. Mit Sicherheit kann ich behaupten, daß es kein Monolog ist, denn sonst hätte ich diese Stimme, die mir nicht immer angenehm ist, bestimmt öfters abstellen können. Nein, es ist eine andere Stimme, die mir oft sagen muß, daß ich nicht das bin, was ich nach ihrer Meinung sein sollte. Es gibt absolute Werte. In meinem Leben habe ich mehr Haß, Neid, Geiz und Lüge erfahren als Liebe und Güte, und deshalb denke ich, daß ich an die letztgenannten Werte nicht aus mir selbst glauben kann. Nein, nicht ich, sondern mein Gewissen sagt mir, daß es Liebe gibt.

Schaue ich in die Tiefen meiner Seele, bin ich erschrocken, denn da ist nichts, worauf ich mich verlassen könnte. Nichts, worauf ich bauen könnte. Nur die Sehnsucht, mein Verlangen nach Gott, läßt mich noch hoffen. Ja, meine Seele hofft. Hofft, daß sie nicht schon zu verdorben für eine Rettung ist.

Ist die Stimme in meinem Gewissen vielleicht ein Teil von

Gott? Aber dann wäre Gott ja auch eine Person. Und was macht meine Person? Sie hat nichts anderes zu tun, als die göttliche zu erwürgen, indem sie ein Dasein führt, das Gott nicht gutheißen kann. Ununterbrochen versuche ich die Stimme Gottes, mein Gewissen, zu unterdrücken oder zu überhören. Ein Teil von Gott versucht in mir zu leben, aber ich lege dieses Leben in Ketten, so daß es nicht wirken kann.

Ich stelle fest, daß meine Person keine Einheit bilden kann, weil meine Seele und mein Gewissen Krieg miteinander führen. Wie kann ich eins mit meinem Gewissen werden? Es muß doch irgendwie machbar sein, daß meine Seele meinem Gewissen folgt, denn das will mein Gewissen doch erreichen.

Man sagt, Körper, Seele und Geist bilden die Einheit des Menschen, wobei ich mich aber fragen muß, was denn mit Geist gemeint ist. Meint man damit das Gewissen oder den Intellekt? Ist der Intellekt gemeint, dann würde man dummen Menschen oder geistig Behinderten automatisch ihr vollwertiges Menschsein absprechen. Ist aber das Gewissen gemeint, dann sieht die Sache schon anders aus. Trotzdem wird bei mir aus den drei Teilen keine Einheit!

Nach welchen Kriterien hat uns Gott eigentlich geschaffen? Er muß doch irgendeine Vorstellung gehabt haben. Aber wenn Gott das einzig lebendige Wesen vor Erschaffung der Erde und der Menschen war, dann konnte er doch nur sich selbst als Beispiel nehmen, oder?

Was macht denn eigentlich die Einheit Gottes aus? Vielleicht besteht auch Gott aus drei Teilen? Das, was bei mir die Seele ist, macht vielleicht auch bei ihm die Person aus, und was ich als Stimme in meinem Gewissen höre, könnte sein Geist sein. Aber was ist das dritte? Sein Körper? Kann ich mir schlecht vorstellen, denn Körper bedeutet immer eine Einschränkung. Gott ist also er selbst, Geist und . . .? Körper ist das einzige, was mir dazu einfällt, aber das kann nicht wahr sein, denn Gott ist doch kein Mensch.

Warum haben wir eigentlich einen Körper? Ich glaube schon, daß die Seele den Körper als eine Art Behausung braucht. Hm! Eine Behausung oder ein Zuhause? Wenn die Seele nicht sterben

kann, dann muß sie nach dem Tode dahin gehen, wo sie hingehört. Dieser Gedanke macht mich ganz krank, denn ich spüre
immer deutlicher, daß meine Seele nicht zu Gott gehört. Solange
ich mich nämlich gegen mein Gewissen entscheide, solange kann
meine Seele nicht zu Gott gehören. Oh, dieser Kampf! Es zerreißt
mich innerlich. Ich spüre, daß sich alles in mir aufbäumt, ohne
daß ich etwas dagegen tun kann. Manchmal kommt es mir sogar so vor, als ob der Kampf zwar in mir stattfindet, aber nicht
mit mir.

›Lieber Gott! Ich will ja zu Dir. Ich glaube jetzt zu wissen, daß
Du die Stimme meines Gewissens bist. Aber für meine Seele ist
das fatal, denn ich kann Dir nicht gehorchen. Ich will auch nicht
gehorchen, denn ich bin mir immer noch nicht sicher, ob ich zwischen Traum und Wirklichkeit hin- und herpendele.

Ich brauche Beweise, verstehst Du? Ein Glaube ohne Beweise
kommt mir vor wie ein Sprung ins kalte Wasser, wobei man sich
noch das Genick brechen kann. Aber ich kann den Glauben ohne
Beweise auch nicht total ablehnen, denn dann hätte das Leben
für mich keinen Sinn. Was kann ich von Dir erwarten, wenn ich
nur glaube? Und was wird passieren, wenn ich eines Tages die
bittere Erfahrung machen muß, daß es Dich gar nicht gibt? Wo
kann ich dann noch den Inhalt meines Lebens erkennen? Ohne
eine gewisse Bindung an Dich ist Leben für mich nicht vorstell-
bar. Bei allem Respekt Dir gegenüber, aber komm endlich in die
Pötte! Allein in der Wahrheit muß der Sinn des Lebens liegen. Ich
empfinde Demut vor der Wahrheit, weil ich sie nicht kenne. Und
ich empfinde Demut vor Dir, weil ich Dich ebenfalls nicht kenne.
Wahrheit, wo bist Du? Ich suche nach Dir! Du bist das Leben.
Alles in Dir.‹«

Ein paar Tage später mußte ich die Pension verlassen. Ich war fix
und fertig, total geschwächt, ohne einen Pfennig Geld in der Ta-
sche, und ich hielt es für unvermeidlich, nach Deutschland zu
trampen, um mich erst mal wieder aufzupäppeln. Ich hatte Fieber, und auch ohne Thermometer wußte ich, daß es hohes Fieber
war. Während ich mich auf den Weg zur Autobahn machte, wurden plötzlich meine Knie weich, ich hatte regelrechte Schweiß-

ausbrüche, und mir war speiübel. Es hatte keinen Sinn mehr, und so entschloß ich mich, meine Sachen zu verkaufen, um mir von dem Erlös eine Fahrkarte nach Hause zu kaufen.

Eine Ewigkeit suchte ich nach einem An- und Verkaufsladen, der auch Kleidung und Schlafsäcke kaufte. Endlich fand ich einen und ging hinein. Ich holte meine Sachen aus dem Rucksack und legte sie vor den Augen des Besitzers auf den Tisch. Er schaute sie flüchtig durch, so wie man das immer tut, wenn man den Anschein erwecken will, daß die Sachen nichts taugen. Ich weiß nicht mehr, wieviel er mir bot, aber es war weit unter dem Gebrauchswert. Wütend schaute ich diesem Halsabschneider ins Gesicht und sagte: »Es ist leicht, beim Ankauf einen satten Profit zu machen, wenn der andere zum Verkaufen gezwungen ist. Aber bitte machen Sie mir trotzdem ein vernünftiges Angebot.« Ungerührt hob er den Preis um lächerliche zehn Schilling an. »Lieber Gott, hilf mir! Ich brauche das Geld«, flehte ich in Gedanken.

Kaum hatte ich diesen Satz ausgedacht, fiel mir eine Geschichte ein, und ich fing an zu erzählen: »Es war einmal ein Mann, der ging hinaus in die weite Welt, mit der Absicht, den Leuten das Mark aus den Knochen zu saugen. In einem kleinen, netten Dorf ließ er sich nieder und begann mit seiner Arbeit. Es dauerte kaum ein Jahr, da wurden die Dorfbewohner sehr krank, aber kein Arzt konnte helfen, weil niemand mehr genug Knochenmark hatte, um es einem anderen zu spenden. Nur einer war noch bei bester Gesundheit: Der Knochensauger. Doch der gab natürlich nichts her. Einige Wochen später mußte er das Dorf verlassen, weil alle Einwohner gestorben waren. Es war nichts mehr zu holen.

So zog er weiter. Zog Jahr für Jahr durch die Lande und saugte den Leuten das Mark aus den Knochen. Aber mit der Zeit wurde er immer einsamer, denn es hatte sich längst herumgesprochen, daß überall dort, wo er hinkam, Elend und Tod die Folge seines Bleibens waren. Kaum hatte er ein Dorf oder eine Stadt betreten, bewarfen ihn die Leute mit Steinen, so daß er jedesmal die Flucht ergreifen mußte. Nirgends konnte er mehr bleiben, und so kam es, daß er niemanden mehr aussaugen konnte. In seiner Verzweiflung wagte er sich eines Tages doch noch einmal in die Stadt. Er hatte noch eine goldene Taschenuhr, die ihm sicherlich über den nächsten Winter hinweghelfen konnte, wenn er sie verkaufen würde. Als er in der Stadt angekommen war, erkannte ihn niemand mehr, denn er war so heruntergekommen, daß niemand in ihm den Knochensauger vermutete. Und so konnte er in Ruhe nach einem An- und Verkaufladen suchen, in dem er seine Uhr verkaufen wollte. Endlich hatte er einen entdeckt und ging hinein. Als der Besitzer ihn sah, schaute er ihn einen Moment an und sagte: ›Hallo Bruder!‹ Der Schreck fuhr dem Knochensauger durch alle Glieder, und am nächsten Morgen fand man ihn tot am Rande der Stadt liegen.«

Der alte Herr schaute mich verstört an. Nervöse Zuckungen fuhren durch sein Gesicht, leise fragte er: »An wieviel hatten Sie denn gedacht?«

»Außer den Jeans sind die Sachen noch alle gut in Schuß, denn viele habe ich erst dieses Jahr gekauft. Die Pullover zum Beispiel, und der Schlafsack, der ist noch so gut wie neu. Sehen Sie selbst! Ich denke, daß vierzig Prozent des Neupreises nicht zuviel verlangt ist.«

Er stöhnte, als ob ich ihn bankrott machen würde, und schaute sich die Sachen noch mal genauer an. Endlich ging er zur Kasse, holte das Geld heraus und drückte es mir, immer noch stöhnend, in die Hand. Ich war zufrieden und lächelte, denn es war mehr, als ich erwartet hatte. »Das war das schlechteste Geschäft meines Lebens«, seufzte er.

»Und doch war es das beste«, sagte ich und ging zur Tür. Noch einmal drehte ich mich um und lächelte ihn an.

Er zwinkerte mir zu und sagte: »Die Geschichte werde ich nie vergessen. Woher haben Sie die?«

»Ich weiß es wirklich nicht. Sie fiel mir ganz plötzlich ein.«

»Ich wünsche Ihnen alles erdenklich Gute«, sagte er und zwinkerte mir abermals freundlich zu.

»Ich Ihnen auch«, sagte ich und ging hinaus.

Am Bahnhof kaufte ich eine Fahrkarte. Ein direkter Zug war gerade abgefahren, der nächste fuhr erst wieder in vier Stunden. Da ich aber noch genug Geld übrig hatte, fand ich das nicht allzu tragisch. Tagelang hatte ich nichts mehr gegessen, und nun freute ich mich auf ein erstklassiges Menü in einem guten Restaurant.

Ich verließ den Bahnhof und ging durch die Stadt. Der Hunger machte mich richtig ungeduldig. Jetzt, wo ich Geld hatte, konnte ich nicht länger aufs Essen warten.

Plötzlich wurde mir wieder schlecht, mein Brustkorb schmerzte, und wieder hatte ich Schweißausbrüche. Ich lehnte mich gegen eine Hauswand und verschnaufte einige Augenblicke. Kurz danach fand ich ein Restaurant. Mann, hatte ich einen Hunger! Ich bestellte mir ein gutes Essen und blieb fast zwei Stunden. Es war längst dunkel, als ich das Restaurant verließ; im Licht der Straßenlaternen tanzten sanft und leise die Schneeflocken zur Erde. Eine wohltuende Ruhe überkam mich, und ich atmete tief ein.

»Junge Frau! Wachen Sie auf! Mein Gott, laß sie doch aufwachen!« hörte ich aus weiter Ferne. Ich sah in das Gesicht eines alten Mannes, doch war ich zu keiner Reaktion fähig. Dann wurde es wieder dunkel. Als ich das zweite Mal aufwachte, spürte ich, daß mich jemand auf seinen Armen trug und schwer atmete. Angst packte mich, aber alle Kräfte in mir schienen verloren, und es dauerte nur einen Augenblick, da verlor ich abermals das Bewußtsein.

Als ich die Augen öffnete, fand ich mich in einem weichen, warmen Bett wieder, das bunte Bezüge hatte. Kein Krankenhaus. Aber wo war ich? Ein Mann Mitte vierzig saß an meinem Bett und lächelte mich an. »Na, geht es Ihnen jetzt wieder besser?« fragte er.

Ich nickte nur und fragte: »Wo bin ich?«

»Sie sind im Haus meines Freundes. Er hat Sie vor einer halben Stunde gefunden und hierher gebracht. Danach hat er mich sofort geholt, denn ich bin Arzt und wohne gleich nebenan«, erklärte er.

»Hilfe! Nicht schon wieder!« dachte ich.

»Sie haben großes Glück gehabt. Meinem Freund ging es nämlich nicht gut, und nur deshalb ist er ein bißchen frische Luft schnappen gegangen. Sie waren schon eiskalt, mein Gott, was hätte passieren können! In Ihren Taschen habe ich Antiepileptika gefunden, und so ahnte ich, was passiert sein könnte. Aber als ich Sie von Ihrer nassen und steifen Kleidung befreite, traf mich der Schlag. Haben Sie diese Verletzungen auch von einem Anfall?«

»Nein, diesmal nicht. Vor ungefähr einer Woche haben mich zwei Männer zusammengeschlagen, weil ich ihnen mein Geld nicht freiwillig geben wollte.«

»Haben Sie die Polizei verständigt?«

»Nee, ist doch sowieso alles gehopst wie gesprungen.«

»Na, Sie sind gut. Sie wurden ganz schön zugerichtet. Die hätten Sie um ein Haar umgebracht«, sagte er erregt.

»Hätten, hätten! Haben sie aber nicht.«

»Egal! Ich werde jetzt einen Krankenwagen bestellen, damit Sie versorgt werden können.«

»Nein! Ich gehe nicht ins Krankenhaus. Nur über meine Leiche!« drohte ich.

»Aber Sie müssen ins Krankenhaus. Sie könnten innere Verletzungen haben. Das muß untersucht werden.«

»Papperlapapp! Meine Innereien sind erste Qualität. Ich bin nur grün und blau, und das meiste ist schon gelb. Das sind alles nur Prellungen und Blutergüsse. Ich warne Sie! Ich werde ein Heidentheater machen, wenn ich gezwungen werde, ins Krankenhaus zu gehen.«

»Ist ja schon gut. Aber was wollen Sie denn machen? Sie sind doch total fertig«, sagte er ruhig.

»Wie spät ist es?«

»Fast Mitternacht.«

»Was!? Oje! Mein Zug ist längst weg. Gut, dann werde ich eben morgen fahren. Wo sind meine Klamotten? Ich will jetzt gehen.«

»Ich lasse Sie nicht gehen. Sie sind ja total verrückt. Ich bin Arzt und habe Verantwortung, falls Sie wissen, was das ist. Wenn Sie nicht ins Krankenhaus wollen, dann bleiben Sie hier. Ist das klar? Sehen Sie denn nicht ein, daß Sie total entkräftet sind?« fragte er aufgeregt.

»Hm! Sie imponieren mir. Verantwortung! Hört sich gut an. Seit wann haben denn Ärzte Verantwortung?« fragte ich spöttisch.

Er schüttelte nur den Kopf und schaute mich verwirrt an. Ich mußte lachen.

»Warum lachen Sie?«

»Weil Sie irgendwie komisch sind.«

»Schön, daß ich Sie so gut unterhalten kann. Sie bleiben also hier?«

»Hab' ich eine andere Wahl?«

»Nein.«

»Dann bleibe ich halt.«

»Sehr vernünftig! Aber jetzt muß ich Sie gründlich untersuchen. Ich will wenigstens sichergehen, daß keine Gefahr für Sie besteht.«

»Na, dann mal los!« sagte ich.

Vorsichtig tastete er meinen Brustkorb ab. »Das tut weh, nicht wahr?«

»Es geht«, sagte ich nur.

»Haben Sie auch Schmerzen in den Brüsten?«

»Ein wenig.«

»Das wundert mich nicht. Auch da haben Sie Blutergüsse«, meinte er besorgt.

Es war merkwürdig. Das erste Mal in meinem Leben hatte ich das Gefühl, daß ein Arzt gewissenhaft arbeitete. Das überraschte mich so sehr, daß ich richtig verunsichert war. »Alles halb so wild. Bin schon fast wieder okay«, sagte ich.

»Das denke ich nicht. Sie sind klitschnaß, und wenn mich nicht alles täuscht, dann haben Sie auch noch Fieber. Hier! Stekken Sie das mal unter«, sagte er.

Ich klemmte mir das Thermometer unter die Achsel und legte mich wieder hin.

»Wie lange haben Sie schon Anfälle?«

»Seit meinem achtzehnten Lebensjahr.«

»Und was machen Sie so?«

»Ich reise.«

»Wie bitte?! Meinen Sie, daß Sie nur unterwegs sind?«

»Die meiste Zeit.«

»Das halte ich im Kopf nicht aus! So ein Leichtsinn! Sie können zu jeder Zeit umfallen, und trotzdem reisen Sie in der Weltgeschichte herum. Haben Sie sich jemals Gedanken darüber gemacht, was Ihnen unterwegs alles passieren kann?« fragte er vorwurfsvoll.

»Ihr Ärzte habt doch alle die gleichen Sprüche auf Lager! Was mir alles unterwegs passieren kann, das kann mir auch zu Hause passieren. Ihr wollt mich möglichst in einem Glaskasten unterbringen! Ihr nehmt mir die Luft zum Atmen. Ich will nicht versauern, indem ich däumchendrehend auf den nächsten Anfall warte. Man hat mich damals versucht zu entmündigen, weil ich nicht bereit war, in ein Heim oder zu meinen Eltern zu ziehen. Meine Seele war den Ärzten schnuppe, denn sie wollten mich nur wohlbehütet wissen. Sie versuchten, meine Eltern davon zu überzeugen, daß sie den Antrag auf Entmündigung unterstützen sollten. Zum Glück spielten meine Eltern da nicht mit, aber ich weiß nun, was die Ärzte sind: ›Ekel! Alles Ekel!‹ Ich kann nicht behaupten, daß ich wegen meiner Krankheit Depressionen bekam, aber ich kriegte welche, als ich wegen meiner Krankheit keine Arbeit fand. Deshalb reise ich, verstehen Sie? So bin ich glücklich. Also sagen Sie mir bitte nicht, wie ich zu leben habe! Ich habe die Schnauze voll von guten Ratschlägen«, schimpfte ich mit ihm.

Betroffen schaute er mich an und schwieg. Er schien sichtlich bestürzt, und nach einer Weile sagte er: »So, wie Sie das sehen, habe ich das noch nie betrachtet. Es stimmt, daß wir meistens nur den Körper sehen und die Seele dabei oft zu kurz kommt. Wahrscheinlich hat man Ihnen schon oft vorschreiben wollen, wie Sie zu leben haben. Ich kann mir gut vorstellen, daß ich so etwas auch nicht ertragen könnte. Bitte entschuldigen Sie, daß ich Ihnen auch noch eine Moralpredigt gehalten habe. Es tut mir wirklich leid.«

Mir blieb die Spucke weg. So etwas hatte ich selten gehört und wenn, dann nicht von einem Arzt. Ich fing an, ihn zu mögen, und lächelte ihn an. »Schon vergessen«, sagte ich.

Nun lächelte er auch wieder, und mit einer Handbewegung verlangte er das Thermometer. »39,2! Sagen Sie mal, es muß Ihnen doch hundeelend gehen. Was mach' ich jetzt mit Ihnen?«

Mir ging es wirklich miserabel. Aber zugeben konnte ich das

nicht, und ich sagte: »Gar nichts. Morgen wird es besser sein, und dann werde ich mich nach Deutschland aufmachen.«

»Sie ticken wohl nicht richtig, was? In diesem Zustand kommen Sie höchstens bis zur Haustür. Nein! Das schlagen Sie sich mal aus dem Kopf. Mein Freund wird sich freuen, wenn Sie ihm für ein bis zwei Wochen Gesellschaft leisten. Ich habe ihn übrigens ins Bett geschickt, denn er war fix und fertig. Er ist nämlich nicht mehr der Jüngste und hat es dennoch geschafft, Sie hierher zu schleppen. Das sind bestimmt zweihundert Meter gewesen, und als ich da war, da ist er noch mal zurück und hat Ihren Rucksack geholt.«

»Wie alt ist er denn?«

»Er wird bald fünfundsechzig.«

»Sagen Sie mal, sind Sie verrückt geworden? Sie können so einem alten Herrn doch nicht zumuten, daß er sich um mich kümmert?! Was ist, wenn ich einen Anfall bekomme? Der kriegt ja auf der Stelle einen Herzschlag, wenn er das sieht. Außerdem wollen alte Leute einen immer zu Tode pflegen«, protestierte ich.

»Da machen Sie sich mal keine Sorgen. Das mit den Anfällen werde ich ihm erklären, und schließlich bin ich ja auch noch da. Ich werde hin und wieder nach Ihnen schauen, oder wollen Sie doch lieber ins Krankenhaus?«

»Nee, da bleibe ich lieber hier.«

»Sehr vernünftig. So, und jetzt versuchen Sie mal zu schlafen. Ich werde morgen wieder nach Ihnen sehen. Gute Nacht.«

»Gute Nacht«, sagte ich. Als er das Zimmer verlassen hatte, ärgerte ich mich, daß ich noch nicht einmal danke sagen konnte.

Ich schlief schnell ein und wachte erst wieder auf, als jemand an die Tür klopfte. »Herein!«

»Grüß Gott! Wünsche wohl geruht zu haben. Darf ich mich vorstellen? Mein Name ist Wiedemann«, sagte der alte Herr mit dem Frühstückstablett in der Hand.

»Guten Morgen! Sie sind sicherlich der Mann, der mich davor bewahrt hat, als deutsches Tiefkühlerzeugnis auf den Markt zu kommen. Vielen Dank für das Auftauverfahren.«

Er lachte und sagte: »Keine Ursache. Es war mir ein Vergnügen, endlich mal wieder eine junge Frau auf Händen tragen zu dürfen.«

»Schön, daß ich Ihnen eine Freude machen konnte«, scherzte ich mit.

»Wenn Sie jetzt etwas essen, können Sie mir noch eine Freude machen.«

»Jetzt geht's schon los«, dachte ich nervös und schaute auf das überladene Tablett. Zwei Semmeln, Müsli, ein Ei, Schinken, Marmelade, Käse, Quarkspeise, Kaffee und Orangensaft. »Lieber Gott, tu mir das nicht an«, flehte ich in Gedanken. Um ihn nicht gleich zu kränken, fing ich langsam an, mich mit einer Semmel zu beschäftigen, und sagte: »Danke, das sieht ja alles sehr gut aus. Haben Sie schon gefrühstückt?«

»Ja, schon lange. Ich bin ein Frühaufsteher. Aber jetzt will ich Sie nicht weiter stören«, sagte er und wollte das Zimmer verlassen.

»Nein, nein! Bleiben Sie nur und leisten Sie mir ein bißchen Gesellschaft. Schließlich sind wir gezwungen, miteinander auszukommen, und da sollten wir uns ein wenig beschnuppern. Das macht die Lage dann nicht ganz so kompliziert.«

»Na, wenn das so ist«, sagte er mit einem erleichterten Lächeln und zog sich einen Stuhl ans Bett. »Sie hatten wohl eine schlimme Zeit hinter sich?« fragte er traurig.

»Na ja. Wenn die beiden Klappstühle mich nicht so zugerichtet hätten, wäre ich vielleicht gar nicht hier. Ich hab' halt Pech gehabt.«

»Herr G., mein Freund, hat es mir heute morgen erzählt. Ich hätte nicht gedacht, daß Menschen so gemein sein können«, sagte er zornig.

»Ich schon, aber daß es mich auf diese Art und Weise selbst erwischt, hätte ich nicht gedacht. Was soll's. Das Leben hat auch angenehme Seiten«, sagte ich.

»Das nenne ich Lebensfreude«, sagte er erstaunt.

»Wieso sind Sie so überrascht? Soll ich deswegen verbittern?«

»Nein, nein. Ich frage mich nur, was das alles für einen Sinn haben soll, wenn Leute so miteinander umgehen.«

»Das frage ich mich auch, aber ich bin sicher, daß man eines

Tages dahinterkommt. Außerdem sind das alles nur Details. Viel wichtiger ist für mich die Frage, was sinnvolles Leben sein könnte.«

»Na, das ist doch klar! Man muß es einfach sinnvoll leben«, sagte er überzeugt.

»Und wie lebt man sinnvoll?« fragte ich neugierig.

»Indem man das tut, was man für richtig hält«, sagte er wie selbstverständlich.

Ich schaute ihn skeptisch an, denn seine Antwort kam mir mehr als bekloppt vor. »Meinen Sie, wenn ich ausschließlich das tue, was ich möchte, führe ich ein sinnvolles Leben?«

»Ja, natürlich. Wenn ich mir sage, daß ich dies oder jenes gern tun möchte, dann sollte ich es auch ausführen. Nie gegen sich selbst antreten – nur so ist sinnvolles Leben möglich.«

Ich verstand überhaupt nichts mehr und fragte: »Weshalb soll das sinnvoll sein, nur nach meinem Willen zu handeln? Mein Wille stimmt nicht immer mit meinem Gewissen überein, aber nur mein Gewissen kann ich als gut bezeichnen.«

»Das verstehe ich nicht. Mein Wille und mein Gewissen ist für mich ein und dasselbe«, sagte er wieder sehr überzeugt.

»Sie handeln also nie gegen Ihr Gewissen?« fragte ich.

»Genau.«

»Hätten Sie auch dann noch ein reines Gewissen, wenn Sie morgen sterben müßten?«

»Ich glaube schon«, sagte er sicher.

»Alle Achtung! Ich hätte es nicht. Haben Sie denn nie Fehler in Ihrem Leben gemacht?«

»Doch, schon. Aber ich konnte die meisten wieder gutmachen.«

»Sie haben also keinerlei Schuldgefühle?« bohrte ich weiter.

»Nein. Warum sollte ich?«

»Glauben Sie an Gott?«

»Ich weiß nicht.«

»Nehmen wir mal an, es gibt einen Gott. Dann müßten wir eines Tages Rechenschaft über unser Leben ablegen. Könnten Sie vor ihm stehen und ohne mit der Wimper zu zucken sagen, daß Sie frei von Schuld sind?«

»Ja, das könnte ich«, sagte er.

Das war der Gipfel! In mir kochte es regelrecht. »Sagen Sie mal, wollen Sie mich auf den Arm nehmen?« fragte ich sauer.

»Nein, wieso?« fragte er verdutzt.

Ich sagte nichts mehr und schaute ihn wütend an.

»So, jetzt haben wir erst mal genug geplaudert. Nachher kommt mein Freund noch einmal vorbei, um nach Ihnen zu sehen. Jetzt frühstücken Sie aber erst mal in Ruhe«, sagte er und verließ das Zimmer. Er schien plötzlich nicht mehr so sicher zu sein wie anfangs, aber daß ein Mensch überhaupt so denken konnte, ist mir heute noch ein Rätsel.

Kaum hatte er das Zimmer verlassen, hüpfte ich aus dem Bett und kramte mein Tagebuch aus den wenigen Sachen hervor, die sich noch im Rucksack befanden. Ich mußte mir Luft machen, denn meine Gedanken liefen mal wieder ziellos umher.

»Wenn ein Mensch wirklich nach dem Tod gerichtet wird, wie kann ich dann bestehen? Ich hatte selten die Möglichkeit, meine Fehler wieder gutzumachen, und was noch schlimmer ist, ich tat es auch dann nicht, wenn ich die Gelegenheit dazu hatte. Aber ist damit das Recht auf einen Neuanfang verwirkt?

Daß es Menschen gibt, die nie gegen ihr Gewissen antreten, kann ich einfach nicht glauben. Ich denke eher, daß das Gewissen dabei oft mit dem eigenen Willen verwechselt wird. Ich jedenfalls habe zwei Seelen in meiner Brust, mein Gewissen und meinen Willen, und ich kann nicht glauben, daß so große Unterschiede zwischen mir und den anderen bestehen. Für mich ist es schier unmöglich, daß ich meinem Gewissen ohne Hilfe folge.

Nach meiner Ansicht kann dieses ›nie gegen sich selbst antreten‹ auch einen miesen Ausgang haben. Ich jedenfalls fürchte mich vor der Sicherheit, die sich in diesen Gedanken breitmachen könnte. Und was ist der Mensch ohne Selbstkritik? Ich glaube wirklich, daß man ohne Selbstkritik verloren ist. Natürlich weiß ich, daß man heutzutage lieber von Selbstverwirklichung als von Selbstkritik spricht. Ich bezweifle aber sehr, daß man sich selbst verwirklichen kann. Ja, ich finde es sogar lächerlich, weil man sich selbst ja gar nicht kennt. Außerdem habe ich diese Typen zuhauf kennengelernt, diese Selbstverwirklicher, und dabei kam mir immer das Kotzen. Die benahmen sich wie Götter, waren über jegliche Zweifel erhaben und lieblose Egoisten. Sich selbst verwirklichen bedeutet für mich, seine eigenen Gesetze schaffen, und mich schaudert's, wenn ich daran denke, daß Gott vielleicht auch Gesetze hat. Solange ich nicht weiß, ob es einen Gott gibt, möchte ich mein Mißtrauen mir gegenüber nicht verlieren.

›Gott! Du hast mir das Leben gegeben. Sieh Du nun zu, daß ich auch was Vernünftiges daraus mache. Das Leben kommt mir nämlich vor wie ein Versprechen, das man halten muß, denn schließlich habe ich es geschenkt bekommen. Aber ist ein Geschenk nicht ein Beweis dafür, daß man jemanden mag? Folglich müßtest Du mich doch mögen. Jedoch frage ich mich, was ich mit diesem Geschenk anfangen soll. Ist es nicht Deine Pflicht, mir nahezulegen, was ich mit meinem Leben machen soll? Kannst Du mich eines Tages dafür verantwortlich machen, wenn ich Dein Geschenk einfach wegwerfe? Nein, das kannst Du nicht, denn erst mal mußt Du mir sagen, wozu ich auf der Welt bin.‹«

Ganze zehn Tage brachte ich bei dem alten Mann zu. Er war ein sehr lieber Mensch, aber seine Liebe hatte etwas Beklemmendes für mich. Einen vernünftigen Grund für dieses Gefühl hatte ich nicht. Vielleicht lag es an dem Vertrauen, das er in sich hatte und das fast lähmend auf mich wirkte.

Durch die Hoffnung leben

Die Zeit der Weinlese war gekommen, und ich hatte einen Job im Médoc gefunden.

Es war wieder Mitte Oktober, aber die Sonne brannte mir auf der Haut. Meine Stimmung war gedrückt. Ich kam gerade aus Deutschland, wo ich einige Monate unfreiwillig wegen Krankheit bleiben mußte. Fast jeden Tag hatte ich Anfälle, und das nahm mich gewaltig mit. Man liegt in seinem Zimmer und weiß nicht, wie lange man das noch aushalten kann. Man lebt nur noch von der Hoffnung, daß man nach jedem Anfall auch wieder erwacht. Man hat überall Schmerzen und verflucht sein Leben. Irgendwann kommt noch die Angst vor dem Tod dazu, und man spürt mal wieder, daß der Tod der größte Feind des Lebens ist. Man fühlt seine Macht, der man nichts entgegensetzen kann, und hofft, daß es noch eine größere Macht als die des Todes gibt.

In solchen Zeiten schrieb ich wie besessen, denn nur so konnte ich meine Situation halbwegs ertragen.

Was mich an meiner Krankheit so störte, war das Entlarvende an ihr. Sie zeigte mir deutlicher als alles andere, daß ich eigentlich doch ein ganz hilfloser Mensch bin. Die Ärzte konnten mir längst keine Hoffnung mehr machen. Man hatte alles Menschenmögliche versucht, meine Anfälle unter Kontrolle zu bringen, doch nun war man mit seinem Latein am Ende. Kein Medikament schlug mehr an, und damit wurde eine weitere Tür zugeschlagen. Ich war verzweifelt, aber so eine Kurzschlußreaktion wie damals, als ich keine Arbeit hatte, kam nicht in Frage.

In meiner Verzweiflung fühlte ich trotz allem eine große Hoffnung, die mir sagte, daß ich ja nicht aufgeben sollte. Es war die Hoffnung auf eine neue Zukunft. Ich konnte sie absolut nicht verstehen, denn meine Zukunft sah alles andere als rosig aus. Die Hoffnung war so lebendig in mir, daß ich manchmal staunend dachte, wie es nur möglich sein konnte, entgegen aller Vernunft nur durch die Hoffnung zu leben.

Der junge Engländer, mit dem ich jetzt Seite an Seite die Reben schnitt, machte ein gequältes Gesicht. Man sah ihm an, daß er das erste Mal eine Weinlese mitmachte, denn er war total verkrampft. Als wir die Hälfte des ersten Arbeitstages hinter uns hatten, sagte er: »Das halte ich keine Woche aus, geschweige denn vier Wochen.« Er sah wirklich halbtot aus, und ich sagte: »Mach dir keine Sorgen. Die ersten Tage sind die schlimmsten, und heute abend wirst du denken, daß man dir das Rückgrat zertrümmert hat, aber spätestens übermorgen spürst du nichts mehr. Halte nur durch, es ist wirklich nur Gewohnheitssache.«

»Bist du sicher?« fragte er.

»Ich habe das schon öfters gemacht. Das erste Mal dachte ich genauso wie du, und es gab keinen Knochen, den ich nicht gespürt habe. Hätte ich damals das Geld nicht so dringend gebraucht, ich wäre schon nach ein paar Stunden davongelaufen.«

Endlich lächelte er ein wenig und sagte: »Hoffentlich hast du recht. Hast du damals auch solche Kopfschmerzen gehabt?«

»Nee! Da bist du selbst dran schuld, denn du hättest in dieser Hitze keinen Wein trinken dürfen. Wenn sie das nächste Mal Erfrischungen anbieten, dann trinke Saft oder Tee. Das bekommt dir besser.«

»Aber die anderen haben doch auch Wein getrunken«, sagte er.

»Die können das auch vertragen. Schau dich doch mal um. Diesmal sind eine Menge Marokkaner hier, und denen macht das bißchen Sonne, was wir Hitze nennen, nichts aus. Dann wirkt der Wein auch ganz anders als bei uns, verstehst du?«

»Nee.«

»Dann trink einmal eine halbe Flasche Wein in der Sauna, und du hast keine Fragen mehr.«

Er lachte und sagte: »Ich denke, Wasser ist wohl geeigneter für mich.«

Die folgenden Tage lebten wir beide so richtig auf. Sams trockener Humor machte mir regelrecht Bauchschmerzen. Wir waren nur noch am Kichern, und so verging die Zeit wie im Fluge. Auch in der Freizeit unternahmen wir fast alles miteinander, denn wir verstanden uns einfach prima.

Eigentlich kam ich mit allen Arbeitern gut zurecht, nur mit den Frauen hatte ich so meine Schwierigkeiten. Schon in den ersten Tagen mußten sie mir unbedingt klarmachen, daß sie aus irgendeinem Emanzen-Verein stammten, und sie kapselten sich auch total von den Männern ab. Immer wieder versuchten sie, mich in Diskussionen über Frauenpolitik, Emanzipation usw. usw. hineinzuziehen, denen ich nicht immer ausweichen konnte. Ich hatte nichts gegen Emanzipation und dergleichen, aber ich hatte etwas gegen Männerhaß, und die Frauen waren voll davon.

Eines Tages, durch die vielen Gespräche ziemlich aufgewühlt, schrieb ich: »Was ist bloß mit meiner Generation los? Zweifellos haben viele Probleme mit ihrer geschlechtlichen Identität. Die Frauen haben sich zu Mannweibern entwickelt und versuchen mit aller Gewalt, ihr Geschlecht zu verleugnen. Aber die Männer sind auch nicht mehr das, was sie eigentlich sein sollten, sie können einfach nicht mehr Mann sein. Allerdings habe ich bei ihnen den Verdacht, daß sie nicht mehr Mann sein dürfen. Manche scheinen von den immer wiederkehrenden Aufständen der Frauen regelrecht verschreckt. Die Versuche der Emanzipation – die ich immer begrüße, wenn sie dementsprechend gemacht werden – sind total danebengegangen. Man scheint dabei immer zu vergessen, daß wir trotz allem noch zwei Geschlechter auf Erden haben. Mann bleibt Mann und Frau bleibt Frau, und daran werden auch die überzogenen Bewegungen der Feministinnen nichts ändern können. Eine Frau, die dauernd unter dem Zwang steht, den starken Mann markieren zu müssen, wird auf lange Sicht wohl keinen Mann finden, der sie aufrichtig lieben kann. Die Männer, die ich kenne – und die noch Männer geblieben sind –, suchen alle eine Frau, die sie lieben und beschützen können. Aber für viele Frauen ist dieser Wunsch schrecklich konservativ. Wie gesagt: Lieben und beschützen, und nicht beherrschen und besitzen.

Viele von den Männern sind allein geblieben, weil sie bei vielen Frauen das Gefühl hatten, daß sie keinen Wert mehr auf solche Wünsche legen und über gewisse männliche Attribute nur noch lächeln. Ja, sie tun so, als ob sie die Männer nicht ›brauchten‹. Das muß einen Mann ja schockieren, denn es ist für ihn wichtig, gebraucht zu werden. Und nicht nur für einen Mann.

Die verweichlichten Männer sind für mich das entartete Gegenstück zum Mannweib. Eine wahre Nutella-Generation haben wir im Moment auf dem Markt! Diese Männer, die sich vor jeder Verantwortung scheuen, eine Mutter statt eine Frau suchen und jegliche Charakterstärken vermissen lassen, habe ich nie leiden können. Ich wünschte mir sehr, daß die Männer ihre Gefühle mehr zeigen könnten. Aber es ist ein riesengroßer Unterschied zwischen Gefühle zeigen und total verweichlicht sein.

Was mir bei den extremen Feministinnen besonders auffällt, ist ihr Männerhaß. Dieser Haß läßt sich leicht erklären, denn eines Tages muß jede Emanze die für sie bittere Erfahrung machen, daß sie trotz aller Anstrengungen niemals so sein kann wie ein Mann. Da sie das aber nicht wahrhaben will, kommt ein total schizophrenes Verhalten ans Tageslicht, indem sie weiterhin verzweifelt versucht, dem Mann gleich zu sein, ihn aber im gleichen Atemzug haßt. Was diese Frauen wollen, ist nicht die Gleichberechtigung, sondern die Gleichschaltung. Ihr Haß verändert ihr ganzes Äußeres, ihre Gesichter sind gezeichnet von Bitterkeit und Niederlagen. Ein hoffnungsloser Kampf! Ich habe immer die natürlichen fraulichen Züge bei ihnen vermißt, und wenn ich sie reden hörte, lief es mir eiskalt den Rücken runter. Ich spürte ihren Haß so intensiv, daß ich am liebsten fortgerannt wäre.

Wie kommt es, daß wir Menschen unsere Identität nicht finden können? Wie konnte es soweit kommen, daß viele sich noch nicht einmal mit ihrem Geschlecht identifizieren können? Warum haben wir so viele Schwierigkeiten, zu uns selbst zu finden? Welchen Weg muß ich einschlagen, um mich besser kennenzulernen?«

Plötzlich legte sich eine Katze vor meine Füße. Ich klappte das Tagebuch zu und schaute sie an. »Eigentlich mag ich keine Katzen«, sagte ich zu ihr und streichelte sie. »Ihr seid eigenwillig und egoistisch. Du kommst jetzt bloß zu mir, weil du dich allein fühlst und gestreichelt werden möchtest. Wenn du gehen willst, gehst du, und es ist dir egal, ob ich damit einverstanden bin oder nicht. Ich mag dich, denn du bist wie ich. Ich kenne dich, aber du weißt nichts von mir. Aber dennoch kommst du zu mir und hast Vertrauen, obwohl ich dir auch einen Tritt versetzen könnte.«

Ich lachte über mich und dachte: »Jetzt bist du schon so verrückt und redest mit einer Katze.« Aber plötzlich kam mir ein Gedanke, der mich so schnell nicht wieder losließ: »Wieso kommt die Katze zu mir?« fragte ich mich. »Ist das nicht komisch? Obwohl sie gar nichts von mir weiß, wagt sie es dennoch, zu mir zu kommen. Und statt daß ich ihr einen Tritt verpasse, weil ich die Viecher ja eigentlich nicht leiden kann, streichle ich sie. Ich habe sie nicht enttäuscht, denn ihr Vertrauen zu mir machte mich weich.

Die Katze fühlt sich zum Menschen hingezogen. Und der Mensch? Er ›muß‹ zu Gott gehen! So wie die Katze mich nicht verstehen kann und nur weiß, daß ich ihr gebe, was sie braucht, so ähnlich muß es den Menschen mit der Beziehung zu Gott gehen. Auch ich kann Gott nicht erklären, geschweige denn verstehen, ja, ich bin noch nicht einmal sicher, ob es ihn überhaupt gibt. Oder weiß ich es doch? Die Katze weiß ja auch nichts von mir, sondern glaubt nur, daß ich nett zu ihr sein werde. Kann der Mensch vielleicht auch nur an Gott glauben, ohne daß er sich jemals sicher sein kann? Aber hat die Katze ihren Glauben an mich nicht auf die Probe gestellt, indem sie einfach zu mir kam? Zuerst kam der Glaube, und dann wußte sie. Komme ich, wie die Katze, vielleicht auch vom Glauben zum Wissen? Aber ist der Glaube nicht nur eine Herzenssache, so ganz ohne Verstand?

Hatte die Katze Verstand? War es mir nicht piepschnurzegal, ob die Katze mich versteht oder nicht? Das Entscheidende war doch nur ihr unerschütterlicher Glaube an meine Person, wobei ich alles vergaß. Was würde passieren, wenn ich mit meinem Glauben zu Gott komme? Nur mit meinem Glauben und sonst nichts? Was würde ich dann bekommen? Einen Tritt oder Streicheleinheiten?

Wenn der Glaube an Gott ebenfalls so herrliche Dinge vollbringen kann, wie es beim Glauben der Katze war, dann ist der Glaube doch etwas viel Gewaltigeres als das Wissen. Habe ich nicht einen Denkfehler begangen, als ich den Glauben unter das Wissen gestellt habe? Steht der Glaube nicht viel, viel höher? So muß es sein, denn wie läßt es sich sonst erklären, daß der Mensch mit seinem Wissen nicht zum Glauben kommt? Und ich Klappstuhl latsche in genau die gleichen Fußstapfen. Ab heute werde ich nur noch glauben, werde nicht mehr nach Beweisen suchen, und eines Tages werde ich wissen.«

Ein unbeschreibliches Gefühl der Zufriedenheit durchrann mich, und ich sagte: »Hey, du! Ich glaub' an dich! Ich glaube, daß du Gott bist und die Menschen geschaffen hast. Ich glaube, daß du der Sinn des Lebens bist. Ich glaube, daß du mich siehst, mich hörst, mich verstehst und für mich sorgst. Es würde mich freuen, wenn du mich eines Tages so behandeln würdest wie ich die Katze.«

Von jenem Tag an versuchte ich nicht mehr, meinen Glauben

an Gott durch Beweise zu sichern. Ich befürchtete, daß ich sonst mein ganzes Leben damit verschwenden könnte, wobei ich sicherlich noch einen Haufen Beweise finden könnte, aber Gott dadurch nie erleben würde. Also beschränkte ich mich ausschließlich auf die Hoffnung und den Glauben, welche mir nach meiner Ansicht das Erleben irgendwie schenken mußten. So nahm ich mir vor, nur zu glauben und abzuwarten.

Jeden Tag wartete ich nun gespannt auf ein Ereignis, doch es passierte nichts. Nach ein paar Wochen wurde ich nervös, und wieder fragte ich mich, was der Glaube mir brachte, wenn nichts geschah. Aber was sollte geschehen? Hätte ein Wunder mich überzeugt? Wenn ein Hamster vor meinen Augen einen Handstand absolviert hätte, was hätte mir das gebracht? Nein, ich brauchte keine Wunder. Aber was brauchte ich, was wollte ich? Enttäuscht schrieb ich in mein Tagebuch:

»Was nützt es mir, wenn ich an Dich glaube, aber mein Leben so weitergeht wie bisher? Oder willst Du nur, daß ich an Dich glaube, und weiter nichts? Eines Tages werde ich sterben, und es ist durchaus möglich, daß ich wegen meiner Krankheit die Dreißig nicht erreiche. Sollte ich mir tatsächlich irgendwann bei einem Anfall das Genick brechen, will ich wenigstens wissen, wo meine Seele hingeht. Mein Lebenswille ist nicht so ausgerichtet, daß ich mein Leben unter allen Umständen verlängern möchte. Wann ich sterben muß, ist mir egal, aber mein Lebenswille geht über den Tod hinaus.

Du warst es doch, der mir die Würde geschenkt hat, und nur deshalb ist die Würde des Menschen unantastbar. Aber wie kann ich ein würdevolles Leben führen, wenn Du mir nicht dabei hilfst? Redest Du denn nur durch das Gewissen? Hast Du jemals auf andere Weise zu den Menschen geredet? Dein Schweigen finde ich nicht gerade erbaulich. Ich kann ja verstehen, wenn Du die Schnauze voll von uns hast, denn ich habe es genauso satt. Aber ich mag Dich, und das sollte Dir vorerst genügen. Und wenn Dir etwas an mir nicht paßt, dann nützt es äußerst wenig, wenn ich es nicht erfahre. Ich kann mich nur ändern, wenn Du auf irgendeine Weise mit mir redest. Überleg doch mal: Ich will Dich, und Du willst mich. Woher ich das weiß? Na, Du warst es doch, der mir immer wieder gesagt hat, daß es Dich gibt. Woher weiß ich denn zum Beispiel, daß Du Dich nicht über mich lustig machst? Wie ist es überhaupt möglich, daß ich an Dich glaube? Das machst Du doch alles nur. Ich bin sicherlich nicht so klug wie Du, aber auf den Kopf gefallen bin ich deshalb auch nicht.

Ich möchte Dir gern etwas sagen. Was mich so quält, ist die Kälte in mir. Nicht einen Hauch von Zärtlichkeit spüre ich für die Menschen auf dieser Erde. Was mich so schmerzt, ist meine Gleichgültigkeit. Eigentlich ist es mir egal, wie viele Menschen auf der Welt verhungern, und wenn doch mal Mitleid aufkommt, dann nur aus schlechtem Gewissen, weil es mir so gut geht. Was mich lähmt, ist die Schuld in mir. Weil ich so bin, wie ich bin, empfinde ich Schuld. Weil ich Schuld empfinde, kann ich mich nicht ändern. Und weil ich mich nicht bessern kann, empfinde ich abermals Schuld. Hol mich raus aus diesem Teufelskreis!«

Als die Weinlese zu Ende war, fuhr ich gleich weiter nach Spanien, um mal wieder die Orangenernte mitzumachen. Unterwegs hatte ich mir in einem Geschäft noch eine Hose geklaut; danach fiel mir plötzlich das Versprechen ein, das ich mir in Österreich gegeben hatte. Ein schreckliches Gefühl überkam mich, und ich dachte: »Ich weiß, was ich getan habe, aber laß mich nicht allein. Ich weiß, daß ich verloren bin, denn das Böse siegt immer in mir. Bitte, gib mir noch eine Chance! Die Gesellschaft hat mich bereits verstoßen, aber das hat mich nicht so getroffen wie das Gefühl, von dir verlassen zu sein. Das Schönste in meinem Leben war die Suche nach seinem Sinn, doch jetzt, wo ich glaube, daß er nur in dir zu finden ist, bin ich am Ende, weil ich nicht weiß, wie ich diesen Sinn leben kann.«

Ich holte mein Tagebuch hervor und schrieb: »Das Gute in uns muß von Dir sein, denn von sich aus ist kein Mensch gut. Folglich mußt Du doch auch in mir leben! Und dennoch siegt meistens das Böse in mir, und ich denke dann, daß Du nur zur Untermiete bei mir wohnst, wobei der Hauptmieter das Böse ist. Da ich jedoch der Vermieter bin, müßte ich doch auch bestimmen können, wer das Wohnrecht bekommt. Wenn ich Dich zum Hauptmieter machen könnte, dann könntest Du doch den jetzigen rausschmeißen. Was fehlt mir denn noch, um das alles zu verwirklichen? Ich führe doch ein total schizophrenes Leben, wenn Du nicht langsam Ordnung in meiner Seele schaffst. Hilf mir! Ich bitte Dich!«

Ich war am Boden zerstört, denn ich sah keine Möglichkeit, die mich aus meiner Verdammnis hätte befreien können. »Es können doch nicht alle Menschen auf der Welt verdammt sein. Dann wäre es doch ganz egal, ob es Dich gibt oder nicht«, schrieb ich weiter. »So schnell gebe ich nicht auf. Ich lass' mir von Dir keinen Tritt versetzen, nur weil ich ein Versager bin. Wozu bist Du überhaupt da, wenn alle rettungslos verloren sind? Du magst vielleicht vollkommen sein, aber das nutzt nichts, wenn Du mir nicht helfen kannst. Und ich dachte, daß Du ein guter und liebender Gott bist. Aber nein! Du bist ein fordernder Gott, mit einer unerbittlichen Härte! Was unterscheidet Dich noch von den Menschen, außer daß Du vollkommen bist? Wo ist denn Deine vollkommene Liebe? Sieh mich an! Was erwartest Du von mir? Mein Respekt vor Dir ist auf ein Minimum gesunken, und ich sage Dir jetzt den Kampf an. Natürlich habe ich gegen Dich nicht die geringste Chance, aber ich gebe mich nicht kampflos geschlagen. Was habe ich schon noch zu verlieren?! Was ist mein Leben noch wert, wenn Du mich verachtest? Nein, so schnell gebe ich nicht auf!«

Als ich in Valencia ankam, war ich plötzlich ganz aufgeregt. Erinnerungen wurden wieder wach, und während ich zur Plantage schlenderte, dachte ich daran, wie ich damals Pablo und Gloria kennengelernt hatte. Ich schwänzte damals den Blockunterricht in meiner Kochlehre und trampte nur mal so zum Spaß nach Spanien. Dort angekommen, hatte ich längst kein Geld mehr. Ich schloß mich einer Gruppe von Zigeunern an, die mich herzlich aufnahmen. Wir hatten viel Spaß miteinander, doch nach einer Zeit wollte ich wieder etwas anderes kennenlernen und mir ein bißchen Geld verdienen. So brachten sie mich zu Pablo und Gloria. Zu meiner Freude sprachen die beiden Deutsch. Ich durfte bei ihnen arbeiten, und sie bezahlten mich gut.

In der Dämmerung erreichte ich jetzt endlich die Plantage. Mit leisen Schritten ging ich auf die Veranda zu, denn ich wußte, daß Pablo und Gloria dort saßen, so wie sie jeden Abend dort gesessen hatten. Ein gewohntes Bild, das ich mir immer wieder gern anschaute. Sie waren in den Fünfzigern und führten eine harmonische Ehe. Kinder hatten sie keine, denn Gloria konnte keine bekommen. Ihre Liebe zueinander sah ich ganz besonders dann, wenn sie sich stritten. Gloria konnte losgehen wie ein Vulkan, und Pablo konnte so laut brüllen, daß mir die Füße in den Schuhen zitterten. War der Streit dann beendet, kamen beide wie reuige Hunde aufeinander zugekrochen und baten sich um Verzeihung.

Für einen Moment blieb ich stehen und beobachtete sie nur. Dann setzte ich mich wieder in Bewegung, und Gloria blickte auf.

»Palomita! Palomita!« fuhr es aus ihr heraus. Sie sprang auf und rannte auf mich zu. Mein Körper wurde augenblicklich stocksteif, als sie mich so stürmisch umarmte. Ich war körperliche Berührung überhaupt nicht mehr gewohnt. Wie sie mich so umarmte, hatte ich das Gefühl, daß sie mich erdrücken wollte. Verzweifelt suchte ich nach Halt, denn das Gewicht meines Rucksacks zog mich nach hinten. Es half nichts, und in der nächsten Sekunde lagen wir beide im Dreck. Pablo lachte laut, aber Gloria fing plötzlich an zu weinen.

»Hast du dir weh getan?« fragte ich erschrocken.

»Nein, nein. Es ist nur die Erleichterung, daß du nun endlich da bist. Wir dachten schon, daß dir etwas passiert ist, du wolltest doch schon vor zwei Tagen ankommen. Wir hatten große Angst um dich.«

Ich schüttelte nur den Kopf: »Was soll denn schon passieren?« Pablo und ich lächelten uns nur an, denn wir waren beide keine großen Umarmungskünstler.

»Du bist sicher hungrig«, sagte Gloria.

»Nein. Mir ging es die letzte Zeit nicht schlecht.«

»Aber du bist so dünn geworden. Eine Kleinigkeit mußt du essen«, bettelte sie.

»Meinetwegen. Aber ihr müßt auch etwas essen«, sagte ich.

»Natürlich. Setz du dich nur zu Pablo. Ich verschwinde solange in der Küche.«

»Schön, daß du dich mal wieder sehen läßt. Wo hast du dich denn rumgetrieben?« fragte Pablo.

»Überall und nirgends. Heute hier und morgen da. Ich schlag mich so durch.«

»Willst du es nicht doch noch mal in Deutschland versuchen? Vielleicht hast du jetzt mehr Glück und bekommst einen festen Job«, schlug er vor.

»Ich glaube nicht mehr an den Weihnachtsmann. Für einen ›Epi‹ ist der Zug in Deutschland schon längst abgefahren. Nein, meine Geduld ist am Ende, und außerdem hat ein Beruf plötzlich nicht mehr den Stellenwert für mich, den er noch vor einiger Zeit hatte«, antwortete ich.

Wir schwiegen und schauten in den Himmel. Ein Gewitter braute sich zusammen, und es wurde plötzlich ziemlich dunkel.

»Ihr könnt den Tisch decken«, rief Gloria aus der Küche. Ein wenig schwerfällig erhoben wir uns und schafften das Geschirr heran.

Gloria war eine erstklassige Köchin, und als sie auftischte, bekam ich plötzlich Hunger. Ihrer Kochkunst konnte ich einfach nicht widerstehen.

»Wie viele Leute habt ihr denn diesmal angeheuert?« fragte ich, während wir aßen.

»Fünfundzwanzig. Und diesmal ist sogar eine Frau dabei. Sie ist nett, vielleicht könnt ihr Freunde werden«, sagte Pablo. »Sie wohnt ungefähr eine Autostunde von hier entfernt. Ihr werdet euch ein Zimmer teilen müssen, denn wir haben keinen Platz mehr. Sie spricht Englisch, so könnt ihr euch unterhalten. Geh ein bißchen sanft mit ihr um, sie ist sehr sensibel«, sagte Gloria ein wenig mahnend, denn sie wußte um meine Direktheit.

»Ach du meine Güte! Dreiundzwanzig Männer, ich und eine Mimose! Das kann ja heiter werden«, sagte ich lachend. »Nun gut, wenn sie morgens nicht eine Stunde vor dem Spiegel steht, um ihr Make-up draufzuklatschen, werde ich mich zusammenreißen.«

Pablo und Gloria lachten. »Bringt dich das denn immer noch auf die Palme?« fragte Gloria.

»Wenn nur ein Bad da ist, ja. In London bin ich regelmäßig zu spät zur Arbeit gekommen, weil ich wegen so einer Puppe nicht früh genug ins Bad kommen konnte. Ich wohnte in einem Hostel, in dem für zehn Leute nur ein Bad zur Verfügung stand. Da ich die einzige war, die zur Arbeit ging, denn alle anderen waren Touristen, mußte ich immer früh raus, aber zwei- bis dreimal die Woche kam mir die Dame zuvor. Es interessierte sie nicht im geringsten, daß ich zu spät kommen konnte, und diese Kaltschnäuzigkeit regte mich noch mehr auf als ihr stundenlanges Zurechtmachen. Einmal fragte ich sie, weshalb sie sich das ganze Zeug ins Gesicht schmierte, denn sie sah jedesmal aus, als ob sie in einen Tuschkasten gefallen wäre. Sie antwortete, daß sie ohne das Zeug nur ein halber Mensch sei. Ich sagte ihr, daß Make-up aus einem halben Menschen keinen ganzen machen kann, worauf sie mich böse anschaute.«

Pablo lächelte zustimmend, und Gloria amüsierte sich über meine Intoleranz gegenüber solchen Frauen.

Wir unterhielten uns noch über so manches Ereignis, aber ich war überhaupt nicht mehr bei der Sache. Meine Gedanken waren bei Gott.

»Sag mal, Renate, was ist denn mit dir los?« fragte Pablo besorgt.

»Ach! Ich weiß es auch nicht. Die letzte Zeit muß ich immer wieder an Gott denken. Ich frage mich, wie man ihn finden kann.«

Schweigend schauten sie mich an. Sie schienen überrascht und ratlos zugleich.

»Glaubt ihr denn gar nicht an Gott?« fragte ich.

Gloria hatte plötzlich Tränen in den Augen, und Pablo sah auch nicht gerade glücklich aus. Ich verstand überhaupt nichts mehr. »Was ist denn los? Habe ich etwas Falsches gesagt?«

»Nein. Es ist nur ... Weißt du, wir sind katholisch erzogen worden«, stotterte Pablo.

Ich begriff nichts.

»Du bist doch evangelisch, oder?« fragte Gloria.

»Ich weiß es nicht. Aber was ist denn der Unterschied?« Ich hatte damals noch keine Ahnung von den unterschiedlichen

Glaubensansichten und fragte mich, was das mit Gott zu tun haben könnte.

»Wir reden später darüber, denn jetzt wird es Zeit, ins Bett zu gehen«, sagte Pablo.

Ich nickte nur, denn meine Aufnahmefähigkeit war ohnehin stark herabgesetzt. Allein die Worte katholisch und evangelisch machten mich total konfus.

Die nächsten Tage bedeuteten harte Arbeit, und ich hatte keine Zeit, über Gott nachzudenken. Die junge Spanierin und ich fielen jeden Abend wie tot ins Bett, so kaputt waren wir. Aber nach einer Woche hatte ich mich an die Arbeit gewöhnt, so daß meine Gedanken wieder freien Lauf hatten.

»Da bin ich wieder«, schrieb ich. »Ich glaube, daß jeder eine Chance bei Dir haben müßte. Wir haben doch alle unsere Makken, und niemand ist perfekt. Trotzdem frage ich mich, wie Du die Vergangenheit der Menschen beurteilst. Diese Frage ist sehr wichtig für mich, denn ich kann kein neues Leben anfangen, wenn mir die Vergangenheit andauernd im Nacken sitzt. Selbst in der Gegenwart wird meine Seele von der Vergangenheit beherrscht.

Wie kann ich das Heute gestalten, wenn ich mich mit dem Gestern nicht versöhnen kann? Wie soll ich meine Vergangenheit mit der Beziehung zu Dir vereinbaren? Schaust Du auf mein ganzes Leben, oder achtest Du nur auf das, was ich jetzt will? Habe ich das Recht, vor Deinen Augen ein neues Leben anzufangen, ungeachtet meiner Vergangenheit? Ich kann sie doch unmöglich vor Dir verstecken. Das habe ich auch gar nicht vor, denn ich will sie bejahen. Sie ist nämlich nicht nur negativ, sondern auch eine große Hilfe, weil ich aus Fehlern gelernt habe. Wenn ich wüßte, daß Du die Vergangenheit als das ansiehst, was sie ist, nämlich vorbei und vergessen – ja, nur dann kann ich sie mir zum Nutzen der Gegenwart machen. Im Moment aber empfinde ich sie als lähmend.

Gott, es ist ein unerträgliches Gefühl, unter der Schuld zu leiden, aber ich sehe keine Möglichkeit mehr, die mich von diesem Leid befreien könnte. Ich ahne, daß nur Du mir den Willen, Gutes zu tun, gegeben hast, denn käme er aus mir selbst heraus, dann wäre ich auch fähig, ihn durchzuführen. Aber viel zu selten siegt das Gute in mir, und darum kann ich nicht glauben, daß ich aus eigener Kraft heraus ein halbwegs guter Mensch werden kann. Gott, mein Gott! Ich brauche Dich so sehr!

Meine Seele ist ein Niemandsland.
Für jeden fremd und unbekannt.
Umgeben von einer Mauer so hoch und so dicht,
undurchdringbar, selbst für das kleinste Licht.
Und hinter der Mauer da
findet man einen tiefen, breiten Graben,
auch den wollte und mußte meine Seele haben.
Und hinter dem Graben ist ein Stacheldrahtzaun,
erst dann kann man ins Land meiner Seele schaun.
Gott, mein Gott! Sprenge die Mauer,
durchquere den Graben, reiß ein den Zaun,
denn nur du sollst ins Land meiner Seele schaun.

Meine Seele ist wie Wüstensand.
Vertrieben aus dem Heimatland.
Meine Seele ist wie Wüstensand,
kann nicht ruhen in eines Menschen Hand.
Zerstreut und ohne Ziel ist sie,
und Frieden hatte sie noch nie.

Meine Seele ist wie ein tobendes Meer.
Hat keine Ruhe und Frieden mehr.
Sie schäumt und ist ganz wutentbrannt.
Sie bäumt sich auf, weil sie nur sieht,
daß es in ihr keine Liebe gibt.

Mich interessieren die Menschen nur so weit, wie ich in Dir Befriedigung finden kann. Dich brauche ich, damit meine Gleichgültigkeit gegenüber der Menschheit ein Ende finden kann. Nach Deiner Nähe sehne ich mich, damit ich die Nähe der Menschen ohne Angst ertragen kann. Ach! Wenn ich nur wüßte, ob Du mein Gestottere verstehst! Es ist so schwer, meine Gefühle in

Worte zu kleiden. Du meine Güte! Ist es denn wirklich so schwer zu verstehen, daß ich ein Leben ohne Dich zwecklos finde? Verstehst Du, daß ich mehr brauche, als nur an Dich zu glauben? Du bist der härteste Brocken, der mir je begegnet ist. Aber ich werde mich daran festbeißen und nicht eher lockerlassen, bis Du nachgibst.

Ich habe längst keine Angst mehr vor Dir, weil ich weiß: Du willst, daß ich lebe. Sonst hättest Du schon längst meinem Leben ein Ende setzen können, aber aus irgendeinem Grunde hast Du es nicht getan. Du willst also, daß ich lebe, aber bestimmt nicht deshalb, um vor Dir zu zittern. Höre endlich auf mit dem Versteckspielen und zeige mir den Weg zu Dir!«

Die Wochen in Valencia vergingen wie im Flug. Pablo und Gloria sprachen mit mir nicht mehr über Gott, und ich spürte, daß ihnen das Thema unangenehm war. Deshalb hielt ich es auch für besser, zu schweigen.

Merkwürdige Begegnung

Amsterdam. Gelangweilt wanderten meine Augen über den Dam-Square. An diesem Ort bot sich immer das gleiche Bild. Der Drogenhandel war wieder voll im Gange, und Alex war wie immer eifrig dabei, Mädchen für den Strich zu gewinnen. Als ich Alex das erste Mal begegnete, war er so »freundlich«, mich zum Essen einzuladen. Ich wußte damals genau, was er wollte, denn Zuhälter rieche ich auf zehn Kilometer Entfernung. Dennoch nahm ich die Gelegenheit wahr, billig zu einem Essen zu kommen, und ließ mich in eines der besten Restaurants führen.

Nachdem ich mir den Bauch vollgeschlagen hatte, lud er mich zu sich nach Hause ein. Ich lachte und sagte, daß er sich seine Nutten woanders suchen sollte, wobei er mich wütend ansah. Nach diesem Ereignis begegneten wir uns noch einige Male, und jedesmal begrüßte er mich freundlich. In seinen Augen war ein gewisser Respekt zu erkennen, wenn er mit mir redete.

Kaum hatte er mich entdeckt, da kam er auch schon auf mich

zu und sagte: »Wir haben uns ja lange nicht gesehen. Wie geht es dir?«

»Die Kleine, die du da eben angesprochen hast, ist kaum älter als sechzehn. Laß sie in Ruhe, ja? Außerdem geht es mir gut.«

»Meinetwegen. Ist sowieso nicht mein Typ.«

»Wie geht es denn dir?«

»Ich habe die Schnauze gestrichen voll. Die letzte Zeit kotzt mich alles an«, beschwerte er sich.

»Maule nicht! Wer Scheiße baut, muß auch Scheiße einstecken. Vom Geld anderer Frauen leben! Kannst du überhaupt noch in den Spiegel schauen, ohne daß dir speiübel wird? Warum tust du das eigentlich?«

»Weiß ich inzwischen selbst nicht mehr. Habe ja nie etwas anderes gemacht«, sagte er mit unschuldiger Miene.

Ich zog die Augenbrauen hoch, denn diese Antwort war mir einfach zu billig. »Alex, glaubst du an Gott?« fragte ich neugierig.

Überrascht schaute er mich an. »Gott?! So ein Blödsinn! Warst wohl zu lange auf der Straße, was?«

»Gott ist kein Blödsinn! Es gibt ihn«, sagte ich ernst.

»Laß mich bloß mit dem Quatsch in Ruhe. Glaubst du vielleicht, daß ich das hier alles machen würde, wenn es ihn gäbe?« fragte er gereizt.

»Heißt das, daß du ein schlechtes Gewissen hättest, wenn du von ihm wüßtest? Dann glaubst du vielleicht doch?«

»Bist du verrückt geworden?« rief er.

»Ich will wissen, ob du an Gott glaubst. Oder bist du inzwischen so dämlich geworden, daß du so eine einfache Frage nicht beantworten kannst?« fragte ich wütend.

»Hör auf damit! Was interessiert mich dein blöder Gott?« brüllte er mich an.

»Los! Antworte! Glaubst du oder glaubst du nicht?« forderte ich ihn auf.

Wie von einer Tarantel gestochen, sprang er plötzlich auf und ging, ohne ein Wort zu sagen, davon.

Stinksauer rief ich ihm nach: »Du bist ein Feigling! Mit den Frauen machst du, was du willst, aber vor Gott hast du Schiß!«

Ohne sich umzudrehen, ging er weiter. Sein merkwürdiges

Verhalten verunsicherte mich sehr, denn ich wußte nicht, was es bedeuten konnte. Traurig holte ich mein Tagebuch hervor und schrieb:

»Man kann mir sagen, was man will, ich glaube, jeder Mensch weiß, daß es einen Gott gibt. Gott hat jeder menschlichen Seele das Wissen um seine Existenz gegeben. Für mich gibt es nur gläubige Wissende und ungläubige Wissende. Der einzige Unterschied, den ich bei den Menschen zur Zeit feststellen kann, ist der: Die Gläubigen versuchen mit Gott zu leben, die anderen nicht.

Aber wie wird mein Glaube zum Lebensinhalt? Ein Lebensinhalt muß doch ein gewisses Maß an Sicherheit in mir hervorrufen. Die ist es, die mir bei meinem Glauben noch fehlt, und ich möchte wissen, wo sie begraben liegt.«

Plötzlich hörte ich Musik und Gesang. »Jesus is the way«, hörte ich die Leute singen.

»Ihr armen Irren«, dachte ich. »Gott ist der Weg, und nicht irgendein Jesus.« Ich schaute in die Richtung, aus der die Musik kam.

Im Nu scharten sich Menschen um die kleine Gruppe und hörten zu. Da gab es für mich nichts mehr zu überlegen. Schnell schnappte ich meinen Schlapphut, mischte mich unter die Leute und fing an zu sammeln. Die Leute lächelten mich herzlich an, und ich wunderte mich über ihre spendable Großzügigkeit. Gulden für Gulden wanderte in meinen Hut, und ich jubelte innerlich. Unermüdlich ging ich von einer Person zur anderen, bis plötzlich eine Stimme aus dem Lautsprecher dröhnte.

»Meine Damen und Herren! Wir verkünden die Frohe Botschaft umsonst. Die Frau, die unter Ihnen sammeln geht, gehört nicht zu uns.«

Vor Schreck ließ ich um ein Haar meinen Hut fallen, und die Leute, die mich erst freudig anlächelten, schauten mich nun verächtlich an. Um einer Lynchjustiz zu entgehen, hielt ich es für besser, mich schleunigst aus dem Staub zu machen. Ich zog mich zu meinem Rucksack zurück und zählte meine Beute.

»Das halt ich im Kopf nicht aus! Bringt mir so eine ›Frohe Botschaft‹ doch mehr als hundert Gulden ein. Muß wohl was dran sein, wenn die Leute dadurch so spendabel werden«, scherzte ich fröhlich.

Ich stopfte das Geld in meine Jeans und überlegte, ob ich mir davon eine neue Mundharmonika kaufen sollte. Man hatte sie mir einen Tag zuvor geklaut, und da ich keine Lust zum Arbeiten hatte, konnte ich mir mein Geld mit Straßenmusik verdienen. Gerade wollte ich mich erheben, da kam eine Frau auf mich zu.

Sie lächelte mich an und sagte: »Hallo! Darf ich mich einen Moment zu dir setzen?«

Sie sprach Englisch mit einem Akzent, der mir fremd war. Ich nickte nur, und sie setzte sich neben mich.

»Hast du Urlaub?« fragte sie.

»Ich habe immer Urlaub«, antwortete ich sarkastisch.

Verständnislos schaute sie mich an, aber ich hatte nicht die geringste Lust, auch noch Erklärungen abzugeben.

»Glaubst du an Gott?« fragte sie.

Mir rutschte augenblicklich das Herz in die Hose. Hatte ich richtig gehört? Fragte sie tatsächlich nach Gott? Das erste Mal in meinem Leben begegnete ich einem Menschen, der mir diese Frage stellte. Und nun, wo ich tausend Fragen hätte stellen können, versagte meine Stimme. Ich war so geschockt, daß ich nur ein klägliches »Yes« herausbrachte.

»Glaubst du auch an Jesus?« fragte sie weiter.

»Wieso redet sie jetzt von Jesus?« dachte ich enttäuscht. »Nun ja. Der soll angeblich mal gelebt haben. Hat Kranke geheilt und so. Scheint nicht ganz ohne gewesen zu sein«, sagte ich gleichgültig.

Ohne darauf einzugehen, wechselte sie einfach das Thema und fragte: »Was machst du hier in Amsterdam?«

»Zur Zeit gar nichts. Ich mag Amsterdam, und jetzt erhole ich mich ein wenig.«

Ich mochte diese Stadt wahrhaftig. Sie ist ehrlich, und wer sie kennt, der kennt die Welt. Amsterdam ist so verlogen und brutal, wie die Welt nun mal ist. Die Stadt ist ehrlich, weil sie nichts verschönert und gar nicht erst versucht, ihre gesellschaftliche Misere zu vertuschen. Ich mochte sie, weil sie mir nichts vormachte.

»Hast du einen Beruf?« fragte sie.

»Nein«, antwortete ich knapp.

»Ja, was machst du denn die ganze Zeit?« fragte sie neugierig.

»Ich reise«, sagte ich gelangweilt, denn ihre Fragen hatte ich schon oft genug gehört.

Plötzlich durchbohrte ein stechender Schmerz meinen Magen. Er kam so abrupt, daß mir für einen Moment die Luft wegblieb. Ich muß wohl kreidebleich geworden sein, denn sie fragte: »Was ist? Geht es dir nicht gut?«

»Doch, doch! Ich glaube, daß ich nur etwas essen muß«, sagte ich und deutete damit gleichzeitig an, daß ich nun gehen wollte.

»Darf ich dich zum Essen einladen?« fragte sie mich, als ob wir uns schon Jahre kannten.

»Was will die Frau bloß?« dachte ich mißtrauisch. Ich würde nur dann hinter ihre Absichten kommen, wenn ich ihr Angebot annahm, und das tat ich dann auch.

Während wir ein Restaurant suchten, fragte ich: »Woher kommst du?«

»Aus Schweden.«

»Und hast du einen Beruf?«

»Ich bin Krankenschwester.«

Mir lief es eiskalt den Rücken herunter, und ich dachte: »Lieber Gott, kannst du mir nicht dieses Pack vom Leibe halten? Solche Leute rufen in mir traumatische Erinnerungen hervor.«

Gerade wollte ich ihr sagen, daß ich auf ihre Einladung keinen Wert mehr legte, da sagte mein Inneres zu mir: »Du hältst jetzt deine Klappe und gehst mit ihr mit!«

Ich erschrak und fragte mich, ob ich so langsam am Durchdrehen war. Merkwürdigerweise konnte ich gegen diese Stimme nicht rebellieren und ging fast brav mit ihr mit.

Als wir endlich ein Restaurant gefunden hatten und am Tisch saßen, fiel mir auf, daß sie mich andauernd beobachtete. Ich dachte, daß sie eine komische Frau war, und hätte nur zu gern gewußt, was in ihrem Schädel vorging. Wir verbrachten ungefähr eine Stunde zusammen, bis sie sagte: »Ich muß jetzt leider gehen. Aber ich würde dich gern wiedersehen. Hast du morgen nachmittag um vier Uhr Zeit?«

Ich antwortete nicht, denn mir war es wurscht.

»Wir könnten uns dann wieder dort treffen, wo wir uns vorhin begegnet sind«, schlug sie vor.

»Meinetwegen«, sagte ich gleichgültig.

Sie bezahlte das Essen, und ich bedankte mich absichtlich nicht. Ich war felsenfest davon überzeugt, daß die Rechnung spätestens den nächsten Tag kommen würde. Sie verabschiedete sich mit einem Lächeln und erinnerte mich nochmals an das vereinbarte Treffen.

»Komische Frau«, dachte ich noch mal und ging zurück zum Dam-Square.

Junge Leute waren gerade dabei, ein Podest aufzustellen, und neugierig schaute ich zu. Es sah ganz so aus, als ob sie in Kürze eine Vorstellung geben wollten. Auf einem Plakat las ich, daß sie das Stück »Toymaker and Son« nannten. Sie hatten Probleme mit den Lautsprechern, so sehr sie sich auch bemühten – es kam kein Ton heraus. Schließlich gaben sie alle Versuche auf und fingen ohne sie an zu spielen.

Das Stück begann damit, wie ein Vater und sein Sohn Menschen machten. Unaufhörlich arbeiteten sie an ihren Geschöpfen. Die eckigen und unbeholfenen Bewegungen glichen denen von Marionetten, doch mit der Zeit wurden sie flüssiger und sicherer. Sie bekamen Gehör und Sprache, und als der Vater und sein Sohn zufrieden mit ihrem Werk waren, lagen sie sich vor Freude in den Armen. Die Menschen schienen ebenfalls glücklich zu sein, denn sie tanzten und lachten.

Ganz leise, fast unmerklich, erschien nach einer geraumen Zeit ein schwarzes Männchen auf der Bildfläche. Es redete mit den Menschen, und man konnte ahnen, daß es nichts Gutes im Sinn hatte. Anfangs sträubten sich die Menschen noch, ihm Gehör zu schenken, aber schon nach kürzester Zeit war die Ablehnung nicht mehr allzu groß. Es dauerte nur noch eine weitere kleine Weile, und sie fanden Gefallen an ihm.

Vater und Sohn beobachteten besorgt das Geschehen, griffen aber nicht ein. Die Menschen, die sie so sehr liebten, hatten sich von den beiden abgewandt und verfielen etlichen Lastern. Manche benahmen sich wie toll, andere tranken zuviel, einige nahmen Drogen und ein anderer beging sogar Selbstmord.

Vater und Sohn weinten über dieses Unglück, Verzweiflung lag auf ihren Gesichtern. Sie berieten sich, wobei der Vater seinen Sohn immer wieder traurig anschaute. Man konnte nicht erkennen, wozu sie sich entschlossen hatten, aber der Sohn stimmte mit Tränen in den Augen zu. Er verließ den Vater und ging zu den Menschen. Er versuchte mit ihnen zu reden, breitete seine Arme aus, erfuhr aber nichts als Ablehnung. Ich wartete darauf, daß der Vater seinem Sohn zu Hilfe kam, aber nichts dergleichen geschah.

Langsam aber sicher fingen die Leute an, den Sohn zu hassen. Es ging sogar so weit, daß sie ihn packten und zusammenschlugen. Ich wunderte mich, daß mich diese Szene so aufwühlte, denn so was sah man doch genug. Nachdem sie ihn fast totgeschlagen hatten, kam der Höhepunkt menschlicher Grausamkeit: Sie schlugen ihn ans Kreuz.

»Nein«, fuhr es aus mir heraus. Ich erschrak sehr über meinen Gefühlsausbruch, zumal ich meine Gefühle doch sonst immer in der Gewalt hatte. Aber noch schlimmer war, daß die Leute um mich herum sich halb totlachten über meine Reaktion. Ich wäre vor Scham am liebsten im Erdboden versunken und ärgerte mich dazu noch maßlos, daß ein dummes Theaterstück mich so aus der Fassung bringen konnte.

Nun hing der Sohn am Kreuz und weinte bitterlich. Ich schaute zum Vater und dachte wutentbrannt: »Der rührt nicht einen Finger! Ihn hätte man kreuzigen sollen und nicht den Sohn!«

Endlich hatte sein Leiden ein Ende, und er starb. Und erst jetzt trat der Vater in Aktion, ging zu seinem Sohn und beugte sich über den leblosen Körper.

»Erst läßt du ihn verrecken, und nun kommt die Reue für deine Feigheit«, dachte ich sauer.

Aber was sah ich? Der Vater konnte seinen Sohn wieder zum Leben erwecken! Der Sohn stand auf, und nun kamen die Menschen wieder zu ihm, umarmten und küßten ihn und waren wieder glücklich. Das Stück war zu Ende.

Bewegt verließ ich die Menge und überlegte: »Warum hat er seinen Sohn erst sterben lassen, wenn er ihn wieder auferwecken konnte? Warum funktionierten die Lautsprecher nicht? Warum hat man ihn ans Kreuz geschlagen? Er hat doch gar nichts getan!«

Von weitem sah ich, daß sich die Zuschauermenge langsam auflöste. Einer von den jungen Schauspielern machte es sich auf dem Podest bequem und ließ sich einen Apfel schmecken. Ich ging zu ihm und fragte: »Was wolltet ihr mit diesem Stück sagen?«

»Do you speak English?« fragte er.

Ich wiederholte die Frage auf Englisch, und er antwortete: »Dies war die Geschichte von Gott und seinem Sohn Jesus.«

»Wie bitte? Gott hatte einen Sohn?« fragte ich ungläubig.

»Ja! Damit alle, die an ihn glauben, gerettet werden«, sagte er so monoton, als ob er den Satz schon tausendmal heruntergeleiert hätte. Seine Gleichgültigkeit schockierte mich, und deshalb schenkte ich seinen Worten keinen Glauben.

»Wenn das die Wahrheit ist, wie kann man sie dann so gelassen aussprechen?« fragte ich mich. »Sollte das wirklich wahr sein, was du mir hier erzählst«, sagte ich wütend zu ihm, »dann gibt es nur zwei Möglichkeiten: Entweder Gott hat nicht alle Tassen im Schrank, oder aber es ist alles gelogen.«

Erschrocken schaute er mich an, und ich ging einfach fort.

Ich setzte mich auf eine Bank und fing an zu grübeln. »Gott soll also einen Sohn gehabt haben. Im Konfirmandenunterricht sprach man auch von einem Jesus. Jedoch erwähnte niemand, daß er Gottes Sohn war. Oder handelte es sich da um einen anderen Mann, der zufällig auch Jesus hieß? Was ist denn nun gelogen, und was ist wahr?«

Verärgert schrieb ich in mein Tagebuch: »Gott! So langsam habe ich die Schnauze voll. Siehst du denn nicht, daß ich nicht mehr kann? Dir macht es anscheinend Spaß, mich von einer Ecke in die andere zu treiben, aber ich mache nicht mehr mit. Ich habe mich bemüht, Dich kennenzulernen, aber Du läßt mich eiskalt im Dunkeln tappen. Ich will nichts mehr von Dir wissen!«

Jesus paßte nicht in das Bild, das ich mir bisher von Gott gemacht hatte. Ich befürchtete, daß alles, was ich über Gott dachte, durch Jesus zunichte gemacht werden könnte. Dieses Theaterstück war ein Schockerlebnis, denn ich hatte das Gefühl, daß ich noch einmal ganz von vorne anfangen müßte. Fast reglos saß ich auf der Bank, wollte sterben, wollte leben, wollte alles, wollte nichts. Ich war fix und fertig.

Irgendwann gerieten vor meinen Augen zwei Männer in Streit. Ein Wort wechselte das andere, und ehe ich mich versah, flogen auch schon die Fäuste. Eine Weile schaute ich zu und überlegte, wer von den beiden wohl den kürzeren ziehen würde. Aber plötzlich wurde mir die Sache zu bunt. Ich stand auf und sagte: »Darf ich mitmachen? Ich langweile mich nämlich sehr.«

Verdutzt schauten sie mich an und fingen an zu lachen.

»Kommt! Setzt euch zu mir. Ich habe schlechte Laune und brauche ein wenig Aufmunterung«, bat ich sie.

»Aber gern«, sagten sie, gaben sich die Hand und setzten sich zu mir.

»Eine Zigarette könnte ich jetzt auch gebrauchen«, sagte ich.

»Auch das kannst du haben. Noch irgendwelche Wünsche?« fragte einer von beiden lächelnd.

»Nein, danke. Vorerst wär's das erst mal. Ich heiße übrigens Renate.«

»Und ich heiße Rob.«

»Ich bin Carl.«

Sie waren beide so um die zwanzig und machten einen aufgeweckten Eindruck. Mir kam es so vor, als ob sie nicht wüßten, wohin mit ihren Energien. Ich hatte oft die gleichen Probleme und war dann schnell zu irgendeinem Blödsinn bereit, nur um mich auszutoben.

»Warum hast du denn schlechte Laune?« fragte Carl.

»Weil ich nicht weiß, ob dieser Jesus wirklich Gottes Sohn war.«

»Warum willst du denn das wissen?« fragte Rob erstaunt.

»Na, du bist gut! Das wäre doch ungeheuer wichtig.«

»Wichtig? Was vor zweitausend Jahren passiert ist, soll heute wichtig sein?« fragte er kopfschüttelnd.

»Wieso vor zweitausend Jahren?« fragte ich neugierig.

»Na ja. Nicht ganz zweitausend Jahren«, sagte er.

»Wie kommst du darauf?« fragte ich abermals.

»Ja, mein Gott! Nach Christus geht doch unsere Zeitrechnung.«

»Was hat denn Christus mit Jesus zu tun?« bohrte ich weiter.

»Das darf doch nicht wahr sein! Er hieß Jesus Christus. Das weiß doch jedes Kind. Sag mal, kommst du von einem anderen Stern?« fragte Rob erstaunt.

»Wahrscheinlich«, antwortete ich bitter, schnallte meinen Rucksack auf und ging.

»Wo willst du denn hin?« riefen sie mir nach.

»Zurück zu meinem Stern«, rief ich zurück, ohne mich noch mal umzuschauen.

Ziellos ging ich durch die Straßen. Ich war erschüttert über die Tatsache, daß ich die einzige war, die nichts vom Sohn Gottes wußte. Auch wunderte es mich überhaupt nicht mehr, daß niemand über Gott sprach. Warum über etwas sprechen, was glasklar ist? Aber warum wußten es die anderen, und ich nicht? Ob Gott mich verstoßen hatte, weil ich zuviel sündigte? Strafte mich Gott vielleicht sogar durch die Anfälle?

»Nun werde ich wahrscheinlich mein ganzes Leben seine Rache spüren«, dachte ich. »Ich bin verdammt. Verdammt in alle Ewigkeit! Nein, nein! Das ist nicht der Gott, an den ich glaube. Gott ist doch Liebe, nicht wahr?«

»Gott ist nicht Liebe«, sagte eine andere Stimme in mir. »Du hast längst bei ihm versagt. Hör auf, ihn zu suchen. Je öfter du nach ihm fragst, desto mehr wird er dich dafür quälen. Schau dich doch nur an! Du bist jetzt schon ganz fertig. Soll das Liebe sein? Dein ganzes Leben hat er dir vergrault. Ich gebe dir einen guten Rat, setze deinem Leben ein Ende, damit du endlich deine Ruhe hast.«

Zu Tode erschrocken blieb ich stehen. Wurde ich langsam verrückt? Oder war ich am Träumen?

»Mach dir nichts vor. Dadurch, daß du seine Liebe nicht erwidert hast, hast du ihn zum Selbstmord getrieben. Du bist schuld, schuld, schuld . . . Du bist nicht nur eine Diebin, sondern auch eine Mörderin. Bist du vielleicht so naiv, daß du glaubst, daß Gott so eine lieben könnte? Das ich nicht lache.«

»An seinem Tod hatte ich keine Schuld«, sagte ich mit einem Kloß im Hals, der mir fast die Luft nahm.

»Er würde noch leben, wenn du nicht nein gesagt hättest. Und das weiß Gott so gut wie ich«, sagte die Stimme.

Das Blut erstarrte mir in den Adern. Es stimmte. Er, ein guter Freund, hatte sich erhängt, weil ich an einer Verlobung mit ihm kein Interesse hatte. Außerdem war ich noch viel zu jung, gerade erst siebzehn, als er mich damals fragte. Ich fühlte mich total überrumpelt, als er mir so spontan die Ringe zeigte, denn für mich war er nie mehr als ein guter Kumpel. Ich sagte ihm das dann auch, aber er erwiderte, daß er ohne mich nicht mehr leben wollte. In meinen Ohren klang das wie Erpressung, und deshalb antwortete ich ihm ziemlich barsch, daß das sein und nicht mein Problem wäre. Schon in der darauffolgenden Nacht erhängte er sich; in seinem Abschiedsbrief machte er mich dafür verantwortlich. Obwohl mir mein Verstand sagte, daß das ein purer Racheakt war, blieb trotzdem ein Schuldgefühl, mit dem ich damals schlecht fertig wurde.

Hin- und hergerissen zwischen aufgeben und hoffen taumelte ich durch die Straßen. »Nein«, rief ich laut. »Ich will leben! Gott ist Liebe, war Liebe und wird immer Liebe bleiben! Gott muß Liebe sein! Wenn nicht mit Gott, mit wem kann sich der Mensch dann noch versöhnen?« fragte ich laut und sah dabei in den Himmel.

Plötzlich strömte eine wohltuende Wärme durch meinen Körper. Mein Lebensmut kam mit einem Mal zurück und ich wurde froh. Ich dachte wieder an Jesus. Es wäre ja möglich, daß er der dritte Teil war, den ich immer gesucht hatte. »Vater, Sohn und Geist«, dachte ich und fand, daß das gar nicht so übel klang.

»Hey, Jesus!« sprach ich. »Nur für alle Fälle! Falls du wirklich Gottes Sohn bist, dann überbringe deinem Vater doch bitte mal eine Nachricht. Bestelle ihm, daß ich die Schnauze voll habe, wenn nicht bald etwas geschieht. Sage ihm auch, daß ich es ganz schön mies finde, daß jeder über euch Bescheid weiß, außer meiner Wenigkeit. Und noch etwas: Nur weil du mal übers Wasser gegangen sein sollst, imponierst du mir noch lange nicht. Selbst wenn du über heiße Kohlen laufen könntest, würde dieser Hokuspokus mich in keiner Weise beeindrucken. Sag deinem Papa, daß ich hier in Amsterdam bin und darauf warte, daß was passiert.«

Durch das ziellose Umherlaufen hatte ich die Orientierung verloren. Ich hatte nicht die leiseste Ahnung, wo ich sein könnte.

»Was soll's«, dachte ich nur und schaute mich nach einem Schlafplatz um. Ich entdeckte einen großen Parkplatz und suchte nach einem unverschlossenen Auto, in dem ich mich schlafen legen konnte. Ein paar Sekunden später sah ich einen Transporter, dem man alle Räder abmontiert hatte. Vorsichtig öffnete ich die Schiebetür und leuchtete den Wagen mit meiner Taschenlampe aus. Ich war zufrieden und huschte hinein. Todmüde kroch ich in meinen Schlafsack und schlief ein.

Ein lauter Knall und Stimmen machten dem Schlaf ein Ende. »Rauskommen! Polizei!« hörte ich jemand rufen.

»Hab keine Angst, Renate. Komm ruhig raus«, sagte eine andere, mir sehr bekannte Stimme.

Ein wenig unbeholfen krabbelte ich aus meinem Schlafsack und stolperte schlaftrunken aus dem Wagen.

»Hallo Piet! Was macht ihr denn hier? Woher wußtet ihr denn, daß ich hier drin bin?« fragte ich neugierig.

Piet und sein Kollege schauten mich nur kopfschüttelnd an. »Kennst du den?« fragte Piet und deutete nach rechts. Ein Mann in Handschellen schaute mich an.

»In dieser Dunkelheit würde ich noch nicht einmal dich erkennen«, sagte ich und ging näher an ihn heran. »Nee. Nie gesehen. Wo habt ihr denn den aufgegriffen?«

»Er sagte, er sei dein Freund«, antwortete Piet.

»Ist ja lustig! Na, was nicht ist, wird vielleicht noch«, scherzte ich.

»Bring ihn erst mal weg«, sagte Piet zu seinem Kollegen.

»Was wollte er denn von mir?« fragte ich Piet.

»Das haben wir uns auch gefragt. Wir haben zufällig gesehen, wie er dir heimlich folgte. Damit er uns nicht bemerkte, forderten wir zuerst Verstärkung an und verließen dann den Wagen, um ihm zu Fuß zu folgen. Übrigens habe ich dich nie so abwesend gesehen. Nachdem du in den Wagen gekrochen warst, wartete er noch ungefähr eine halbe Stunde vor der Tür. Als er sicher war, daß du fest schliefst, wollte er dir einen Besuch abstatten. In diesem Moment griffen wir ein. Du mußt morgen zur Protokollaufnahme kommen. Vergiß das nicht!«

»Jungs, ihr seid ja helle! Dafür werde ich bei Gelegenheit mal einen ausgeben. Aber nun gute Nacht! Ich bin hundemüde«, sagte ich und war dabei, mich in den Wagen zurückzuziehen.

»Bist du verrückt geworden?! War dir das denn keine Lehre?« schimpfte Piet.

»Doch, doch! Aber du glaubst doch nicht ernsthaft, daß sich heute nacht noch jemand zu mir verirrt. Das ist so unwahrscheinlich, wie daß ein und derselbe Regentropfen gleich zweimal hintereinander auf dieselbe Stelle fällt«, antwortete ich ihm.

»Deine verdammten statistischen Rechnungen werden dir eines Tages noch den Hals brechen«, sagte Piet erregt.

Ich lachte und sagte: »Kannst ja zwei Wachen vor die Tür stellen. Gute Nacht!«

»Gute Nacht! Und denk morgen an das Protokoll. Außerdem habe ich diese Woche Nachtschicht, so kannst du wenigstens ein paar Tage bei uns schlafen«, sagte er mit einem verzweifelten Stöhnen in seiner Stimme.

»Ist gebongt«, sagte ich. »Aber nun hau endlich ab und laß mich schlafen.«

Piet und ich kannten uns schon eine lange Zeit. Beim ersten Zusammentreffen hatte er die undankbare Aufgabe, mich zu verhaften. Ich hatte in einem Geschäft gerade einen Pullover mitgehen lassen, wobei ich von einem der Hausdetektive auf frischer Tat erwischt wurde. Ich rannte los, der Detektiv hetzte hinter mir her. Ich wußte gar nicht, wohin ich rannte, bis ich mich in der Porzellanabteilung wiederfand.

In dem Moment blieb mein Verfolger stehen. Wahrscheinlich hatte er Angst, daß ich auf der Flucht vor ihm in der Hektik das ganze Zeug zerdeppern könnte. Ich blieb ebenfalls stehen und wußte, daß das Spiel aus war, doch war ich froh, daß der Detektiv auf Distanz blieb.

Einige Minuten später standen dann Piet und seine Kollegin vor mir. Sie sagte etwas, und ich bat sie, Englisch oder Deutsch zu sprechen.

»Sie brauchen keine Angst zu haben. Kommen Sie ruhig hinter den Regalen hervor«, sagte Piets Kollegin betont ruhig.

»Ich habe nur vor dem Schakal da Angst«, sagte ich und deutete auf den Detektiv.

Sie lachte und sagte: »Solange Sie bei dem teuren Porzellan stehen, wird er Ihnen bestimmt kein Haar krümmen.«

Nun fing auch Piet an zu lachen und meinte: »Möchte gern wissen, wozu wir hier sind. Sollen wir das Porzellan vor Zerstörung bewahren oder die kleine Diebin vor dem Detektiv?«

»Nun kommen Sie endlich da raus. Niemand tut Ihnen etwas«, forderte sie mich auf.

Das Gefühl hatte ich inzwischen auch, und bereitwillig ging ich mit ihnen mit. Als wir im Streifenwagen saßen, fragte ich besorgt: »Was machen Sie jetzt mit mir?«

»Erzählen Sie uns erst mal, warum Sie geklaut haben«, forderte mich Piets Kollegin auf.

»Da gibt's nicht viel zu erzählen. Ich brauchte Vorstellungsklamotten. Ich suche nämlich einen Job, aber die Klamotten, die ich noch habe, sehen furchtbar aus. Geld habe ich nicht mehr viel. Mann! So was Blödes! Es fehlte nur noch ein vernünftiger Pullover.«

»Ist das wirklich wahr?« fragte sie.

»So wahr ich hier sitze.«

»Was machen wir nun?« fragte sie Piet.

»Wir können Sie schlecht laufenlassen. Was sollen wir dann in unseren Bericht schreiben?« sagte er.

»Warum suchen Sie gerade hier Arbeit?«

»Weil ich jetzt hier bin und kein Geld mehr habe.«

»Hm, hätten Sie Lust, in Gewächshäusern zu arbeiten?« fragte sie weiter.

»Hab' ich zwar noch nie gemacht, aber ich denke, daß ich nicht zu blöde bin, es zu lernen. Bitte, lassen Sie mich doch laufen«, bettelte ich.

Piet und seine Kollegin schauten sich einen Moment lang an und nickten dann.

»Wenn wir den Geschäftsführer dazu bewegen könnten, die Anzeige zurückzuziehen, dann hätten wir eine Chance«, sagte Piet.

»Los! Laß es uns versuchen«, sagte sie.

Wir stiegen wieder aus und gingen zurück ins Kaufhaus. Nach einer geschlagenen halben Stunde erklärte sich der Geschäftsführer bereit, seine Anzeige zurückzuziehen. Ich freute mich riesig und bat mit hochrotem Kopf um Verzeihung. Piets Kollegin brachte mich noch am gleichen Tag zu einer Gewächshausfarm, in der man mich für meine Arbeit gut bezahlte. Ja, so lernte ich Piet und seine Kollegin kennen.

Gerade war ich dabei einzuschlafen, da ging die Transportertür abermals auf.

»Ich bin's, Piet. Tut mir leid, aber du mußt jetzt mitkommen. Wir haben nämlich einen großen Fisch gefangen, und nun brauchen wir dich als Zeugin.«

»Aber ich habe doch gar nichts gesehen. Laß mich bloß aus dem Spiel. Ich will endlich einmal schlafen«, sagte ich genervt.

»Wenn du jetzt nicht sofort da raus kommst, hole ich dich!« brüllte er.

Das war deutlich genug, denn wenn Piet mal brüllte, ging es um eine ernste Sache.

»Ja, ja. Reg dich nicht auf«, sagte ich. Langsam rollte ich meinen Schlafsack zusammen, nahm meinen Rucksack und verließ den Wagen.

Im Streifenwagen fragte ich: »Was soll das denn für ein großer Fisch sein, den ihr gefangen habt?«

»Er ist in Mädchenhandel verstrickt«, sagte er.

»Mädchenhandel? Wie läuft denn so etwas ab?« fragte ich.

»Die Frauen werden betäubt, verschleppt und dann zur Prostitution gezwungen«, sagte er und schaute mich kurz ernst an.

Ich schluckte. »Meinst du, daß er das Gleiche mit mir vor hatte?«

»Wir meinen nicht nur, wir haben auch handfeste Beweise. Außerdem haben wir nicht nur ihn verhaftet, die anderen warteten nicht weit von deinem Schlafplatz. Danke Gott, daß du jetzt hier neben mir sitzt«, sagte Piet bewegt.

»Piet! Piet? Glaubst du auch an Gott?« fragte ich.

»Das fragst du?! Wer dich kennt, wird praktisch gezwungen, an Gott zu glauben«, antwortete er.

»Sei mal ernst, Piet. Glaubst du?«

»Ich bin ernst. Aber erst heute bin ich mir sicher, daß mein Glaube auch wahr ist«, sagte er.

»Warum?«

»Weil ein innerer Zwang mich heute nacht dazu getrieben hat, eine Extrarunde zu fahren. Und dann entdeckten wir dich. Als wir den Mann bemerkten, wußte ich, daß diese Fahrt für dich bestimmt war. Renate, Gott lebt!«

»Piet! Piet!« rief ich aufgewühlt. »Glaubst du auch an diesen Jesus?«

»Natürlich«, sagte er.

»Kannst du mir etwas über ihn erzählen?« fragte ich.

»Was willst du denn hören?«

»War er wirklich Gottes Sohn und wurde er wirklich gekreuzigt?«

»Ohne Zweifel!«

»Aber warum?«

»Er wurde wegen unserer Sünden gekreuzigt. Durch seinen Tod haben wir Vergebung. – Wir sind da. Du mußt jetzt hoch zur Kripo«, sagte er.

»Warte, warte! Ich will mehr über Jesus wissen«, bettelte ich.

»Renate, ich bin im Dienst. Komm heute nacht wieder. Jetzt geht es wirklich nicht.«

»Okay«, sagte ich fast beleidigt und stieg aus dem Wagen.

Als ich die Kripo verließ, war es bereits acht Uhr morgens. Ich war so müde, daß ich mich in einem Park schlafenlegte. Ungewöhnliche Geräusche machten den Schlaf schnell ein Ende, und ich sah dieselben Leute, die am Tag zuvor »Toymaker and Son« vorgeführt hatten. Es sah so aus, als wollten sie das gleiche Stück nun im Park vorstellen. Diesmal funktionierten die Lautsprecher, und noch einmal schaute ich mir die Aufführung an. Ich hörte von Gott und seinem Sohn, von der Vergebung der Sünden und vielen anderen Dingen. Es wurde viel gesagt, aber ich verstand sehr, sehr wenig. Leider hatte ich nach Ende des Stückes keine Zeit zum Fragen mehr, denn ich mußte mich beeilen, um das vereinbarte Treffen mit der Frau aus Schweden einhalten zu können.

Als ich den Dam-Square erreichte, wartete sie schon auf mich. »Hallo!« sagte ich. »Hast du schon lange gewartet?«

»Nein, nein. Hättest du vielleicht Lust, heute abend mit meinen Freunden zu essen? Du bist herzlich eingeladen«, fragte sie freundlich.

»Habe nichts dagegen«, sagte ich nur.

»Übrigens: Ich heiße Birgitta.«

»Und ich Renate«, gab ich zurück.

Wir setzten uns auf eine Bank, und für eine Weile wechselten wir nicht ein Wort. In Gedanken fragte ich mich, welche Rolle ich in diesem Theater spielte und wie das Stück wohl enden würde.

»Warum reist du soviel? Hast du denn gar keine Arbeit?« fragte sie.

»Nein«, sagte ich und erzählte ihr in groben Zügen die Hintergründe meiner Reiselust. Die Zeit verging, und ohne über Gott gesprochen zu haben, brachen wir zu ihren Freunden auf. In der Straßenbahn gab sie mir ihre Adresse und lud mich einfach zu sich nach Schweden ein.

Birgitta und ihre Freunde hatten ihr Quartier außerhalb der Stadt auf einem Zeltplatz. Sie führte mich in ein Zelt, in dem sich ungefähr dreißig Leute aufhielten. Einigen wurde ich vorgestellt, und man begrüßte mich herzlich. Man teilte das Abendbrot aus, aber bevor sie mit dem Essen begannen, falteten sie die Hände und beteten. Sie taten das in ihrer Muttersprache, die ich nicht verstand. Ein merkwürdiges Gefühl überkam mich. Ein Gefühl, das mich fast erdrückte und mich gleichzeitig spüren ließ, daß es zwei Welten gibt. Zu welcher gehörte ich? Die Erleichterung, die in mir aufkam, als ich das Amen hörte, verwirrte mich noch mehr, denn diese Reaktion konnte ich überhaupt nicht verstehen.

Der Abend verging schnell, und ich mußte zurück. Birgitta ließ es sich nicht nehmen, mich wieder in die Stadt zu begleiten. Als wir uns verabschiedeten, gab sie mir eine Karte, auf der eine Adresse stand: »Dort ist eine Teestube. Sie hat bis Mitternacht auf und ist ein guter Platz, sich mal aufzuwärmen. Kaffee und Tee ist umsonst; kannst ja mal hereinschauen, wenn du Langeweile hast.«

Ich steckte die Karte ein und sagte: »Auf Wiedersehen und vielen Dank für alles.«

»Ich wünsche dir alles Gute«, sagte sie ein wenig bedrückt, und ich fragte mich, was in ihr vorging. Die Straßenbahn kam, und sie huschte hinein.

Ein wenig durcheinander machte ich mich auf den Weg zu Piet. Es war schwer zu begreifen, was in den letzten zwei Tagen alles geschehen war. Das Theaterstück, der fast geglückte Überfall, Birgitta und die Leute auf dem Zeltplatz. Immer wieder hatte ich ihre gefalteten Hände vor Augen. Was wir geredet hatten, wußte ich nicht mehr, denn meine Aufnahmefähigkeit war nach dem Beten gleich Null. Ich zog die Karte noch mal hervor, und augenblicklich änderte ich meine Meinung und ging nicht zu Piet. Die Teestube war nicht weit entfernt von mir, und es dauerte keine zehn Minuten, da stand ich schon vor der Tür.

Ich blieb am Eingang stehen und beobachtete das Geschehen. Amüsiert schaute ich dem systematischen Ablauf zu und fragte mich, was das sollte. Sobald nämlich ein Mann hineinkam, sich einen Kaffee oder Tee holte und sich dann an einen Tisch setzte, »hechtete« einen Moment später auch ein Mann hinter der Theke vor und setzte sich zu dem Gast. Kam eine Frau herein, dann wurde eine Frau auf den Neuling angesetzt.

Das fand ich so lustig, daß ich das Spiel gern mitmachen wollte. Ich setzte mich also an einen Tisch und wartete gespannt auf das, was kommen würde. Ich saß kaum eine Minute, da kam auch schon eine Frau zu mir und fragte mich, ob sie mir Gesellschaft leisten könnte. Ich nickte nur und grinste.

»Mein Name ist Karen, und ich komme aus Kalifornien«, sagte sie lächelnd.

»Ich heiße Renate und komme aus Deutschland«, gab ich brav zurück.

»Glaubst du an Jesus?« fiel sie gleich mit der Tür ins Haus.

»Ich weiß nicht«, sagte ich ein wenig verwirrt, denn mit so einer Frage hatte ich nicht gerechnet.

»Jesus ist Gottes Sohn, und niemand kann zu Gott kommen als durch ihn«, sagte sie und schaute mich eindringlich an.

»So? Erzählt man sich das in den USA?« fragte ich ein wenig spöttisch.

»Nein! In der ganzen Welt«, sagte sie schockiert.

»Die Welt erzählt viel. Kannst du beweisen, was du da sagst?«

»Aber natürlich. Einen Augenblick«, sagte sie und verschwand. Eine Minute später war sie wieder zurück und überreichte mir ein Buch. »New Testament« war sein Titel, und ich dachte: »Wieder so ein neumodischer Kram.«

Karen redete und redete, erzählte mir, wie glücklich sie Jesus gemacht hätte und und und . . . Ich hörte überhaupt nicht mehr hin, denn ich glaubte ihr kein Wort. Ihr unentwegtes Lächeln und ihre übertriebene Fröhlichkeit waren mir einfach zu unnatürlich. Sie kam mir vor wie ein verkrampfter Mensch, der mit aller Gewalt mich davon überzeugen wollte, daß er ein unbeschwertes und zufriedenes Wesen ist. Je länger sie redete, desto mehr ging mir ihr Gequassel auf die Nerven, und da es ohnehin schon spät genug war, sagte ich: »Ich muß jetzt gehen, damit ich noch einen Schlafplatz finden kann.« Piets Angebot hatte ich mittlerweile vergessen, und überhaupt war ich durch die Ereignisse des Tages total von der Rolle.

Sie schaute mich daraufhin entsetzt an und sagte: »Einen ganz kleinen Moment.« Sie stand auf, kam aber bald wieder zurück. »Im ›Shelter‹ ist noch ein Bett frei. Ich habe gerade angerufen.«

»Danke, aber dafür habe ich kein Geld«, sagte ich.

»Aber das Bett ist schon bezahlt«, sagte sie.

»Von wem?« fragte ich überrascht.

»Von uns.«

Ich war perplex und überlegte, was wohl der Grund für diese Hilfsbereitschaft war.

»Brian wird dich begleiten, und morgen kannst du mit uns frühstücken.«

»Danke, aber ich komme schon alleine hin. Ich weiß, wo das Shelter ist.«

»Bitte, laß dich von ihm begleiten, denn es ist schon spät«, sagte sie.

»Meinetwegen«, sagte ich kopfschüttelnd, denn ich verstand

ihre Besorgnis überhaupt nicht. Ich war es halt gewohnt, draußen zu schlafen, und machte mir darüber kaum Gedanken.

Brian, der wie Karen aus Kalifornien kam, begleitete mich also. Das Shelter lag mitten im Rotlicht-Viertel, und das war wohl mit ein Grund, weshalb Karen mich nicht allein gehen lassen wollte. Während wir durch die Straßen gingen, schaute ich mich nach Gudni um, die dort »arbeitete«. Ich strahlte, als ich sie ausfindig machte, und da sich gerade kein Freier für sie interessierte, ging ich auf sie zu. »Hallo Gudni! Wie geht es dir?«

»Renate, du alte Keule! Ist das 'ne Freude. Hab' schon befürchtet, daß es dich erwischt hat. Wie sieht's aus? Geht es dir gut?« fragte sie fröhlich.

»Das hab' ich dich gerade gefragt«, gab ich zurück, denn sie sah nicht gut aus.

Brian stand ungeduldig neben mir und schaute mich vorwurfsvoll an. Ich ignorierte ihn einfach und unterhielt mich mit Gudni weiter.

»Ach! Ich will nicht mehr. Wäre schön, wenn ich so ohne weiteres fort könnte«, sagte sie ein wenig traurig.

»Komm! Versuch es! Warst sowieso nie die geborene Nutte! Fang noch mal von vorne an. Demnächst muß ich zurück nach Deutschland, wenn du willst, nehme ich dich mit.«

Mit Tränen in den Augen sagte sie: »Wo warst du nur solange? Ich habe mir Sorgen um dich gemacht. Immer diese Angst, daß du unter die Räder kommst. Ich will nicht, daß du so endest wie ich.«

»Das werde ich auch nicht. Und auf dich wartet ebenfalls ein besseres Leben. Das weiß ich ganz genau!«

»Würdest du mich wirklich mitnehmen?« fragte sie ein wenig skeptisch.

»Wenn nicht dich, wen sonst? Ich komme die Tage noch einmal vorbei. Überleg es dir.«

»Das werde ich! Renate, brauchst du etwas? Geld zum Beispiel?«

»Nein, ich brauche nichts.«

»Du weißt, daß du ruhig danach fragen darfst. Es kostet dich nur ein kleines bißchen Stolz, und da du davon mehr als genug hast, kannst du getrost etwas davon abgeben«, sagte sie mahnend.

»Im Moment habe ich wirklich genug, und außerdem hast du mir schon genug zugesteckt«, sagte ich.

»Na und? Willst du mir die Freude etwa auch noch nehmen?«

»Ist ja schon gut. Ich sage schon, wenn ich was brauche«, sagte ich.

»Na hoffentlich. Und nun hau ab! Es kommt Kundschaft«, sagte sie und schielte nach rechts. Ein hochgewachsener Typ zwinkerte Gudni zu, und mir kam die Galle hoch.

»Ich könnte ihm eine in die Schnauze hauen«, sagte ich böse.

»Das läßt du lieber sein«, murmelte Gudni. Sie lächelte mich an, und ich sagte: »Bis die Tage, und treib es nicht zu doll.«

Sie lachte und sagte: »Nur das Nötigste und keïne Bewegung mehr.«

Ich lachte nun hell auf und wandte mich wieder zu Brian.

»Verkehrst du öfters mit solchen Leuten?« fragte Brian.

»Sie ist meine Freundin«, sagte ich.

»Es ist nicht gut für dich, wenn du derartigen Umgang pflegst. Diese Menschen bringen dich in Gefahr«, meinte er ernst.

»Du tickst wohl nicht richtig! Du weißt doch gar nicht, wer sie ist. Wenn du weiter so dummes Zeug redest, dann bringst du dich in Gefahr!« sagte ich drohend. Was meine Freunde betraf, ließ ich nicht mit mir spaßen.

»Aber ich weiß, was sie tut! Jesus will nicht, daß wir solche Freunde haben«, sagte er ungerührt.

»Habt ihr nicht gesagt, daß Jesus für alle gestorben ist?« fragte ich gereizt.

»Er ist nur für die gestorben, die an ihn glauben. Die anderen sind verloren«, sagte er, als ob es sich um das Selbstverständlichste der Welt handelte.

Mir platzte der Kragen, und ich brüllte: »Und du weißt, wer glaubt und wer nicht?! Ich will dir mal was sagen: Wenn Jesus nicht auch für Gudni gestorben ist, wenn er nicht auch für die gestorben ist, die den Strick schon um den Hals haben, dann kannst du mir mit deinem Jesus gestohlen bleiben! Hast du kapiert?!«

»Du weißt nicht, was du sagst«, meinte er entsetzt.

»Kann schon sein, aber ich weiß, woran du glaubst. Ich glaube zwar nicht an Jesus, aber dafür an Gott, und ich kann mir nicht vorstellen, daß Gott so bescheuert ist, daß er seinen Sohn für eine Herde Idioten geopfert hat«, sagte ich böse.

Brian sagte kein Wort mehr. Als wir im Shelter angelangt waren, verabschiedete er sich mit den Worten: »Wenn du Jesus um Verzeihung bittest, dann wird er dir auch die Worte vergeben, die du vorhin gesagt hast.«

»Was ich gesagt habe, das meinte ich auch so. Aber nun verstehe ich, warum Gott so schweigsam ist und nicht mehr zu uns redet. Was hat es für einen Sinn, etwas zu sagen, wenn man von vornherein weiß, daß niemand richtig zuhört? Ich bin sicher, daß auch du nur mit halbem Ohr hinhörst, wenn du Menschen als verloren ansiehst, die nicht so eine saubere Weste wie du haben. Verschon mich Gott vor solchen Leuten wie dir!«

Nun schaute er mich ärgerlich an, und ich sagte: »Wenn du Gott um Verzeihung bittest, wird er dir sicherlich ebenfalls vergeben.« Ich schaute ihn dabei spöttisch an, und entrüstet verließ er das Shelter.

Als ich im Bett lag, konnte ich nicht einschlafen. Meine Gedanken kreisten um Jesus, und so sehr ich mich bemühte, ihn zu vergessen, so wenig gelang es mir. Ich fand, daß es noch zu früh war, mir ein Urteil zu erlauben, und dachte, daß Brian Jesus vielleicht gar nicht richtig kannte, um ihn wahrheitsgemäß charakterisieren zu können. Aber was sollte ich tun? Ich zog die Decke über den Kopf und flüsterte:

»Du Jesus! Gudni ist ein ganz feiner Kerl. Wenn es Dich gibt, dann müßtest Du auch wissen, daß sie damals auf den Strich gegangen ist, um ihren unehelichen Sohn durchzubringen. Als das Jugendamt dahinterkam, nahm es ihr das Liebste, was sie hatte, weg. Das reichte aus, um völlig zu versacken, denn man nahm ihr damit den Sinn des Lebens. Sie ist eine Prostituierte, und trotzdem ist sie eine herzensgute Frau. So manche feine Dame kann sich eine Scheibe von ihr abschneiden. War ich knapp bei Kasse, steckte sie mir etwas zu. Sie gab mir wertvolle Tips, damit ich nicht unter die Räder kam. Ich mag Gudni! Wen liebst Du, wenn Du sie nicht liebst? Falls Du nur für die Makellosen gestorben bist, dann kann ich nichts mit Dir anfangen und möchte auch nichts mit Dir zu tun haben.«

Nach diesen Worten trat plötzlich Ruhe in meiner Seele ein. Mit einem Mal wußte ich, daß Jesus Gudni liebte, und so schnell, wie diese Gewißheit sich in mir ausbreitete, schlief ich ein.

Am nächsten Morgen wachte ich sehr früh auf und dachte mit Erstaunen an die vergangene Nacht. Woher konnte ich so genau wissen, daß Jesus Gudni liebte? »Das gibt es doch gar nicht!« dachte ich.

Ich hüpfte aus dem Bett, schlüpfte in meine Klamotten und verließ das Shelter. Während ich durch das Rotlicht-Viertel ging, überlegte ich, ob ich wie vereinbart zum Frühstück erscheinen sollte.

»Gehe ich nicht, dann verpasse ich vielleicht die letzte Chance, mehr über Gott zu hören«, dachte ich.

Das Straßenviertel war wie leergefegt, und mir fiel ein, daß man dort ja erst am Morgen zu Bett ging. Im ältesten Gewerbe der Welt hat man den Tag zur Nacht gemacht. Wenn die Frauen morgens ins Bett gehen, schläft die Hoffnung auf einen neuen Morgen mit ihnen ein. Durch Gudni habe ich viele von ihnen kennengelernt. Sie hatten sich längst aufgegeben, und wo noch ein Gedanke an ein neues Leben zu erkennen war, da wurde er immer wieder von der teuflischen Angst zunichte gemacht. Wenn die Angst erstmal da war, verschwand der Mut und damit die Fähigkeit auszusteigen.

Wer käufliche Frauen gut kennt, kann den Beweis dafür liefern, daß Körper und Seele nicht voneinander unabhängig gemacht werden können. Sie bilden eine Einheit und wehe dem, der mit seinem Körper Mißbrauch treibt! Ist erst mal ein Riß zwischen Körper und Seele, wird die Betroffene niemals die Kraft aufwenden können, den Riß zu kitten. Ohne Hilfe von außen ist das nicht zu schaffen. Ich wußte, daß auch Gudni den Sprung nicht allein machen konnte, und das quälte mich.

Kaum hatte ich die Teestube erreicht, kam Karen auf mich zu. Sie nahm mich mit in den Speisesaal. Kaum saß ich, wollte ich schon essen, aber Karen sagte mit mahnendem Blick: »Wir beten, bevor wir essen.«

Ich ärgerte mich über die Art, wie sie mich zurechtwies, und brummte: »Ich hindere dich nicht daran.« Dann griff ich nach dem Brot.

»Du solltest auch beten«, sagte sie mit noch strengerem Blick.

»Und ich denke nicht daran!« erwiderte ich böse. Während ich meine Stulle schmierte, beteten alle, und als das Amen ertönte, hatte ich schon den ersten Bissen heruntergeschluckt. »Wo bin ich hier nur reingeraten?« dachte ich.

Nach einer Weile sagte Karen: »Hättest du Lust, ein paar Tage mit uns zu verbringen? Du kannst bei uns schlafen, hier ist genug Platz.«

Ich begriff überhaupt nichts mehr. Für mich war das ganze Theater undurchschaubar, und gern hätte ich gewußt, was gespielt wurde. Die Neugier siegte, ich sagte zu und hielt mich für verrückt.

Nach dem Frühstück zeigte mir Karen das Zimmer, in dem ich schlafen sollte. Es standen noch fünf andere Betten drin, und mir wurde mulmig zumute. Ich konnte mir einfach nicht vorstellen, daß ich auf so engem Raum mit anderen leben könnte. Jedoch tröstete ich mich mit dem Gedanken, daß ich dort nur schlafen würde. Da betrat eine junge Frau das Zimmer. Diana war ihr Name, und Karen erzählte ihr, daß ich einige Tage mit ihnen verbringen würde. Dann ließ sie mich mit Diana allein.

»Glaubst du auch, daß Jesus Gottes Sohn ist?« fragte ich.

»Das glauben alle, die hier wohnen. Wir kommen aus Kalifornien und betreiben Straßenevangelisation«, sagte sie.

»Was ist das denn?«

»Wir verkünden Gottes Wort und reden mit den Leuten darüber. Das ist Straßenevangelisation. Fünf sind schon zu Jesus gekommen.«

»Hm! Und wie kommt man zu Jesus?« fragte ich skeptisch.

»Man muß an ihn glauben und ihm sein Leben geben«, sagte sie.

»Kein Zweifel! Die Leute scheinen hier nicht ganz dicht zu sein«, dachte ich, denn mein Leben wollte ich gern behalten. Ich wunderte mich aber, daß Diana noch so lebendig vor mir stand. Anscheinend hatte sie sich noch nicht entscheiden können.

»Glaubst du auch an Jesus?« fragte sie.

»Vielleicht. Ich weiß zu wenig und bin nicht sicher, ob das alles so stimmt, was man sich erzählt.«

»Was hast du denn gehört?«

»Man sagt, daß Jesus Gottes Sohn ist und für unsere Sünden gestorben sein soll.«

»Ja, das ist wahr. Jeder, der an ihn glaubt, wird gerettet.«

»Ich denke, man muß ihm sein Leben geben? Jedenfalls hast du das gerade gesagt.«

»Das tust du ja, wenn du glaubst«, sagte sie.

»Wie soll das gehen?«

»Wer an Jesus glaubt, wird durch seinen Glauben automatisch ein Eigentum Gottes. Dein Leben gehört dann Gott und nicht mehr dir.«

»Woher willst du das so genau wissen?« fragte ich skeptisch.

»Das steht alles in der Bibel.«

Bibel. Endlich mal ein bekanntes Wort. Ich konnte mich noch schwach daran erinnern, daß so ein Buch bei meinen Eltern im Regal gestanden hatte. Nur: Gelesen hatte niemand darin. »Soll das heißen, daß in der Bibel alles steht, was ich über Gott wissen will?«

»Genau.«

Mich traf der Schlag! Da stand dieses Buch greifbar nahe im Regal, und niemand las darin. Aber woher soll der Mensch wissen, daß man dort Antworten auf die Fragen des Lebens finden kann? Woher, wenn es niemand sagt?

»Hast du auch eine Bibel?« fragte ich.

»Natürlich«, sagte sie.

»Kannst du sie mir mal leihen?«

»Gern, aber hat Karen dir nicht ein Neues Testament gegeben?«

»Doch, doch! Aber ich will die Bibel lesen.«

»Das Neue Testament ist ein Teil der Bibel. Die Bibel besteht aus dem Alten und dem Neuen Testament.«

»Wie auch immer. Ich will nur wissen, ob dort die Wahrheit drin steht.«

»Natürlich. Die Bibel wurde von Menschen geschrieben, die von Gottes Geist erfüllt waren.«

»Was redet sie da nur?« dachte ich und sah sie verständnislos an.

»Gott hat den Menschen gesagt, was sie aufschreiben sollen«, erklärte sie.

Nun verstand ich und sagte begeistert: »Also hat er doch einmal zu den Menschen gesprochen! Bitte! Leih mir deine Bibel! Ich muß sie lesen.«

»Es wäre aber besser, wenn du zuerst mit dem Johannesevangelium im Neuen Testament anfangen würdest«, schlug sie vor.

»Nein, ich will von vorne beginnen«, sagte ich.

»Wie du willst. Hier«, sagte sie und gab mir das Buch.

Ich setzte mich aufs Bett und hielt das Buch wie einen Schatz in den Händen. Diana sagte mir noch, daß sie gehen müßte und erst am Abend wiederkommen würde. Ich murmelte nur ein Jaja und fing an zu lesen.

So las ich, wie Gott die Welt erschaffen hatte, und lachte vor Freude auf. Ich freute mich riesig, daß ich mit meiner Vermutung über unsere Herkunft recht hatte. Gleichzeitig amüsierte ich mich über die Art und Weise, in der es erzählt wurde, denn daß Gott die Welt in sechs Tagen dahingeklatscht haben soll, konnte ich nicht glauben. Aber darauf kam es mir nicht an. Die Hauptsache war für mich nur, daß er die Erde gemacht hatte; ob er sie in sechs Tagen oder in sieben Millionen Jahren erschaffen hatte, war unwichtig für mich.

Ich kam zum Sündenfall, las die Vertreibung aus dem Paradies und konnte es nicht verstehen. Nur einmal hatten sie nicht gehorcht, und schon schmiß Gott sie raus. Da ich jedoch an Gottes Güte und Gerechtigkeit keinerlei Zweifel hatte, las ich dieses Kapitel mehrmals hintereinander. Nach einer geraumen Zeit bekam ich ein wenig Klarheit und konnte meine Gedanken aufschreiben.

»Der Atem, den Gott Adam in die Nase blies, muß ewiges Leben gewesen sein«, schrieb ich damals in mein Tagebuch. »Durch die Sünde wurde es in ein zeitliches verwandelt – der Mensch mußte sterben. Der Tod ist also eine unabänderliche Folge von Sünde.

Bevor Adam und Eva wider Gottes Willen gehandelt hatten,

waren sie nicht nur ohne Sünde, sondern auch unwissend in dem Sinne, daß sie nichts von Gut und Böse wußten. Mit dem Apfel vom Baum der Erkenntnis wurden sie nicht nur sündig, sondern nahmen mit ihm gleichzeitig das Gewissen auf. Das Gewissen, die Stimme Gottes, sagte ihnen plötzlich, daß sie Unrecht getan hatten, und in ihrem Schuldbewußtsein versteckten sie sich vor Gott. Mit dem Gewissen nahmen sie eine göttliche Eigenschaft auf, denn nicht umsonst sagte Gott, daß der Mensch wie er geworden sei bzw. wußte, was gut und böse ist.

Ich glaube, daß er sie weniger aus dem Grund herausgeschmissen hat, weil sie Böses taten, sondern mehr aus dem Grund, daß sie Gott mißtraut hatten. Er konnte nicht zulassen, daß sie auch noch vom Baum des Lebens aßen und dadurch ihr ewiges Leben zurückgewannen. Im ewigen Leben hatte Sünde nichts zu suchen. Selbst wenn es Gott möglich gewesen wäre, ihnen diesen Ungehorsam zu vergeben, würde im Paradies Mißtrauen gegen Gott geherrscht haben. Wer duldet schon auf Dauer einen Gast, der ihm nicht vertraut? Ein unerträglicher Zustand! So ungefähr stelle ich mir Gottes Beweggründe für die Vertreibung aus dem Paradies vor. Reine Mutmaßungen, ich weiß, aber welcher Mensch kann schon alles fehlerfrei rekonstruieren, wenn er nicht dabei war?«

Ich kam zum Brudermord und wunderte mich sehr. Obwohl Gott Kain bestrafte, stand er trotzdem noch unter seinem Schutz. Daß Kain noch dazu siebenmal gerächt werden sollte, falls jemand Hand an ihn legte, war schwer zu verstehen.

Ich weiß nicht, was mich daran hinderte, an dieser Stelle weiterzulesen, doch es ging nicht mehr. Nach langem Hin- und Herblättern fand ich das Johannesevangelium und las. Schon nach den ersten Versen sehnte ich mich nach einer Bibel in meiner Muttersprache. Ich verließ das Zimmer, um zu sehen, ob mir jemand den Wunsch erfüllen konnte. Gleich auf der Treppe begegnete mir ein junger Amerikaner, und ich fragte: »Kannst du mir sagen, wo ich eine deutsche Bibel kriegen kann? Ich lese nämlich gerade das Johannesevangelium, aber ich hätte es gern in meiner Sprache.«

»Wir haben das Neue Testament auch in Deutsch. Warte einen

Moment«, sagte er. Einige Augenblicke später kam er zurück und drückte mir das Neue Testament in die Hand.

»»Die Gute Nachricht‹«, las ich. »Aber was ist das denn?«

»Das ist das Neue Testament in heutigem Deutsch«, erklärte er freundlich.

»Oh! Und ich dachte schon, daß ich wieder etwas anderes in den Händen halte. Kannst du mir das Buch bis heute abend leihen?«

»Das kannst du gern behalten. Sie sind eh zum Verteilen gedacht«, sagte er.

»Danke«, sagte ich ein wenig überrascht über die Tatsache, daß sie so viel davon hatten, daß sie verteilt werden konnten.

Ich ging wieder nach oben und fing noch mal im Johannesevangelium an.

»Am Anfang, bevor die Welt erschaffen wurde, war schon der, der ›Das Wort‹ ist. Er war bei Gott und in allem Gott gleich. Von Anfang an war er bei Gott. Durch ihn wurde alles geschaffen; nichts ist entstanden ohne ihn. Allen Geschöpfen gab er das Leben, und für die Menschen war er das Licht. Das Licht strahlt in der Finsternis, und die Finsternis hat es nicht auslöschen können.«

Ich stöhnte, denn ich verstand kein Wort. In der Hoffnung, vielleicht ein bißchen mehr zu verstehen, wenn ich ein paar Kapitel im Zusammenhang las, fuhr ich fort. Am Ende des dritten Kapitels ahnte ich, daß sehr viel in Bildern und Parabeln gesprochen wurde. Ich bat Gott um ein paar Lichtblicke, kaute die ersten drei Kapitel immer wieder durch, bis ein wenig Klarheit in meine Gedanken kam, so daß ich sie aufschreiben konnte.

»Das Wort muß Licht, Tat, Leben, Mensch und Gott sein. Tat, weil durch sie zum Beispiel die Welt erschaffen wurde. Licht, weil es uns aus einem finsteren Leben in ein neues führen kann. Es ist Leben, weil ohne das Wort niemand ewiges Leben haben kann. Es ist Gott, weil es von ihm aus kommt und zu ihm gehört. Es ist Mensch, weil Jesus als Mensch zu uns kam.«

Irgendwie konnte ich nicht glauben, was ich gerade aufgeschrieben hatte. Ich fragte mich allen Ernstes, in was für eine Welt ich wohl vorstoßen würde.

Die Einheit von Vater, Sohn und Geist war für mich schwer zu begreifen. Es war nicht einfach, sie nicht als drei Unabhängige voneinander zu betrachten. Ein wenig half mir dabei, daß ich Jesus nicht nur als einen Nebenbuhler Gottes ansah. In meinem Unterbewußtsein verbarg sich nämlich die heimliche Angst, daß Jesus den Menschen Gott streitig machen wollte. Durch das Erkennen der Dreieinigkeit wurde ich gelassener.

Ich las weiter. Las vom Geist der Wahrheit und vom Neugeboren-Werden. »Das werde ich nie verstehen«, dachte ich entmutigt.

Die Tür ging auf, und eine junge Frau trat ein. »Hallo! Ich bin Lora. Habe gehört, daß du für eine Zeit unser Gast bist. Gefällt es dir bei uns?«

»Wird sich noch herausstellen. Bin ja erst ein paar Stunden hier«, gab ich ihr zur Antwort.

Verwirrt schaute sie mich an, und ich grinste nur. »Sag mal, hast du den Geist der Wahrheit?« fragte ich.

»Ja, natürlich«, sagte sie.

»Und wie hast du den bekommen?« fragte ich neugierig.

»Durch die Taufe im Heiligen Geist.«

»Hm! Kann ich den auch bekommen?«

»Glaubst du denn an Jesus?«

»Nun ja. Ich weiß noch nicht viel von ihm. Die Bibel ist ein dickes Buch, und ich denke, daß ich noch ein Jahr brauche, um mir ein Bild machen zu können.«

»Um sich zu bekehren, braucht man nicht die ganze Bibel zu lesen. Du mußt nur glauben. Bekenne deine Sünden, damit die vergeben werden und Jesus dein Leben in die Hand nehmen kann.«

»Tut mir leid! Aber ich kaufe keine Katze im Sack! Ich bin es gewohnt, jemanden erst gründlich zu studieren, bevor ich etwas von mir gebe.«

»Aber Jesus weiß doch schon alles von dir.«

»Na, dann brauche ich ihm ja nichts mehr zu sagen.«

»Willst du deine Sünden denn nicht loswerden?« fragte sie.

»Was der Mensch getan hat, hat er getan. Jeder muß selbst mit seiner Schuld fertig werden«, sagte ich und hörte ein wenig Bitterkeit in meiner Stimme.

»Aber Jesus ist der einzige, der uns von der Schuld befreien kann.«

»Er kann vielleicht vergeben, aber die Schuld kann er niemandem nehmen«, widersprach ich.

»Was bedeutet denn Vergebung für dich?« fragte sie.

»Wenn jemand zu mir kommt und sich entschuldigt, dann ist die Sache für mich erledigt. Eigentlich muß ich nur sehen, daß er ehrlich bereut, und damit ist der Käse dann gegessen.«

»Aber hast du ihm damit nicht gleichzeitig die Schuld genommen? Er kam ja schließlich, um sie bei dir loszuwerden«, half sie mir auf die Sprünge.

Ich überlegte einen Moment und stimmte fröhlich zu. »Es gibt also doch einen Container für unseren Müll. Aber daß er Jesus heißt, hätte ich nicht gedacht«, sagte ich begeistert.

»Container«, wiederholte Lora entsetzt.

»Schon gut! Wollte damit nur sagen, daß du recht hast.«

»Auf was wartest du dann noch?!« drängte sie.

»Was meinst du?«

»Beichte ihm deine Sünden«, forderte sie mich auf.

»Zuerst möchte ich wissen, ob der Gott der Bibel der gleiche ist, den ich mein ganzes Leben gesucht habe. Ich kenne ihn noch nicht, und somit vertraue ich ihm auch nicht«, sagte ich.

»Du kannst Gott getrost vertrauen«, sagte sie.

»Wenn das stimmt, dann werde ich das selbst herausfinden.« Ich bemerkte ihre Anspannung und spürte den Druck, den sie auf mich ausüben wollte.

»Willst du deine Sünden denn ewig behalten?«

»Wenn man zu Jesus hingeprügelt werden muß, dann behalte ich sie lieber«, sagte ich genervt.

Erschrocken schaute sie mich an und fragte: »Was willst du eigentlich?«

»Sex and Drugs and Rock'n'Roll! That's all I want«, sagte ich und schnippste dabei mit den Fingern.

Sie schnappte nach Luft und schaute mich böse an. Das sah so komisch aus, daß ich lauthals loslachte. Wütend ging sie aus dem Zimmer und knallte die Tür hinter sich zu.

Ein paar Minuten später stand ich auf und ging hinunter, um

ein paar andere Leute kennenzulernen, die mir vielleicht noch einige Fragen beantworten konnten. Im Eßzimmer saß ein Mann, der gelangweilt mit der Tischdecke spielte. Ich schätzte ihn so um die Dreißig und setzte mich zu ihm.

»Wo ist Jesus jetzt?« fragte ich ihn.

»Er ist bei Gott«, sagte er und lächelte mich an.

»Und was haben wir davon?«

»Bevor Jesus zu seinem Vater zurückging, gab er den Jüngern seinen Heiligen Geist. Durch ihn können wir eine persönliche Beziehung zu Gott aufbauen«, antwortete er.

»Was gibt dir der Geist, und was macht er aus dir?« bohrte ich weiter.

»Der Heilige Geist führt mich in die Wahrheit und bringt mich dadurch näher zu Gott. Er weckt in mir außerdem den Wunsch, so wie Jesus zu werden«, sagte er überzeugt.

»Ich will aber nicht wie Jesus werden«, sagte ich.

»Aber das Ziel des Glaubens ist, daß wir Jesus so ähnlich wie möglich werden«, sagte er mit allem Nachdruck.

»Und was mache ich mit meiner Persönlichkeit?« fragte ich erschrocken.

»Die ist nichts wert! Wir müssen versuchen, sie abzulegen und die von Jesus aufzunehmen.«

»So ein Schmarrn! Das ist ja der reinste Abklatsch! Meine Persönlichkeit soll nichts wert sein? Wer hat sie mir denn gegeben? Ich bin ich, und mein Ich wird nach meiner persönlichen Veranlagung handeln und niemanden imitieren – auch nicht Jesus!«

Er schaute mich zutiefst beleidigt an, und ich konnte nicht verstehen, warum er nach meiner Ansicht so blöd reagierte. »Ist diese Reaktion von dir, oder zeigst du damit ein Stück von der Persönlichkeit Jesu? Wenn Jesus auch so mimosenhaft reagiert, nur weil man sagt, was man denkt, dann zum Kuckuck mit so einer Persönlichkeit«, sagte ich ärgerlich.

Er sagte nun gar nichts mehr, und ich ging wieder aufs Zimmer, um weiterzulesen.

Als ich von den Heilungen las, geriet ich ein wenig ins Träumen. »Wie schön wäre es doch, wieder richtig gesund zu werden«, dachte ich wehmütig. Ich mußte mir einen Ruck geben, um meine Gedanken wieder in die Realität zu lenken, und las weiter. Die folgenden Verse im achten Kapitel gaben mir Mut und eine andere Sicht: »Ich bin das Licht der Welt. Wer mir nachfolgt, der hat das Licht, das zum Leben führt, und wird nicht mehr im Dunkeln tappen.« Ich fand diese Worte so schön, daß ich nicht umhin konnte, meine Gedanken darüber aufzuschreiben.

»Nachfolger braucht er also und keine Nachahmer. Das ist für mich das Wichtigste, um das es sich im nächsten Augenblick handelt. Nur darin habe ich meine ganze Kraft zu legen, und nur so könnte ich Jesus in meine Seele aufnehmen. Was ist jetzt zu tun?, und nicht: Was hätte Jesus getan? Nach meinem Gewissen handeln und nicht nach seiner persönlichen Art und Weise. Meine Fähigkeiten mit seiner Hilfe entfalten und nicht seine versuchen nachzuahmen. Das gleiche Ziel haben, aber nicht das gleiche Tempo.

Jesus hatte seine Berufung, und ich werde meine haben. So, wie Jesus mit den Menschen sprach, wie er mit ihnen umging und sich ihrer angenommen hat, so könnte ich nicht mit meinen Mitmenschen verfahren, denn meine Umgangsform ist halt eine ganz andere. Sollte ich mich jemals für Jesus entscheiden, dann werde ich die Nachfolge ausschließlich nach seiner innersten Gesinnung antreten.«

Ich hatte kaum noch Zweifel an der Tatsache, daß ich Jesus brauchte, um wahres Leben auch leben zu können. Aber für eine Entscheidung war es noch viel zu früh, denn die Kluft zwischen Glauben und Verstand war noch zu groß und mein Mißtrauen gegen das, was ich glaubte, noch viel zu stark. Einen Fehltritt, der mein ganzes Leben ins Verderben bringen könnte, wollte ich mir auf keinen Fall leisten. Denn hier ging es für mich um alles, um mein Leben.

Ich las weiter. Las vom guten Hirten, der bereit war, für seine Schafe zu sterben. Las, daß die Schafe seine Stimme kennen, und freute mich, daß niemand sie aus seiner Hand reißen konnte. Doch plötzlich stieg Angst in mir auf. Etwas sagte in mir: »Vorsicht! Laß dich nicht von deinen Gefühlen aufs Glatteis führen! Du hättest nur gerne, daß es so ist. Schmeiß dein Leben nicht weg! Denn das tust du, wenn du derartigem Schrott Glauben schenkst. Genieße deine Jahre und vergeude sie nicht mit diesem Quatsch. Jesus hat es nie gegeben. Er ist eine Erfindung, weil die Menschen etwas brauchen, woran sie glauben können.«

»Was war das denn?« fragte ich mich zu Tode erschrocken. Langsam fiel mir auf, daß mich angsterfüllte Gedanken um so mehr quälten, je mehr ich mich mit Gott beschäftigte. Sie schienen aus dem Nichts zu kommen und waren mir fremd, denn es waren nicht meine eigenen Gedanken.

»Wer bist du?« fragte ich laut.

Stille.

Ich wußte, daß es Gott nicht sein konnte.

»Wenn du zu feige bist, dich vorzustellen, dann halt gefälligst deine Schnauze! Aber du kannst mir noch eine Frage beantworten, bevor du für immer dein Maul hältst: Warum brauchen wir denn etwas, woran wir glauben können? Weil das Leben so wunderbar ist? Nun? Hast du eine Antwort darauf, du Klugscheißer?« Es blieb still, und mit der Stille wich die Angst.

»Weiterlesen!« ermahnte ich mich. So fuhr ich fort, und langsam wurde mir verständlich, warum die Menschen nicht mehr in der Lage waren zu lieben. Ich schrieb: »Mir ist ein bißchen wohler, seitdem ich weiß, daß Gott alle Menschen liebt – also auch mich. Vielleicht war diese Unwissenheit der Grund für meine seelische Unruhe. Ich konnte auch dann keinen Frieden finden, wenn ich mich von Menschen geliebt wußte. Vermutlich schien mir deshalb alles ungenügend, weil eine Liebe ohne Gott für mich ohne Bestand war. Nun wundere ich mich auch nicht mehr, daß ich immer vor der Liebe Reißaus genommen habe. Nachtigall, ick hör' dir tapsen.«

Ich sah ein wenig klarer, aber meine Gefühle waren gemischt. Die Wahrheit konnte noch nicht in jede Faser meines Körpers durchdringen, und es machte mich richtig nervös, daß ich nicht aus meiner Haut konnte. »Vater, mein Gott! Ich glaube an Deinen Sohn, traue ihm aber im selben Atemzug nicht über den Weg. Einerseits möchte ich ihm nachfolgen, andererseits würde ich genauso gern davonlaufen. Ich möchte Dein Licht, aber weigere mich, die Sicherung reinzudrehen. Ich will leben und gehe den Weg des Todes. Ich sehne mich nach Freiheit und lege mich selbst in Ketten. Hol mich raus aus diesem Teufelskreis!«

Die Geschichte mit der Ehebrecherin lenkte mich unweigerlich zu Gudni. »Das Schlimmste für einen Menschen ist, wenn er die Achtung vor sich selbst verliert«, sagte sie einmal. »Ich könnte jedesmal kotzen, wenn ich mich im Spiegel sehe. Damals verkaufte ich mich aus Not, und heute erkenne ich, daß ich mich dabei für immer verkauft habe. Die Not kann jede menschliche Würde zerfressen. Deshalb komm zu mir, wenn du Geld brauchst, Renate. Verkaufe dich niemals; sei es aus Not oder aus Lust. Verstehst du? Ohne Liebe wird die Lust zur Qual, und die Qual der Seele ist ein Vorgeschmack des Todes.«

»Mach dir keine Sorgen«, antwortete ich damals. »Ich werde mich nie verkaufen, und Sex ohne Liebe hat es bei mir nie gegeben. Dieser Gedanke ist mir so fremd wie kaum ein anderer.«

»Aber warum bist du denn damals von deinem Freund weggerannt?« fragte sie.

»Weil meine Seele so unerfüllt dabei geblieben ist und ich etwas suchte, was ich bei ihm nicht finden konnte.«

»Was hast du denn gesucht?«

»Damals wußte ich es selbst nicht genau. Heute denke ich, daß ich Befreiung suchte. Meine Sehnsucht kann auch durch einen geliebten Menschen nicht gestillt werden. Bevor ich einen Mann von Herzen lieben kann, muß das erst passiert sein.«

Es fiel mir wie Schuppen von den Augen, als ich mich an dieses Gespräch erinnerte. Die Befreiung, wie ich sie damals nannte, war Gott! Ihn suchte ich also! Wie ein Blitz fuhr ich auf und wollte Gudni sehen. Kaum hatte ich das Haus verlassen, begegnete mir Karen. »Wo willst du hin? Es ist Zeit fürs Abendbrot«, sagte sie.

»Ich hab' keinen Hunger und will meine Freundin sehen«, sagte ich nur.

»Wo wohnt denn deine Freundin? Ich wußte gar nicht, daß du hier Freunde hast.«

»Sie wohnt im Rotlicht-Bezirk. Du, ich muß mich beeilen, sie fängt bald an zu arbeiten«, sagte ich hastig.

»Was arbeitet sie denn da?« bohrte sie weiter.

»Das darf doch nicht wahr sein! Bist du so dumm, oder willst du mich auf den Arm nehmen? Was macht eine Frau wohl im Rotlicht-Bezirk? Wahrscheinlich die Frohe Botschaft verkünden und Hamburger verschenken«, sagte ich spöttisch.

»Warte noch einen Moment! Ich will mit dir reden«, bat sie.

»Aber ich habe jetzt keine Zeit«, sagte ich genervt.

»Bitte! Es dauert höchsten fünf Minuten«, bettelte sie.

»Gut, gut! Was ist los?«

»Ich will dich nicht kränken, aber du solltest nicht so einen Umgang haben. Wer sich in Gefahr begibt, kommt darin um. Du begibst dich in Gefahr, wenn du mit solchen Leuten verkehrst«, sagte sie ernst.

Ich hätte mir eigentlich denken können, daß es um Gudni ging, aber leider hatte ich nicht gedacht. Nun ärgerte ich mich maßlos, daß ich mich auf ein Gespräch eingelassen hatte.

»Bekommt ihr in eurer Teestube nicht auch manchmal Besuch von ›solchen Frauen‹?« fragte ich.

»Ja, natürlich.«

»Und haben sich von ihnen welche bekehrt?«

»Bist jetzt noch nicht«, sagte sie.

»Das kann ich mir denken, denn sie spüren, daß ihr sie für den Abschaum haltet. Ihr kümmert euch nur um sie, damit ihr eurer leidigen Pflicht, das Evangelium zu verkünden, auch Folge leistet. Ihr liebt diese Leute nicht, und das spüren sie. Ich würde für diese Frau Kopf und Kragen riskieren. Ach! Was rede ich überhaupt! Du verstehst das ja doch nicht! Geh man lieber zu deinem Jesus und bete für die armen Sünder. Das ist ja auch viel bequemer, als sich persönlich um sie zu kümmern«, sagte ich wütend und ließ sie einfach stehen.

Auf dem Weg zu Gudni dachte ich: »O Gott! Wenn ich nicht der Meinung wäre, daß du für deine bescheuerten Fans nichts kannst, ich würde nichts mehr mit dir zu tun haben wollen. Dir stehn bestimmt manchmal die Haare zu Berge, falls sie dir nicht schon längst ausgefallen sind.«

Ich mußte lachen, denn ich stellte mir Gott auf einem Schemel sitzend, den Kopf in seine Hände gestützt und Haare raufend vor. Mit Humor läßt sich eben alles leichter ertragen.

Vor Gudnis Absteige schaute ich mich noch einmal um, bevor ich mich am Abflußrohr der Hauswand zu ihrem Balkon hoch-hangelte. Leise klopfte ich an die Glastür, und Gudni öffnete.

»Hallo, du Rumtreiber! Hat dich jemand gesehen?«

Ich schüttelte den Kopf.

»Schön, daß du mich mal wieder besuchst. Wer war denn der junge Mann, der dich das letzte Mal begleitete?«

»Er heißt Brian und brachte mich ins Shelter.«

»Es gefiel ihm nicht, daß du mit mir geredet hast, nicht wahr?«

»Mach dir nichts draus. Ich lass' mir nicht vorschreiben, mit wem ich zu reden habe und mit wem nicht.«

Für ein paar Minuten saßen wir nur schweigend da. Es war ei-ne merkwürdige Stimmung, und ich fragte: »Na, hast du Lust mitzukommen? Fang noch mal von vorne an.«

Gudni fing an zu weinen. Sie schluchzte wie ein kleines Kind, und ich war hilflos. In solchen Augenblicken verfluchte ich mich selbst, denn so gern ich trösten wollte, so wenig war ich dazu in der Lage. Ich konnte keinen Menschen weinen sehen; dann war ich wie gelähmt.

Es dauerte eine Ewigkeit, bis sich Gudni wieder beruhigt hatte und sagte: »Ich kann nicht mitkommen. Mein Zuhälter würde mich totschlagen.« In ihrer Stimme lag panische Angst.

»Wie bitte?! Das wollen wir doch mal sehen! Kein Mensch kann dich zwingen hierzubleiben. Und schließlich gibt es ja noch Polizei«, sagte ich wütend.

»Renate, hier herrschen andere Gesetze. Du glaubst doch nicht wirklich, daß jede Nutte kommen und gehen kann, wann sie will. Noch bevor wir die Grenze erreichen, haben die uns kurz und kleingeschlagen.«

Ich schluckte, denn mit derartigen Machenschaften hatte ich nicht gerechnet. »Wohl ist mir bei dem Gedanken auch nicht«, sagte ich. »Aber wir werden es überleben. Ich habe mir schon öf-ters die Knochen gebrochen, nicht nur durch meine Anfälle. Manchmal wurde ich auf meinen Reisen so verprügelt, daß mir Hören und Sehen verging. Gudni! Es geht um deine Freiheit! Das kostet manchmal etwas.«

»Ich weiß, aber das hilft mir nicht im geringsten. Erinnerst du dich noch daran, als du dir damals den Kiefer gebrochen hast? Du schlugst so brutal auf, daß ich dachte, deine letzte Stunde hätte geschlagen. Aber du warst hinterher nur wütend, daß du ein paar Wochen Haschiertes essen mußtest. Weißt du noch, wie du den Kartoffelbrei aus dem Fenster geschmissen hast? Es war zum Totlachen! Dein Humor ist in solchen Situationen eine Mischung aus Verzweiflung und Wut. Aber ich kann nicht so empfinden wie du. Du bist Verletzungen mehr oder weniger gewohnt, doch ich habe panische Angst vor Schmerzen. Renate, ich kann einfach nicht. Ich bleibe hier.«

Die Traurigkeit erdrückte mich fast. Ich konnte das alles nicht verstehen, denn ich wäre lieber gestorben, als mein Leben lang die Beine für wildfremde Männer breitzumachen.

Sie schaute mich an: »Du weinst so oft ohne Tränen.«

»Und hätte ich Tränen, sie würden nichts verändern.«

»Das ist nicht wahr! Der Mensch muß weinen, um leben zu können. Tränen geben der Seele neue Kraft. Deine Tränen dürfen nicht in dir bleiben.«

Ich zog die Augenbrauen hoch und sagte: »Auf was für 'nem Trip bist du jetzt?«

»Gut! Du willst es nicht anders. Ich wollte es erst auf die sanfte Tour versuchen, aber so was zieht bei dir anscheinend nicht. Ich glaube, daß ich dich kenne, wie dich keiner kennt. Du bist ein Mensch, der keine Tränen zeigen kann, aber ich kenne niemand, der so sensibel ist wie du. Du nimmst keine Hilfe an, glaubst niemals, daß dich jemand versteht. Man könnte glauben, du zweifelst an der Liebe, die dir andere entgegenbringen. Wer dich nicht kennt, meint, den oberflächlichsten und coolsten Menschen vor sich zu haben. Du lachst, wenn dir hundeelend ist. Du . . .«

»Hör auf mit dem Quatsch. Das ist ja nicht zum Aushalten«, unterbrach ich sie barsch.

»Wenn du nicht gleich deine Klappe hältst, dann donner ich dir eine!« drohte sie. »Es wird Zeit, daß du endlich die Angst vor den Menschen verlierst, die dich lieben. Merkst du denn nicht, daß das immer schlimmer wird? Leuten, die dir das Messer unter die Kehle halten, schaust du frech in die Augen. Aber Menschen, die dich mögen, schaust du höchstens mal ins Gesicht. Was ist das nur? Warum kannst du keine Zuneigung ertragen? Man kommt einfach nicht an dich ran. Wenn ich dich nicht kennen würde, dann könnte ich glauben, daß dich nichts berührt. Aber das muß doch nicht so sein. Kehre dein Innerstes doch mal nach außen! Zeige doch nur einmal, wer du wirklich bist!«

»Du tickst ja wohl nicht richtig. Ich lass' doch nicht auf mir herumtrampeln, und außerdem habe ich doch hin und wieder Hilfe von dir angenommen«, protestierte ich.

»Ja. Geld ist das einzige, was ich dir bis jetzt zustecken durfte. Und das auch nur deshalb, weil du weißt, daß man das zurückzahlen kann. Geschenkt nimmst du nichts! Und was das Herumtrampeln betrifft, bist du nicht so dumm, daß du dich mit Leuten einläßt, die das mit dir vorhaben. Du hast eine gute Menschenkenntnis, und ich frage mich, warum du die nicht ausnutzt? Du schenkst niemandem dein Vertrauen, obwohl man es dir gegenüber tut. Der Mensch, der dir eingeredet hat, daß du nicht lieben kannst, lügt, und er dürfte mir nicht unter die Augen kommen. Du . . .«

»Nun hör endlich auf! Es reicht!« schimpfte ich.

Gudni schwieg und schaute traurig ins Leere.

Ich bereute meine Unbeherrschtheit. »Du hast ja recht. Ich traue mir auf diesem Gebiet eben nichts zu. Irgendwie beherrscht mich da eine Angst, über die ich nicht Herr werden kann. Trotzdem denke ich, daß ich noch nicht verloren bin.«

Endlich lächelte sie wieder und sagte: »Genau so ist es! Gib die Hoffnung nur nicht auf.«

Nach diesem Gespräch klönten wir noch über dies und jenes, bis sie sagte: »Du mußt jetzt gehen, Renate. Ich muß mich noch fertigmachen.«

Der Ekel stieg in mir hoch. Der Gedanke, daß sie gleich wieder anschaffen gehen würde, machte mich fertig. Ich stand auf und sagte: »Na, dann bis zum nächsten Mal. Alles Gute!«

»Paß auf dich auf«, sagte sie, abermals weinend.

»Weine nicht«, bat ich sie und spürte den Kloß in meinem Hals.

»Es ist schon gut. Geh endlich«, sagte sie.

»Ich komme wieder«, sagte ich, und ohne sie noch mal anzuschauen, ging ich zum Balkon und kletterte hinunter.

Während ich durch die Straßen bummelte, fühlte ich mich schrecklich mies. Meine Hilflosigkeit fand ich schlimm, aber was konnte ich schon tun? Irgendwann ging ich zurück zur Teestube, holte mir einen Kaffee und setzte mich an einen Tisch. Karen kam zu mir und sagte: »Renate, es tut mir leid. Ich hatte kein Recht, so zu reden.«

»Ist schon gut«, sagte ich.

»Diana hat mir erzählt, daß du fleißig in der Bibel gelesen hast. Was denkst du nun?«

»Ich denke, daß Jesus Gottes Sohn ist, und glaube, daß ich durch ihn ewiges Leben bekommen kann.«

»Schön! Dann kannst du ihm ja dein Leben geben.«

»Nein. Noch nicht«, sagte ich.

»Warum nicht?«

»Weil ich noch mehr wissen will. Ich bin erst beim zwölften Kapitel; zu früh für eine Entscheidung.«

»Was du weißt, ist längst genug«, sagte sie.

»Woher willst du wissen, was für mich ausreicht?«

»Weil der Glaube für jeden Menschen genug ist. Renate, Gott wartet nicht ewig auf dich. Du könntest es bereuen, wenn du deine Entscheidung zu lange hinauszögerst«, ermahnte sie mich eindringlich.

Mir platzte die Hutschnur. Ich konnte ihr dummes Gequatsche einfach nicht mehr ertragen und sagte: »Wie bitte!? Gott wartet nicht ewig auf mich? Ich war es, die eine Ewigkeit nach ihm gesucht hat. Jahre habe ich nach ihm gefragt, und jetzt werde ich diejenige sein, die sich Zeit läßt.«

»Aber jetzt hast du ihn gefunden. Was hindert dich noch daran, ihm deine Sünden zu geben?« bohrte sie weiter.

»Was mich noch daran hindert? Kann ich dir sagen: Dein Verhalten! Ich frage mich, ob du eine Prämie von Gott bekommst, für jeden armen Sünder, den du zu ihm hingeprügelt hast?«

Das saß. Zu Tode beleidigt stand sie auf und ging. Ungerührt schlürfte ich meinen Kaffee, und schon im nächsten Augenblick war ich mit meinen Gedanken wieder bei Gott. »Wenn du keine Geduld mit mir hast, wer denn?« telegrafierte ich nach oben.

Die Aufregung des Tages machte sich durch Erschöpfung bemerkbar. Ich ging aufs Zimmer und schlug noch mal die Bibel auf. »Ihr sollt einander genauso lieben, wie ich euch geliebt habe.« Diesen Vers las ich mehrmals und schrieb: »Ich kann nicht lieben.«

Am darauffolgenden Tag packte ich meine Sachen und verließ Amsterdam. Ich glaubte, daß das Lieben ein unerreichbares Ziel für mich sei, und versuchte alles zu vergessen, was ich die letzten Tage über Gott gehört hatte.

Freiheit

Eigentlich wollte ich gleich weiter nach England, als ich Amsterdam verließ. Aber kaum war ich außerhalb der Stadt, schlug ich den Weg nach Deutschland ein. Mir war, als brauchte ich ein wenig Erholung, müßte Einkehr halten, um das Erlebte zu verarbeiten. Gott nahm mich regelrecht gefangen und stellte mein Seelenleben total auf den Kopf. Es gab kaum noch Momente, in denen ich nicht an ihn denken mußte.

Mein Briefkasten war gerammelt voll, und als ich die Tür zu meiner Bude aufschloß, hielt ich den Atem an und riß schnell das Fenster auf. Danach schaute ich die Post durch, die von Behördenbriefen nur so wimmelte. Das Gesundheitsamt bat um einen Besuch, um zu überprüfen, ob ich noch erwerbsunfähig war. Ich mußte lachen, denn für einen Epileptiker ist das Jacke wie Hose, ich würde sowieso keine Stelle kriegen. Das Wohnungsamt teilte mir mit, daß mein Bewilligungsantrag demnächst ablief, und bat um eine erneute Antragsstellung. Und dann noch das Sozialamt! Meine Bezüge zum Lebensunterhalt wurden um zehn Mark gekürzt. Ja keine Mark zuviel überweisen! Ich war bedient; mit Grauen dachte ich daran, daß ich auch noch zum Arzt mußte.

Meine Gedanken kreisten um »die Neue«. Seit ein paar Monaten war ich zu einer Neurologin übergewechselt. Das erste Mal war ich nun bei einer Frau in Behandlung und hatte nicht die leiseste Ahnung, was ich von ihr halten sollte. Vertrauen hatte ich längst nicht mehr, denn meine schlechten Erfahrungen mit Ärzten waren zu gravierend. Trotz allem kam ich an der Tatsache nicht vorbei, daß ich auf Dauer einen Arzt brauchte, dem ich vertrauen und auf den ich mich auch verlassen konnte. Aber allein der Gedanke, daß ich lebenslang von diesen Leuten abhängig sein könnte, erzeugte in mir Brechreiz. Sie hatten die irrige Vorstellung, meinen Körper und meine Seele besser zu kennen als ich, und das führte oft zu einem handfesten Krach.

Seitdem ich unter Anfällen litt, führte ich Buch, um anfallsfördernde Situationen vermeiden zu können. Mit der Zeit wußte keiner besser als ich, was bei mir anfallsfördernd wirkte und was nicht. Körperliche Anstrengung, psychischer Streß und sportliche Betätigung hatten nicht den geringsten negativen Einfluß. Hielt ich mich in Deutschland auf, so war meine einzige Sorge, daß ich genügend Antiepileptika für meine Reisen zusammenkriegte. Ich ging dann von Arzt zu Arzt und ließ mir ein Rezept ausstellen. Natürlich konnte das auf die Dauer nicht so weitergehen, und manchmal hoffte ich sogar, daß das alles mal ein Ende haben würde. Mit »der Neuen« startete ich den letzten Versuch, der nebenbei erwähnt heute bereits zehn Jahre anhält.

Es wurde Abend, und ich packte meinen Rucksack aus. Als mir das Neue Testament in die Hände kam, legte ich es schnell beiseite. Ich wollte einen gemütlichen Abend verbringen, ohne über Gott nachdenken zu müssen. Doch das war ein Ding der Unmöglichkeit. Ich kam nicht eher zur Ruhe, bis ich das Testament wieder in den Händen hatte. Ziellos blätterte ich herum, las mal diesen und mal jenen Vers und stöhnte. Doch dann las ich einige Worte, an denen ich nicht vorbeigehen konnte. »Der Weg bin ich und das Ziel bin ich auch, denn in mir habt ihr die Wahrheit und das Leben. Wenn ihr mich kennt, werdet ihr auch meinen Vater kennen.«

Ich zog die Augenbrauen hoch, denn ich hielt seine Behauptung schlichtweg für tollkühn. Wer war Jesus denn nun wirklich? War er Gott, war er Gottes Sohn oder war er gar beides? Durch seine Aussage machte er sich nach meiner Meinung Gott gleich, und das schmeckte mir überhaupt nicht. Ich war verwirrt, rannte in meiner Bude auf und ab und zerbrach mir den Kopf. Die Frage, ob man durch Jesus tatsächlich den Vater kennenlernen konnte, schien unbeantwortbar zu sein. Dennoch ließ ich nicht locker, bis ich glaubte, eine halbwegs vernünftige Antwort zu haben. Ich schrieb:

»Der Mann hat recht! Man braucht sich nur umzuschauen und wird feststellen, daß zwischen Eltern und Kindern fast immer Gemeinsamkeiten zu entdecken sind. In Fällen, bei denen keinerlei Ähnlichkeiten zu finden sind, lehnen die Kinder ihre Eltern oft ab. Die Kinder jedoch, die ihre Eltern voll und ganz annehmen, haben automatisch ebensoviel von ihren Wesen übernommen. Bei Jesus war das nicht anders, nur mit dem Unterschied, daß er Gottes Wesen vollständig in sich hatte. Er war praktisch die menschliche Verkörperung seines Vaters. Jesus kannte den Willen seines Vaters wie kein anderer, weil er ihn mit all seinen Kräften liebte. So konnte Gott in Jesus leben wie in keinem anderen Menschen, und nur aus diesem Grunde konnte Jesus sagen: ›Wer mich kennt, kennt auch meinen Vater.‹ Sie waren eins miteinander.«

Mit Spannung las ich weiter: »Jeder, der sich auf mich verläßt, wird auch die Taten vollbringen, die ich tue. Ja, seine Taten werden meine noch übertreffen, denn ich gehe zum Vater. Dann werde ich alles tun, worum ihr bittet, wenn ihr euch dabei auf mich beruft. So wird durch den Sohn die Herrlichkeit des Vaters sichtbar werden. Wenn ihr euch auf mich beruft, werde ich euch jede Bitte erfüllen.«

Ich stöhnte. Wie konnte man sich auf jemanden berufen, den man nie gesehen hatte? Ich schaute nach oben und sagte: »Hey! Was soll ich machen? Ich berufe mich jetzt auf Dein Versprechen. Nun sieh aber auch zu, daß ich dich kennenlerne. Schließlich will ich deinen Vater kennenlernen.«

Als ich die folgenden Sätze las, erschrak ich doch sehr: »Ich werde den Vater bitten, daß er euch einen Stellvertreter für mich gibt, den Geist der Wahrheit, der für immer bei euch bleibt.«

Mein ganzes Leben suchte ich nach der Wahrheit, aber nun

mußte ich entsetzt feststellen, daß ich sie gar nicht mehr wollte. Mit einem Mal jagte mir die Wahrheit Angst ein. Ich spürte deutlich, daß ich die letzte Zeit nur noch Abneigung ihr gegenüber empfand. Ja, ich hatte restlos genug von ihr.

»Ich finde die Wahrheit zum Kotzen«, schrieb ich. »Denn sie ist das Gemeinste, was ich bisher kennengelernt habe. Menschen, die anderen schonungslos die Wahrheit sagen, verabscheue ich aus tiefster Seele. Mit der Wahrheit kann man einen im wahrsten Sinne des Wortes erschlagen. Sie kann nicht nur kränken, sondern auch derart lähmen, daß man unfähig wird, sich zu ändern. Ich glaube längst nicht mehr, daß man sich bessert, wenn man die Wahrheit über sich weiß. Wahrheit ohne Mitgefühl, ohne ein kleines bißchen Liebe, ist für mich tausendmal schlimmer als eine gutgemeinte Lüge.«

Stumm und regungslos starrte ich vor mich hin. Einen Gott der Wahrheit wollte ich nicht. Ich machte mal wieder dicht und glotzte nur gegen die Decke, ich wollte mit dem ganzen Schrott nichts mehr zu tun haben. Mehr als eine Stunde verweilte ich in diesem Zustand, bis ein Gedanke mir sagte: »Die Wahrheit, die du kennst, ist eine Lüge. Es gibt nur eine Wahrheit, und das ist die Liebe.«

»Ja, natürlich!« schoß es mir durch den Kopf. »Gott ist Liebe, und die Liebe kann nur aus dem Geist der Liebe leben. Wahrheit ohne Liebe kann es gar nicht geben! Wahrheit ohne Liebe ist Lüge! Alles, was der Mensch ohne Liebe tut, wirkt mehr zerstörend, als es aufbaut.«

Ich atmete tief durch und nahm mir vor, demnächst nicht mehr so schnell das Handtuch zu werfen. So konnte ich dann auch das Johannesevangelium zu Ende lesen und freute mich riesig, als ich von der Auferstehung las.

»Seine Auferstehung ist für mich das Entscheidenste vom ganzen Evangelium. So beeindruckend sein Leben für mich auch war, Jesus hätte mir in keinster Weise etwas vermitteln können, wenn er nicht auferstanden wäre. Durch Jesus kann ich einen Teil meiner Krankheit verstehen. Langsam begreife ich, warum ich Schmerz und Leid relativ besser ertragen kann als viele andere Menschen, denen ich im Leiden begegnet bin.

Das Geheimnis des Leidens liegt in der Seele, und Jesus machte mir deutlich, daß ich meine Krankheit unbewußt als gegebenes Schicksal angenommen hatte. Dadurch habe ich ganz automatisch auch die negativen Begleiterscheinungen akzeptieren können. Gelegentliches Auflehnen gegen meinen Zustand oder die Wut auf die Gesellschaft, die mich diskriminierte, flaute immer schnell wieder ab. Bitterkeit entsteht nur bei den Kranken, die sich ihrem Schicksal nicht fügen können, was gleichbedeutend mit dem Haß auf sich selbst ist. Kränkungen von anderen Menschen können nur dann auf Dauer schmerzen, wenn man sich und seinen Zustand auf den Tod nicht ausstehen kann. Sobald man aber in der Lage ist, sich zu mögen, verfliegt der Kummer schnell, und man kann wieder aufblicken.

Jesus konnte seinen Leidensweg nur deshalb gehen, weil er den Willen seines Vaters zu seinem eigenen machte. Er gehorchte Gott wie kein anderer, aber was mich viel mehr beeindruckt, ist, daß er aus Liebe zu ihm gehorchte. Ohne die Liebe zu seinem Vater wäre sein Gehorsam nur ein widerwilliger Akt gewesen, an dem Gott sicherlich kein Gefallen gefunden hätte. Im Garten Gethsemane haderte er noch mit seinem Schicksal und bat darum, daß es nach Möglichkeit abgewendet wurde, doch trotz seiner Todesangst trat Friede ein, denn der Wille seines Vaters war ihm in Fleisch und Blut übergegangen.

Jesus war auch nur ein Mensch, der die Liebe seines Vaters brauchte, um sein Schicksal ertragen zu können. Ohne die Liebe Gottes hätte letztendlich ein Mann voller Bitterkeit am Kreuz gehangen und nicht ein Mensch, der noch in Liebe für seine Feinde betete.

Nun erkenne ich, daß Gott mich beschenkt hat, ohne daß ich es bemerkte und sogar ohne ihn zu kennen. Wie konnte ich sonst meine Krankheit ganz unbewußt als Teil meines Lebens ansehen, wenn nicht aus der Gnade Gottes? Manchmal haderte ich auch mit meinem Schicksal, aber Gott gab mir immer wieder Kraft, damit ich es tragen konnte, ja, damit ich leben konnte. Jetzt sehe ich, daß Gott mich die ganze Zeit hindurch getragen hat, und jetzt erst kann ich glauben, daß Gott tatsächlich jeden liebt. Er liebte mich schon, bevor ich überhaupt an ihn dachte.

Gott beschenkt, wen er will und wann er will. Bei ihm spielt es keine Rolle, ob der Beschenkte ihn kennt oder nicht. Schenkt er, dann tut er das ohne Bedingungen.«

Der Wunsch, den Vater kennenzulernen, war nun nicht mehr zu bremsen. Ich sehnte mich auch nach mehr Klarheit, denn meine Gedanken waren mir noch zu wirr.

»Das Opfer, das Gott uns gebracht hat, läßt mich die Schuld mit ganz anderen Augen sehen. Für meine Schuld bin ich selbst verantwortlich, aber allein kann ich sie niemals loswerden. Schuld, die schlimmste Krankheit der Seele, muß einem genommen werden. Sonst werde ich von ihr zerfressen wie Krebs, der alle gesunden Zellen angreift und nicht eher Ruhe läßt, bis der Tod eingetreten ist. Und hätte ich nur eine Sünde, sie würde mein ganzes Seelenleben vergiften, gäbe ich sie nicht Jesus. Auch nur eine unvergebene Sünde ist eine zuviel, denn sie verwehrt mir den Zugang zu Gott. Bewußt oder unbewußt kann es kein Mensch auf die Dauer ertragen, von Gott getrennt zu sein. Es wird sich so oder so auf sein Seelenleben auswirken, und ich glaube fast, daß es auf der Welt keine Selbstmorde mehr gäbe, wenn wir alle mit Gott vereint wären.

Mein Gewissen hat mich immer vor der Sünde gewarnt. Allein mein Gewissen ist für mich schon ein Beweis für Gottes Dasein. Schuld und Sünde sind für mich weitere Beweise, denn es wäre ja schlichtweg bekloppt, die Sünde ernst zu nehmen, wenn es keinen Gott gäbe. Wie ist es überhaupt möglich zu glauben, daß Sünde der Tod und Jesus das Leben ist, wenn es nicht Gottes Worte wären? Und wäre die Reue nicht absolut lächerlich, wenn es Gott nicht gäbe? Und wie ist es ohne Gott möglich, zu hoffen und zu lieben?«

Die darauffolgenden Tage erledigte ich alle Behördengänge und war nachher heilfroh, alles hinter mir zu haben. Dann fuhr ich für ein Wochenende zu meinen Eltern. Als wir zusammen am Kaffeetisch saßen, erzählte ich ein wenig von meinen Reisen, wobei ich unangenehme Dinge für mich behielt. Wozu sollte man Sorgen noch schüren? Über Gott verlor ich kein Wort, denn dieses Thema hatte mich zu stark berührt.

Als ich wieder zu Hause war, schrieb ich Birgitta einen Brief.

Ich erzählte von Amsterdam und den Leuten, die ich in der Teestube kennengelernt hatte. Der Brief war förmlich mit Fragen ge-
spickt.

Schon einige Tage später erhielt ich überraschend Antwort.
Birgitta lud mich nach Schweden ein und erzählte mir, daß sie
bei »Jugend mit einer Mission« beschäftigt sei. Ich hatte keinerlei
Vorstellungen, was es mit diesem Betrieb auf sich hatte, und
machte mir auch weiter keine Gedanken darüber. Zu meinen
Fragen äußerte sie sich folgendermaßen: »Deine Fragen kann ich
nicht alle beantworten, denn sie sind nicht gerade leicht. Jedoch
solltest du wissen, daß es jemanden gibt, der auf alle Fragen eine
Antwort hat: Gott. Er sagte, daß jeder, der sucht, auch finden
wird, und wer an seine Tür klopft, dem wird geöffnet werden.
Auch ich habe angeklopft und dabei Gott gefunden. Er hat mir
aufgemacht, und nun weiß ich, daß er kein Versprechen bricht. In
der Bibel stehen eine Fülle von Versprechen und Zusicherungen,
doch ein Versprechen liebe ich ganz besonders: Jeder, der zu Gott
kommen will, den wird er nicht hinausstoßen.«

Ein wenig Hoffnung machte mir ihr Brief schon, aber von Ver-
sprechungen hielt ich nicht allzuviel. Doch gab ihr Brief mir wieder Mut, das Testament erneut aufzuschlagen. Ich begann mit
dem Lukasevangelium, und damit taten sich neue Welten für
mich auf. Ich war wie besessen, wenn ich las. Ich ging nicht mehr
an die Tür, beantwortete kein Telefon und vermied überhaupt jede Störung. Die Tage flogen nur so dahin, denn ich las das Evangelium ein paar Mal hintereinander. Es folgten weitere Tage, an
denen ich alles noch einmal gedanklich durchging, bis ich einiges
aufschreiben konnte.

»Die Leute, mit denen Jesus zusammentraf, waren doch recht
kaputte Typen. Sie glaubten, weil sie schwach und armselig waren. Sie wurden von der Welt enttäuscht, denn weil sie gebrech-
lich waren, krank und der Sünde zum Opfer fielen, liebte sie niemand. Aber ihr Glaube an Jesus verwandelte sie zu Frohnaturen
und machte sie stark.

Was ist der Glaube? Ich weiß es nicht. Ich spüre nur, daß er die
stärkste Überzeugung in mir ist. Ich glaube blind, und das ist
höchst merkwürdig, wo ich doch sonst voller Skrupel und Miß-

trauen gegenüber jedem Menschen bin. Ich denke, daß man den Glauben auch gar nicht begreifen kann. An Gott glauben zu können, ist eine schlicht unbegreifliche Sache. Natürlich habe ich noch so manche Zweifel, aber den Glauben an Gott und seinen Sohn können sie auch nicht mehr vertreiben. Es muß eine unendliche Gnade sein, die den Glauben in mir so schüren und aufflackern lassen kann, bis er mich eingenommen hat.

Was mich bei Jesus so außerordentlich beeindruckt, ist seine unerschütterliche Liebe zu den Menschen und zu seinem Vater. Es sieht fast so aus, als ob er nicht den geringsten Zweifel an der Liebe Gottes hatte. Ist Nächstenliebe überhaupt möglich, wenn man sich nicht geliebt weiß? Jesus ließ sich nicht blenden von dem Haß und der Ungerechtigkeit seiner Umwelt. Ich hätte sie längst alle niedergemetzelt, aber Jesus liebte unbeirrt weiter, liebte bis zum Tode und noch darüber hinaus. Wie ist das möglich? Ich denke, er konnte das nur, weil er sich von seinem Vater geliebt wußte. Den Tod an sich fürchtete er auch nicht, sondern nur die Qualen, die ihm bevorstanden. Er wußte genau, daß sein Vater ihn wieder zum Leben erwecken würde.

Das unterscheidet mich von Jesus: Ich lebe mit dem Beigeschmack des Todes, denn ich weiß mich nicht von Gott geliebt. Dieser Beigeschmack vergiftet mein Leben, weil ich damit nie sicher sein kann, ob ich jemals auferstehen werde. Ich hoffe, daß Gott mich liebt ...

Aber das ist nicht genug! Ich muß wissen, daß es wirklich so ist! Seine Liebe sollte genauso in mir sein wie in Jesus, so daß der Tod ebenfalls keine Macht über mich hat und die Angst vor dem Tod mein Leben nicht ersticken kann. Ist mein Traum von der Unsterblichkeit meiner Seele wirklich nur ein Traum? Dann bliebe meine Sehnsucht nach Gott für immer ungestillt. Alle meine Versuche, sich mit dem Tod abzufinden, sind bisher gescheitert. Und warum? Weil Gott nicht wollte, daß ich einer Lüge aufsitze.

Der Glaube an Gott als den Vater verändert nicht nur mein Leben, sondern greift auch in meinen Tod ein, denn ›Vater‹ sagen zu können, bedeutet ewiges Leben. Keinen Vater zu haben, muß den Tod bedeuten, denn wer den Vater nicht hat, der kann die Liebe nicht haben, und wer keine Liebe hat, der kann wohl kaum zur ewigen Liebe heimkehren, denn nur sie lebt ewig.

Nur in der Liebe Gottes kann ich meine Persönlichkeit entfalten. Da liegt meine Chance! Ohne Gott kann ich kein Menschenkind werden, denn auch Jesus, der Menschensohn, brauchte den Vater. Mensch sein heißt Kind sein, ein Kind Gottes sein. Ein Kind ist unschuldig und rein. Ein Kind kann man nicht verurteilen, denn es sind die Eltern, die die Verantwortung für es tragen müssen. Ein Kind kann niemals schuldig gesprochen werden. Daher muß ein Kind Gottes noch viel mehr bedeuten! Seine Schuld hat Jesus auf sich genommen, und es wird für immer und ewig vom Vater geliebt, was man von so manchem weltlichen Kind nicht sagen kann. Wenn ich nicht bereit bin, ein Kind Gottes zu werden, kann ich nicht Mensch sein. Puh! Ich kann es gar nicht fassen, was ich hier schreibe.

Das ist Freiheit, wie ich sie liebe. Jesus war die Freiheit in Person. Freiheit kann nur bedeuten, daß man sich für etwas frei macht. Freiheit richtet sich immer auf ein Ziel. Der eine macht sich frei für sein Hobby und ein anderer für seinen Urlaub. Aber hier handelt es sich wieder um eine begrenzte Freiheit. Die wahre Freiheit kann man nur in Gott finden. Solange sich der Mensch nur für die weltlichen Dinge freimachen kann, solange macht er sich auch zum Sklaven der Welt. Mache ich mich aber frei für Gott, dann kann die Welt mich nicht mehr gefangennehmen. Nur die Welt legt uns in Ketten, nur sie trennt mich von Gott. Bin ich frei, dann sprengt Gott die Ketten, und ich kann die weltlichen Dinge so benutzen, wie es mir gefällt, ohne daß ich mich von ihnen abhängig mache. Mein Gott, was will ich mehr?«

Schweden

Es war halb vier morgens, als ich aus den Federn kroch. Mein Rucksack stand schon fertig gepackt an der Wand und freute sich auf den Urlaub in Skandinavien. Ich genoß meine vorerst letzte Dusche in vollen Zügen, und danach machte ich mir ein üppiges

Frühstück. Während ich mir ein paar Eier in die Pfanne haute, den Speck und die Zwiebeln schnitt, überlegte ich, ob ich auch bei Birgitta vorbeischauen sollte, wenn ich erst mal in Schweden war. »Man wird sehen«, dachte ich unentschlossen und frühstückte erst mal. Zwischendurch schmierte ich mir noch ein paar belegte Brote, kochte die restlichen Eier ab und füllte die Thermoskanne mit Kaffee. Marschverpflegung für einen Tag.

Um fünf Uhr stand ich dann endlich auf der Autobahnauffahrt, wo eine junge Frau ebenfalls auf eine Mitfahrgelegenheit wartete. Während ich sie mir ein bißchen näher betrachtete, spürte ich Ärger in mir hochkommen. Ihre Kleidung war mehr als aufreizend: Ihr Ausschnitt ging fast bis zum Bauchnabel, und einen kürzeren Rock hatte ich vorher wirklich noch nicht gesehen. Sie begrüßte mich mit einem langgezogenen »Hii«, und ich brummte ein »Morgen« zurück. Mich regte ihr Aufzug auf, denn solchen Frauen hatte ich es zu verdanken, daß viele meinten, Frauen, die trampten, wollten nur das Eine. Nach einer Weile fragte ich: »Sag mal, bist du vielleicht lebensmüde?«

»Warum?« fragte sie verdutzt.

»Weil du in diesem Aufzug keine zwanzig Kilometer weit kommst, ohne daß dich einer vorher langgemacht hat.«

»Na und? Wenn er dafür bezahlt«, antwortete sie schnippisch.

Mir verschlug es die Sprache, und ich dachte: »Was macht sie nur, wenn einer mal keine Lust hat zu bezahlen? Wahrscheinlich wäre das auch kein Weltuntergang für sie.«

Plötzlich hielt ein Wagen an, und da sie vor mir da war, machte ich keine Anstalten zu fragen, wo er hinfahren würde. Der Fahrer stieg aus und öffnete die Beifahrertür. Perplex schaute die Frau ihn an und sagte: »Mein Gott, ich bin doch keine Lady.«

Ohne ein Wort zu sagen, knallte der Herr die Tür sofort wieder zu und ging zurück zur Fahrerseite. Die junge Frau sperrte Mund und Augen auf und stand wie versteinert da.

»Hallo, mein Herr!« rief ich. »Aber ich bin eine Lady, und die Lady möchte gerne zur Fähre nach Puttgarden.«

Er schaute mich für einen Moment an, ging dann abermals zur Beifahrerseite und öffnete mir die Tür. Höflich bat er mich um meinen Rucksack und legte ihn auf den Rücksitz. Ich stieg ein, und er schloß die Tür. Die junge Frau stand immer noch mit offenem Mund da. Ich hatte Tränen in den Augen vor Lachen. Mein Gentleman schmunzelte nur und gab Gas.

»Wo möchten Sie denn gerne hin?« fragte er.

»Nach Schweden.«

»Das nenne ich Glück! Ich fahre bis nach Malmö«, sagte er lächelnd.

»Juchhuu«, jubelte ich.

»Wollen Sie dort Urlaub machen?« fragte er weiter.

»Ja.«

»Kennen Sie dort jemanden? Oder wo übernachten Sie?«

»Das weiß ich jetzt noch nicht. Erst mal schauen. Es ist ja Sommer, da kann man überall draußen schlafen.«

»Haben Sie denn gar keine Angst?« fragte er fast ein bißchen besorgt.

»Wovor sollte ich Angst haben?«

»Na, beim Trampen zum Beispiel«, sagte er.

»Eigentlich nicht. Die Angst kommt bei mir immer erst dann, wenn ich in der Klemme stecke.«

»Nicht gerade klug, nicht wahr?« meinte er.

»Da haben Sie recht, aber lieber ein dummes, fröhliches und kurzes Leben als ein kluges, unglückliches und langes.«

Er lachte und sagte: »Eine herrliche Lebensphilosophie.«

Ich schaute ihn an und merkte, daß er mir sehr gefiel. Er schien so ungezwungen, machte einen gepflegten Eindruck und war keinesfalls ein Softie. Wenn ich etwas auf den Tod nicht leiden konnte, waren es die Softies. Er mußte ungefähr um die dreißig sein. Ich bemerkte, daß er keinen Ehering trug, und fragte: »Warum tragen Sie keinen Ehering?«

»Ich dachte, so etwas trägt man nur, wenn man verheiratet ist«, antwortete er schmunzelnd.

»Mein Gott, wie peinlich«, dachte ich und spürte, wie meine Ohrläppchen heiß wurden. Ich schaue aus dem Fenster, damit er nicht sah, wie rot ich wurde.

»Wo wohnen Sie?« fragte er.

Ich sagte es ihm. »Und Sie kommen aus Kassel, stimmt's?«

»Woher wissen Sie das denn?« fragte er überrascht.

»Ihre Autonummer«, sagte ich.

»Auf so was achten Sie?«

»Ja, man weiß ja nie, für was es gut ist«, meinte ich.

»Was haben Sie denn noch alles beobachtet?« fragte er neugierig.

»An der Rückseite Ihres BMWs sind zwei große Kratzer, die in Längsrichtung verlaufen. Die Stoßstange wurde erst vor kurzem angebracht, und das Profil Ihrer Reifen läßt zu wünschen übrig. Ich bin mir nicht sicher, aber ich glaube, daß Sie Linkshänder sind. Sie wohnen zwar in Kassel, können aber kein gebürtiger Hesse sein.«

»Das gibt es doch gar nicht«, sagte er erstaunt.

»Wieso? Habe ich mich geirrt?«

»Nein, nein. Stimmt alles ganz genau. Ich bin nur perplex über das, was Sie in so kurzer Zeit registrierten. Waren Sie schon immer so eine gute Beobachterin?«

»Ja, denn die großen, auffälligen Dinge haben mich nie sonderlich beeindruckt. Es machte mir einfach mehr Spaß, auf die Kleinigkeiten zu achten. Für mich machen die das Leben aus.«

Plötzlich dachte ich: »Bist du verrückt? Warum erzählst du soviel von dir?« Ich war richtig erschrocken über meine Redseligkeit. Mir wurde plötzlich angst und bange, und das brachte mich zum Schweigen.

Auf der Fähre nach Rødby lud er mich zu einem Kaffee ein, und während wir ihn tranken, schaute er mich unentwegt an. Es war keinesfalls aufdringlich, aber es machte mich nervös. »Können Sie nicht mal woanders hinschauen«, sagte ich barsch. Er schmunzelte nur und schaute aus dem Fenster. »Mistkerl«, dachte ich wütend.

In der Gegend von Helsingør fragte er auf einmal: »Haben Sie etwas dagegen, wenn ich Sie zum Essen einlade?«

»Ganz und gar nicht«, sagte ich.

Irgendwo machten wir dann ein Restaurant ausfindig und aßen zu Mittag.

»Sie essen zu schnell«, sagte er.

Er war nicht der einzige, der mir das sagte. Ich konnte mir diese Unart nie abgewöhnen, und was die Sache noch schwieriger machte, war, daß ich es selbst gar nicht so empfand. »Ich weiß, aber ich genieße es trotzdem«, antwortete ich trocken.

Er lachte hell auf und sagte: »Na, dann ist ja gut.«

Die Fahrt ging weiter. Wir hörten Radio und sprachen deshalb nicht miteinander. Aber das Schweigen hielt nicht lange an, und er sagte: »Ich möchte Sie gern wiedersehen.«

»Mist!« dachte ich nur.

»Hätten Sie was dagegen?« fragte er ruhig.

»Ja«, sagte ich, und das war gelogen.

Plötzlich fuhr er rechts ran und holte Papier und Bleistift aus seinem Handschuhfach. »Ich würde mich freuen, wenn Sie mich anrufen, sobald Sie wieder zu Hause sind«, sagte er, total unbeeindruckt von meiner Antwort, und reichte mir den Zettel, auf dem sein Name und seine Adresse mit Telefonnummer stand.

Ich schluckte und dachte: »Gib jetzt bloß nicht klein bei. Der Mann ist dir egal. Merk dir das.« Dann nahm ich den Zettel und sagte: »Ich werde versuchen, mich an Sie zu erinnern, wenn ich wieder zu Hause bin.«

»Nur dann, wenn Sie wieder zu Hause sind?« fragte er lächelnd.

Ich wurde rot und schaute wieder aus dem Fenster. »Fahren Sie endlich weiter«, sagte ich.

»Zu Befehl, meine Dame!« sagte er und drückte aufs Gaspedal.

Es war etwa drei Uhr nachmittags, als wir in Malmö ankamen, und es hieß Abschied nehmen. Ich konnte mich nicht erinnern, daß ich beim Trampen jemals den Abschied gern hinausgezögert hätte.

»Hätte ich mehr Zeit, dann würde ich Sie gern noch weiter in der Gegend herumchauffieren. Aber leider trennen uns hier die Wege«, sagte er.

»Vielen Dank für alles«, sagte ich nur.

»Ich hoffe, Sie hatten ein wenig Spaß mit mir. Bitte passen Sie auf sich auf. Und nun sagen Sie mir nur noch eines.«

»Ja?«

»Sehen wir uns wieder?« fragte er und schaute mich dabei an, als ob ihm wirklich etwas daran läge. Das jagte mir so einen Schrecken ein, daß ich nicht in der Lage war zu antworten.

»Ist es denn so schlimm, wenn ich Sie wiedersehen möchte?« fragte er ernst.

»Ja ... ich meine nein ... nein«, stotterte ich.

»Nun?«

»Ich weiß nicht«, sagte ich und verließ schnell sein Auto. Ohne mich noch einmal umzudrehen, ging ich die Straße entlang. Er fuhr an mir vorbei, wendete und fuhr dann mit Gehupe in die andere Richtung.

Mir fiel ein Stein vom Herzen. Ich stöhnte. »Mann! Das gibt es doch gar nicht! Der hat mir doch fast den Kopf verdreht.«

Es dauerte gar nicht lange, da saß ich schon im nächsten Auto. Langsam wurde ich müde und überlegte, ob ich nach dieser Fahrt noch einmal am Straßenrand stehen sollte. Als aber dann der Fahrer in Ljungskile seinen Wagen stoppte und sagte, daß er hier wohne und nicht mehr weiterfahren würde, brauchte ich nicht mehr darüber nachzudenken.

Ziellos trottete ich durch den Ort und fragte mich, woher der Name mir so bekannt vorkam. Ich entdeckte einen Campingplatz und sah, daß er auch kleine Blockhütten vermietete. »Ach«, dachte ich. »Campingplätze sind zwar nicht dein Fall, aber für zwei Nächte kannst du dich hier ruhig mal einquartieren.«

Gesagt, getan. Ich bezahlte die Miete, und man gab mir den Schlüssel für die Hütte. Ich schloß auf und ließ mich auf die Pritsche fallen. »Ljungskile«, dachte ich. »Mann, bin ich bescheuert! Hier wohnt doch irgendwo Birgitta.« Ich holte die Landkarte und mein Adreßbuch aus dem Rucksack. »Wenn das das einzige Ljungskile in Schweden ist, dann ist das schon ein komischer Zufall«, dachte ich. Ich wußte, daß Birgitta zur Zeit nicht zu Hause war und überlegte, ob ich nicht trotzdem mal vorbeischauen sollte. Außerdem hätte ich gern gewußt, was für ein Laden »Jugend mit einer Mission« sein könnte. »Klingt irgendwie komisch«, dachte ich.

Danach muß ich wohl sofort eingeschlafen sein, denn ich wachte erst am nächsten Morgen auf. Mein Magen knurrte, aber ich hatte keine große Hoffnung, daß ich um sechs Uhr morgens ein offenes Geschäft finden könnte. Meine Marschverpflegung hatte ich schon den Tag zuvor in Göteborg verzehrt. »Was soll's«, dachte ich. »Geh und schau mal, wo Birgitta wohnt.« Ich warf noch einen Blick auf die Karte und stellte fest, daß der Ort keine vier Kilometer vom Campingplatz entfernt war. Also machte ich mich auf und spazierte los.

Es war ein wunderbarer Morgen, und ich genoß jede Minute, die ich unterwegs war. »Das muß es sein«, dachte ich, als ich ein paar Häuser sah. Ich ging auf das größte Haus zu und roch Kaffeeduft. Da die Tür auf war, ging ich einfach hinein und begegnete einem älteren Herrn, der fragte: »Wer bist du?«

»Ich heiße Renate«, war meine Antwort.

»Hallo! Möchtest du mit uns frühstücken?«

»Wenn ich darf«, sagte ich.

»Geh nur durch. Der Speisesaal ist dort«, sagte er.

Ich ging hinein und setzte mich einfach an einen Tisch. Zwei junge Frauen begrüßten mich freundlich, stellten aber zu meinem Erstaunen keine Fragen. Eine von ihnen reichte mir den Brotkorb, und ich griff erleichtert zu. Einen Augenblick später setzte sich ein junger Mann zu uns, betete kurz und fing ebenfalls an zu essen. Er musterte mich skeptisch und fragte dann: »Wo kommst du her?«

»Birgitta Hällström hat mir ihre Adresse gegeben.«

»Sie ist zur Zeit nicht zu Hause«, sagte er in einem ziemlich schlechten Englisch. Aber ich konnte ihn verstehen, weil ich diese Antwort mehr vermutete als übersetzte.

»Ich weiß, aber ich hatte gerade mal Zeit und dachte, daß man ja einfach mal gucken könnte«, sagte ich mit vollem Mund. »Ich schaue in ein paar Wochen vielleicht wieder vorbei.«

»Du kannst auch hier auf sie warten. Sie kommt in etwa einer Woche zurück«, sagte er mit einem Eifer, den ich mir nicht erklären konnte.

Eine der jungen Frauen wiederholte seine Antwort noch einmal in sehr gutem Englisch, und ich überlegte. Warum eigentlich nicht? Ich nickte.

»Wo hast du denn deine Sachen?«

»Unten auf dem Campingplatz. Habe mir dort eine Hütte gemietet.«

»Ich kann dir mein Zelt leihen«, schlug er vor.

»Gut«, sagte ich nur.

»Dann geh und hol deine Sachen. Ich warte solange auf dich«, bestimmte er.

»Aber ich habe erst mit Frühstücken angefangen«, protestierte ich.

Die beiden Frauen lächelten verschmitzt, doch der junge Mann schaute mich vorwurfsvoll an. »Okay! Dann treffen wir uns zum Mittagessen«, sagte er fast beleidigt.

»Das hört sich schon besser an. Habt ihr noch Brot?« fragte ich.

Der junge Mann schnappte nach Luft und machte ein entsetztes Gesicht.

»Ist nichts mehr da?« fragte ich verwirrt.

Eine der Frauen lachte und sagte: »Doch, doch. Warte einen Moment.« Sie blickte zu dem jungen Mann und sagte etwas auf Schwedisch zu ihm. Kopfschüttelnd stand er auf und kam einen Moment später mit Brot zurück. Er stellte das Brot auf den Tisch und sagte: »Ich heiße Stefan.«

»Und ich Renate.« Ich schmierte mir die nächste Stulle.

»Ich bin Ulla.«

»Und mein Name ist Anna.«

»Wir müssen jetzt gehen. Die Arbeit wartet auf uns«, sagte Ulla. Die beiden erhoben sich, und Anna sagte: »Willkommen in Restenäs.«

Stefan blieb noch sitzen und wurde sichtlich unruhig. Meine Gelassenheit schien ihn nervös zu machen, aber ich dachte, daß es Zeit für ihn wäre, sich das abzugewöhnen. Er war ein wenig minderbemittelt, aber nach meiner Ansicht fähig, genug Geduld zu üben. Endlich war ich fertig mit Frühstücken, und Stefans Gesicht hellte sich merklich auf. »Na, das kann ja noch heiter werden«, dachte ich genervt.

»Holst du jetzt deine Sachen?«

»Ja, ja«, sagte ich nur.

»Na, dann warte ich hier auf dich«, sagte er.

Nach dem reichlichen Frühstück war ich richtig faul und trampte deshalb zurück. In der Blockhütte angelangt, packte ich gleich meine Sachen zusammen, gab den Schlüssel ab und machte mich wieder auf den Rückweg. Ich bekam sofort wieder einen

Lift, und innerhalb einer halben Stunde war ich wieder in Restenäs.

Stefan war erstaunt über meine schnelle Rückkehr und fragte, wie ich das fertiggebracht hatte.

»Ich bin getrampt«, erklärte ich.

Er schüttelte den Kopf und meinte: »Das ist aber gar nicht gut.«

»Na, wo steht das Zelt?« lenkte ich vom Thema ab.

»Komm«, sagte er. Und brav folgte ich ihm.

Als wir beim Zelt ankamen, strahlte er übers ganze Gesicht.

»Toll«, sagte ich.

Stefan freute sich riesig und fing plötzlich wie ein Wasserfall an zu reden. Ich verstand kein Wort. Er war aber so fröhlich, daß das, was er sagte, nicht so wichtig für mich war und ich ihn nicht unterbrach. Doch plötzlich schaute er auf die Uhr und sagte: »Zeit fürs Mittagessen.«

»Geh nur«, sagte ich lächelnd.

»Du mußt mitkommen, denn vor heute abend gibt es nichts mehr.«

»Wie schrecklich«, sagte ich lachend und blieb auf dem Rasen liegen.

»Bitte komm mit«, bat er ein bißchen ärgerlich.

»Lieber Gott! Kann dieser Junge mich nicht in Ruhe lassen?« dachte ich verzweifelt. Stöhnend brachte ich meinen Körper wieder in die Senkrechte und trottete hinter ihm her.

Der Speisesaal war gerammelt voll, und mir wurde beinahe schlecht. Man mußte sich anstellen und sich an der Theke das Essen abholen. Endlich kamen auch wir an die Reihe, und Stefan wies mir einen Platz zu, wo er sich gleich neben mich setzen konnte. Er betete, und ich stocherte gelangweilt in meinem Essen herum.

Ein paar Minuten später sagte er: »Schmeckt es nicht?«

Ich antwortete nicht. Plötzlich hörte ich durch einen Lautsprecher einen Mann fragen, ob sich Gäste im Saal befänden. Stefan stand wie der Blitz auf und zupfte mich aufgeregt am Ärmel. Nur widerwillig erhob ich mich, und Stefan sagte stolz: »Das ist meine Freundin aus Deutschland.«

»Herzlich willkommen«, sagte der Mann am Mikrofon und lächelte.

Mir war überhaupt nicht zum Lachen zumute, denn ich fand Stefans Behauptung reichlich unverschämt. Wir setzten uns wieder, und ich wollte ihm ordentlich die Meinung geigen. Doch als ich sein überglückliches Gesicht sah, dachte ich: »Was soll's. Laß ihn doch. Vielleicht hat er sich ja immer eine Freundin gewünscht.«

Nun kam der Mann, der sich nach Gästen erkundigt hatte, an unseren Tisch und stellte sich vor. »Ich bin Christian, der Leiter dieser Mission. Was führt dich nach Restenäs?«

Ich erzählte ihm, daß ich Birgitta besuchen wollte.

Er sagte: »Du kannst gerne auf sie warten. In ein paar Tagen müßte sie zurück sein.«

»Danke«, sagte ich.

Stefan wich mir den ganzen Tag nicht von der Seite. Langsam aber sicher ging er mir auf die Nerven. »Bist du auch ein Christ?« fragte er.

»Christ? Hm! Ja, ich denke schon«, antwortete ich verunsichert.

Auch am nächsten Tag hing Stefan wie eine Klette an mir. Erst abends fand ich eine Gelegenheit, um mich abzusetzen. Ich ließ mich am Lagerfeuer nieder und stopfte mir eine Pfeife. Das Pfeiferauchen hatte ich mir vor Monaten angewöhnt, weil es mir besser bekam als Zigaretten. Jeden Zug sog ich genüßlich ein und freute mich über die lang ersehnte Ruhe.

Doch sie sollte nicht lange anhalten, denn Stefan kam um die Ecke. Ohne mich zu fragen, setzte er sich zu mir: »Warum rauchst du?«

»Weil es mir schmeckt«, sagte ich gereizt.

»Aber ein Christ raucht nicht.«

»Ja, wenn das so ist, dann bin ich wohl keiner«, sagte ich grinsend.

»Aber du hast gesagt, daß . . .«

Weiter kam er nicht. Barsch fauchte ich ihn an: »Geh und laß mich ein paar Tage allein.«

»Warum? Magst du mich denn nicht?« fragte er traurig.

»Doch. Aber ich brauche hin und wieder meine Ruhe.«

»Warum?«

»Frag nicht so blöd! Hau ab! Hau endlich ab!« brüllte ich.

Erschrocken schaute er mich an und ging dann sofort.

»Wäre ich doch bloß nicht hierher gekommen«, dachte ich sauer. »Dann wäre ich jetzt schon in Lappland und müßte mich nicht mit Irren herumschlagen.«

Die Nervensäge Stefan war nicht der einzige Grund für meine Wut. Irgendwie brachte mich der ganze Ort aus dem Gleichgewicht. Die Leute drückten für mich etwas aus, das mir total fremd war. Sie besaßen etwas, was ich nicht hatte. Und das machte mich wütend! Unter normalen Umständen hätte ich Stefan viel besser ertragen können als unter diesen. Es war die Zufriedenheit, die ich bei den Leuten beobachtete und auf die ich eifersüchtig war. Durch sie bemerkte ich, daß ich innerlich zerrissen war, und das traf mich besonders hart.

Nachdenklich schaute ich ins Feuer. Die Flammen loderten jedesmal auf, wenn der Wind in die Glut fuhr. »Wind und Flammen«, murmelte ich. Nach einer Weile erstickte ich das Feuer mit Erde und kroch ins Zelt. Während ich mich in den Schlafsack kuschelte, mußte ich immer noch an das Feuer denken. »Mir fehlt der Wind«, dachte ich traurig und schlief ein.

Am folgenden Morgen fühlte ich mich wie gerädert. Ich hatte nachts einen Anfall gehabt, und meine Muskeln schmerzten erbärmlich. Wie ein Hund kroch ich aus dem Zelt. An meinen Gliedern spürte ich, daß es ein lang andauernder Anfall gewesen sein mußte. Ich riß mich zusammen und machte ein paar Kniebeugen. Als meine Knie weich wurden, ging ich zu Liegestützen über, und langsam entkrampften sich meine Muskeln. Nach einer halben Stunde Gymnastik war ich wieder topfit. Nach einem nächtlichen Anfall Gymnastik zu machen, verlangt eine enorme Disziplin, denn man ist so kaputt, daß man am liebsten liegenbleiben möchte. Erschöpft lag ich im Gras und starrte ins Blaue. Doch dieser Genuß hielt nicht lange an. Ich hörte Schritte und ahnte nichts Gutes. Tatsächlich stand Stefan vor mir.

»Dieser Mensch ist ein Alptraum«, dachte ich total entmutigt.

»Kommst du mit frühstücken?« fragte er.

»Ja, ja«, sagte ich und faßte dabei einen heimlichen Entschluß. Sachen packen und weg! Jetzt schlägst du dir noch mal den Bauch voll und dann machst du 'ne Rakete.

Der Speisesaal war kaum besetzt. Es war auch erst sieben Uhr, der Tag hatte noch gar nicht richtig begonnen. Merkwürdigerweise war auch Stefan nicht besonders redselig, was mich natürlich angenehm berührte. Ich konnte in Ruhe frühstücken und darüber nachdenken, ob ich mir zuerst den Norden oder den Süden Schwedens ansehen sollte. Lappland schien mir reizvoll, und schon war ich mit meinen Gedanken meilenweit entfernt. Kaum hatte ich den letzten Bissen heruntergeschluckt, wollte ich mich schon auf den Weg machen.

Aber plötzlich stand eine Frau vor mir und sagte: »Hallo! Ich bin Eva-Britt, und ich wollte dich fragen, ob du uns vielleicht beim Geschirrspülen helfen könntest. Im Moment haben wir nämlich wenig Leute.«

»O nein!« dachte ich. »Nur weil du so verfressen bist, sitzt du jetzt in der Patsche.«

Eva-Britt schaute mich freundlich an und wartete auf meine Antwort. Ich haßte diese Arbeit, denn ich habe mich oft mit derartigen Jobs durchgeschlagen. Außerdem bekam ich von Spülmitteln einen widerlichen Juckreiz.

»Kein Problem. Wo ist die Küche?« fragte ich und verstand mich selbst nicht mehr.

In der Küche nutzte ich die Gelegenheit, um Kontakte zu knüpfen, und in meiner Freizeit nahm ich Restenäs unter die Lupe. Stefan kam nicht mehr so oft, und wenn wir uns mal trafen, hatte ich viel mehr Geduld mit ihm als vorher.

Alles, was ich beobachtete und hörte, saugte ich förmlich auf. Fragen stellte ich keine, denn meine Gedanken schienen mir noch zu ungeordnet. Aber von Tag zu Tag wurde meine Aufnahmefähigkeit geringer. Der Grund waren die Leute, die immer netter zu mir wurden. Das alte Problem! Ich hatte immer Angst, daß man mir zu nahe treten könnte, und machte dann einfach dicht. Die Mauer um mich herum wurde immer dicker, und ich konnte nichts dagegen tun.

Den nächsten Tag schwänzte ich die Arbeit und trieb mich in

der Gegend herum. Ich konnte keinen klaren Gedanken mehr fassen und spürte eine unbändige Angst in mir. Erst am späten Abend wagte ich mich zurück, und meine Stimmung war entsetzlich. Ich stopfte mir 'ne Pfeife und knabberte verzweifelt an ihr herum. Mein Leben kam mir plötzlich so sinnlos vor, und es schien mir, als ob ich es verwirkt hätte.

»Einen dauerhaften Frieden in mir habe ich nie erreichen können«, dachte ich. Ich zog Bilanz und mußte bitter feststellen, daß ich in den vierundzwanzig Jahren meines Lebens nichts Erstrebenswertes erreicht hatte. Ohne Zweifel hatte ich viel Spaß am Leben, auch wenn ich durch Krankheit viel leiden mußte. Aber ich befürchtete, daß Spaß allein vor Gottes Augen keine Rechtfertigung sein würde.

Während ich so vor mich hingrübelte, merkte ich gar nicht, daß jemand mich besuchte. Erst als Birgitta unmittelbar vor mir stand, sah ich sie.

»Schön, daß du hier bist. Wann bist du angekommen?« fragte sie.

»Vor ein paar Tagen«, sagte ich und freute mich über ihre Ankunft.

»Und? Gefällt es dir hier?« fragte sie.

»Kann ich noch nicht sagen. Ich möchte gern wissen, was hier gespielt wird.«

»Wir sind einfach nur Menschen, die in Gott reifen wollen. Außerdem haben wir hier noch eine Bibelschule, die jeder besuchen kann. Indem wir zusammen leben, wohnen und arbeiten, versuchen wir, den Willen Gottes für uns zu erkennen.«

»Hm!« machte ich nur.

»Wenn du möchtest, mache ich dich morgen mit ein paar Freunden bekannt. Du kannst dann alle Fragen stellen, die dir einfallen«, schlug sie vor.

»Okay«, sagte ich.

»Wir sehen uns dann morgen, ja? Es ist schon spät, und ich bin hundemüde.«

»Ich auch«, sagte ich, denn auch mir fiel es schwer, die Augen aufzuhalten.

Am nächsten Morgen hatte ich die Arme voll Pusteln und

wurde deshalb vom Abwaschdienst befreit. Statt dessen durfte ich auf dem Feld mitarbeiten. Zuerst brauchte man mich zum Unkrautjäten, was mir weitaus besser gefiel als Abwaschen. Als ich so auf den Knien herumrutschte, fielen mir zwei Käfer auf. Sie waren gerade bei der Kopulation, wobei das Männchen nicht zimperlich mit dem Weibchen umging. Ich war froh, kein Käfer zu sein, denn für mich war das die reinste Vergewaltigung. Durch diese Beobachtung kam die erste Frage in mir auf. »Was denken sie hier über Sex? Was haben sie überhaupt für Moralvorstellungen?« Ich sagte dem Unkraut ade und suchte jemanden, mit dem ich reden konnte.

Vor dem Hauseingang saß eine Frau mehr oder weniger gelangweilt auf den Treppenstufen.

»Hallo!« sagte ich und setzte mich zu ihr.

»Hallo!« sagte sie und lächelte.

»Wie alt bist du?«

Ein wenig überrascht schaute sie mich an und sagte: »Fünfundzwanzig.«

»Bist du verheiratet?« fragte ich weiter.

»Nein«, sagte sie.

»Sehr gut! Hast du schon mal mit einem Mann geschlafen?«

»Wie bitte?!« fragte sie entsetzt.

»Du hast schon richtig verstanden«, sagte ich.

»Wieso willst du das denn wissen?« fragte sie verblüfft.

»Ich muß es wissen, damit ich die nächste Frage stellen kann«, antwortete ich.

»Nein«, sagte sie.

»Würdest du mit dem Mann schlafen, den du liebst – auch wenn ihr noch nicht verheiratet seid?«

»Nein«, sagte sie sicher – zu sicher.

»Und warum nicht?« wollte ich wissen.

»Weil Sex vor der Ehe nicht gut ist«, meinte sie.

»Das glaube ich nicht«, sagte ich.

»Wenn sich zwei Menschen lieben, dann können sie heiraten und dann miteinander schlafen«, sagte sie.

»Natürlich können sie das. Sie können es aber genausogut umgekehrt machen. Sag mir nur einen Grund, warum man warten sollte.«

»Weil ich mit dem Mann eins werde. Darum möchte ich bis zur Hochzeit warten.«

»Danke für die Auskunft«, sagte ich und stand auf.

»Bitte, bitte«, sagte sie.

Ich ging zum Zelt und wühlte nach meinem Tagebuch. Die Worte »und sie werden ein Fleisch werden« gingen mir durch den Kopf. Als ich das Tagebuch gefunden hatte, ging ich in das kleine Stück Wald in der Nähe. Ich setzte mich unter einen Baum und erinnerte mich an die Worte, die Gott sagte, als er Eva erschuf: »Es ist nicht gut, daß der Mensch allein sei.« Ich schlug mein Tagebuch auf und schrieb: »Die Überbrückung der Einsamkeit war wohl der hauptsächlichste Grund für Gott, Eva zu schaffen. Folglich mußte die Fortpflanzung für Gott nur nebensächlich gewesen sein. Es gibt viele Paare auf der Welt, aber etliche fühlen sich trotz ihres Partners allein. Ein Paar, wo jeder für sich steht, ist kein Paar, ist nicht eins – egal ob sie miteinander schlafen oder nicht. Wie viele Menschen wird es in der Welt wohl geben, die in ihrem Partner nur eine sexuelle Attraktion sehen? Sie wissen nichts von dem Wesen des anderen, und wenn sich ihre Körper auch hin und wieder vereinen, so bleiben ihre Seelen doch allein.

Kann man das andere Geschlecht überhaupt in seinem Wesen erkennen, wenn man nicht weiß, daß Gott Mann und Frau erschaffen hat? Bekommt die Liebe zwischen Mann und Frau nicht eine ganz andere Dimension, wenn man Gott mit in diese Liebe einbezieht?«

Ich legte mein Tagebuch zur Seite und lenkte meinen Blick in die Baumkronen. »Was werden wohl meine Freunde sagen, wenn ich mich für ein Leben mit Gott entscheide?« fragte ich mich. »Sie werden mich höchstwahrscheinlich für verrückt erklären.« Ich lachte hell auf. »Epileptische Wesensveränderung würden es die Ärzte nennen«, dachte ich. »Sollen sie es nennen, wie sie wollen, die Erfüllung meines Lebens werde ich nur noch in Gott finden können.« In jenem Moment wurde mir klar, daß der Glaube einem viel Mut abverlangt. Er bedeutete für mich einen entschiedenen Richtungswechsel, aber war ich dazu fähig? Ich wußte es nicht. »Na, das kann ja heiter werden«, sagte ich.

Weiter schrieb ich: »Das Blut erstarrt mir in den Adern, wenn ich daran denke, daß ich Gott entweder ganz oder gar nicht gehören kann. Immer noch suche ich nach einem Ausweg, der mich von so einer absoluten Entscheidung befreien könnte. Ich bin noch nicht bereit, und im Moment würde ich eher zehntausend Mark auf einen lahmen Gaul setzen, als mich voll und ganz für Gott zu entscheiden. Ich erkenne mich selbst nicht mehr, denn noch nie hatte ich so viel Angst, und noch nie war meine Risikobereitschaft so gering wie jetzt.«

Es war Sonntag, und Birgitta fragte mich, ob ich Lust hätte, mit ins Familienzelt zu kommen. Das Zelt war brechend voll, und ich setzte mich zu den anderen auf den Rasen. Eine junge Frau saß neben mir und sagte: »Ich bin Lillemor. Verstehst du Schwedisch?«

»Nein«, sagte ich.

Sie erzählte mir in Englisch, daß das ein Gottesdienst sei, den ich gerade mitbekam. Jemand predigte vom ewigen Gott. Dieser Gott habe den Geist der ewigen Liebe, die einen Menschen nie verläßt.

»Ewig«, dachte ich und mein Herz klopfte bis zum Hals.

Als der Gottesdienst zu Ende war, hielt jemand einen Vortrag über das Denken des Mannes und der Frau. Lillemor übersetzte mir alles, und ich schüttelte unentwegt den Kopf über solche komischen Ansichten. Am Ende der Rede fragte Lillemor: »Na, was sagst du dazu?«

Ich lachte und antwortete: »Ich habe bis heute nicht gewußt, daß ich wie ein Mann denke. Für meine Begriffe hat dieser Mann nur Blödsinn geredet.«

»Nun, das war halt seine persönliche Meinung. Er denkt so über dieses Thema, was nicht bedeuten soll, daß er damit auch recht hat«, gab sie mir zur Antwort.

»Na, dann ist es ja gut«, sagte ich erleichtert.

Sie schaute mir plötzlich in die Augen, und ich konnte nichts anderes tun, als ihrem Blick ausweichen. »Hättest du Lust, den Nachmittag mit uns zu verbringen?« fragte sie.

»Wer ist uns?« fragte ich.

»Noch einige andere. Wir wollen mit dem Fahrrad zu einer kleinen Insel fahren.

»Ja gern. Aber wo bekomme ich ein Fahrrad her?«

»Davon haben wir reichlich. Eins finden wir bestimmt noch«, sagte sie.

Das Wetter war herrlich, und wir fuhren mit dem Rad zu einer entlegenen Insel, auf die man über eine wackelige Holzbrücke kam. Außer Birgitta kannte ich die anderen nur vom Sehen. Mir zuliebe sprachen sie alle englisch, und das freute mich sehr.

»Jetzt hast du die Gelegenheit, ein paar Fragen zu stellen«, dachte ich, als wir faul in der Sonne lagen. »Glaubt ihr alle an Jesus?« platzte es aus mir heraus.

Alle nickten.

»Und du? Bist du sicher, daß dich Gott immer liebt?« fragte ich Lillemor.

»Ganz sicher«, gab sie mir zur Antwort.

»Wie seid ihr zum Glauben gekommen?«

»Gott hat uns zum Glauben erweckt. Wir sind ihm dann nur gefolgt«, sagte Lasse.

»Aber woher wußtet ihr, daß es Gott gibt?« fragte ich.

Alle waren in christlichen Familien aufgewachsen, was mich irgendwie erschreckte. Nur Birgitta hatte keine christliche Erziehung genossen, aber sie konnte ihre Geschichte nicht mehr erzählen, weil es Zeit war aufzubrechen. Den ganzen Nachmittag hatte ich mir den Werdegang dieser Christen angehört und wurde darüber sehr nachdenklich.

Als wir wieder in Restenäs angelangt waren, wollte ich allein sein und zog mich schnell zurück. »Was wissen die schon vom Leben!« dachte ich eifersüchtig, als ich vorm Lagerfeuer saß. »Hatten den Himmel auf Erden und haben ihn auch jetzt noch. Wenn man nie seine Ellenbogen gebrauchen muß, dann ist es ein Leichtes, nett zu sein.«

Es traf mich hart, daß sie seit ihrer Kindheit von Jesus gehört hatten. Ich kam mir deshalb von Gott benachteiligt vor und bezweifelte, daß er mich genauso liebte wie alle anderen. »Am liebsten würde ich jetzt diesen Ort in die Luft sprengen«, sagte ich laut und schaute dabei drohend in den Himmel. »Du hast auch deine Lieblingskinder! Aber da spiel' ich nicht mit! Mach, was du willst, aber ohne mich«, schimpfte ich mit Gott.

»Genauso ist es«, sagte eine fremde Stimme in mir. »Er liebt dich nicht, denn du hast weitaus mehr Dreck am Stecken als diese Leute hier. Seine Liebe haben sie sich verdient, aber du wirst das nie schaffen.«

Erschrocken fuhr ich auf. Da war sie wieder, diese unbekannte, furchterregende Stimme. Ich dachte, daß ich all meine Sinne verliere, so greifbar nah sprach sie zu mir. »So etwas gibt es doch nicht! Das ist ja der reine Wahnsinn«, dachte ich ängstlich. »Lieber Gott, hilf mir! Das macht mir Angst. Um Himmels willen, hilf mir doch!« flehte ich ihn an. Der Schweiß stand mir auf der Stirn, und mein Herz raste.

Urplötzlich trat Ruhe in mein Herz ein. Die Angst verschwand, und mein Puls normalisierte sich wieder. Ich schloß die Augen und sagte: »Vater, ich danke dir.« Ein wohliger Friede breitete sich in mir aus, und ich schlief auf der Stelle ein.

Mitten in der Nacht wachte ich vor Kälte auf und kroch schnell ins Zelt. Dann kuschelte ich mich in den Schlafsack und schlief sofort wieder ein.

Der nächste Tag war Montag, und ich hätte eigentlich aufs Feld gehen müssen. Doch mochte ich heute nichts anderes tun als schreiben.

»Was geschieht, wenn seine Geduld mit mir am Ende ist? Wenn ich nur wüßte, wie nachsichtig Gott ist! Sprechen sie nicht alle von einem Gott der ewigen Liebe? Müßte dann nicht auch seine Geduld unendlich sein? Worauf kommt es bei Gott eigentlich an, damit er seine Liebe nicht abwendet und seine Geduld nicht verliert? Wie kann ich sicher sein, daß ich immer und immer wieder zu ihm kommen kann? Ich würde unter einem unsäglichen Druck stehen, wenn ich mich für Gott entscheiden sollte, aber dabei nicht wüßte, ob ich auch nach mehrmaligem Versagen bei ihm bleiben kann. Ich kann keine Beziehung mit einem Angstgefühl eingehen, aber wie komme ich dahin?

Man sagt, daß es für die Liebe keine Garantie gibt, und das stinkt mir. Für die menschliche Liebe gibt es wahrhaftig keinen Garantieschein. Aber die Sicherheit, die ich brauche, finde ich nur in einer garantierten Liebe. Nur das zählt für mich. Ich will eine ewige Liebe, ich will ewiges Leben! Ich will einen ewigen Vater, der es nicht zuläßt, daß der Tod mich aus seiner Hand reißt! Ich will einen ewigen Sohn, der mich zu diesem Vater hinführen kann. Ich will einen ewigen Geist, der mich nach Hause bringt, wenn ich diese Welt eines Tages verlassen muß! Und ich will für all das eine Garantie!«

Am Abend lag ich hundemüde in meinem Schlafsack und konnte nicht einschlafen. Gott ging mir nicht mehr aus dem Kopf. Die Nacht war eiskalt, und erst in den Morgenstunden, als die Sonne herauskam, konnte ich einige Stunden durchschlafen. Als ich wieder aufwachte, war es bereits Mittag, und der Hunger trieb mich gleich in den Speisesaal. Ich setzte mich zu Lillemor und Carita.

»Wo kommst du denn jetzt her? Man hat dich gestern und heute vermißt«, sagte Lillemor.

»Gestern hatte ich was anderes zu tun, und heute nacht war es so kalt, daß ich erst am Morgen richtig eingeschlafen bin.«

»Du meine Güte! Warum schläfst du dann nicht bei uns? Wir haben doch genug Platz. Was hältst du davon?«

»Einen Versuch wäre es wert«, sagte ich.

Sie lachten, und Carita meinte: »Na, dann versuch es doch mal.«

Carita zeigte mir das Zimmer, das ich mit den anderen teilen sollte, und danach holte ich meine Klamotten aus dem Zelt und zog um.

Restenäs hatte auch eine kleine Autowerkstatt, und neugierig schaute ich hinein. Mein Herz schlug höher, als ich die Autowracks sah. Erinnerungen an alte Zeiten wurden wieder wach, und gern hätte ich dort angefangen zu arbeiten. Ein junger Mann machte sich gerade an einem alten Saab zu schaffen, der immer wieder absoff. Nach dem Geräusch zu urteilen, konnte es am Vergaser liegen.

»Ich glaube, es ist der Vergaser«, sagte ich freundlich.

»Was verstehst du denn davon!« blaffte er mich an.

»Nichts! Ich hab' nur so getan als ob«, sagte ich sauer und ging. »Manche Männer sind durch ihren Stolz einfach zu blöde geworden«, dachte ich, als ich wieder draußen war. Ein paar Meter weiter sah ich Lillemor unter einem Baum sitzen. Sie war am Lesen, und ich fragte: »Ist das die Bibel?«

»Ja. Hast du auch eine?«

»Ich habe nur ein Neues Testament. Das hat man mir in Amsterdam geschenkt. Liest du die Bibel oft?«

»Ich versuche, sie täglich zu lesen«, sagte sie.

»Warum?«

»Sie gibt meinem Leben eine Richtung, denn ohne Gottes Wort weiß ich oft nicht, wohin«, sagte Lillemor.

»Hm«, machte ich nachdenklich. »Glaubst du, daß es für alle Menschen möglich ist, ein Leben mit Gott zu führen? Reicht der Wille allein dazu aus? Und wird die Vergangenheit eines Menschen wirklich vergeben, wenn er zu Gott kommen möchte?«

Lillemor nickte: »Es ist ganz egal, was für eine Vergangenheit der Mensch hatte. Wichtig ist nur, daß er ehrlich bereut und um Verzeihung bittet. Auf diesem Grund kann er dann ein neues Leben mit Gott beginnen.«

Diese Antwort brauchte ich noch dringender als die Luft zum Atmen. »Danke«, sagte ich und machte mich auf den Weg.

»Wo willst du hin?« rief sie mir hinterher.

»Ich muß darüber nachdenken«, sagte ich.

»Komm zurück, wenn du noch Fragen hast«, sagte sie.

»Mach' ich«, gab ich zurück und ging spazieren, um über alles nachzudenken. »Wenn das für alle Menschen möglich ist, dann müßte es doch auch für mich gelten«, dachte ich. »Gott, ich mache dir einen Vorschlag. Bald werde ich nach Deutschland zurückkehren, mir einen Medikamentenvorrat, warme Kleidung und eine Bibel besorgen. Dann fahre ich sofort nach Lappland und studiere in den Wäldern die Bibel. Solange ich keine Entscheidung getroffen habe, werde ich den Wald nicht verlassen. Einverstanden?«

Das war mein Plan, und von nun an konnte mich niemand mehr davon abbringen. Ich ging in mein Zimmer und legte mich aufs Bett. Ein paar Augenblicke später kamen zwei Frauen herein und sagten: »Ich bin Ulla.« »Und ich bin Eva. Du bist sicherlich Renate, nicht wahr?«

»So ist es«, sagte ich.

Sie setzten sich zu mir ans Bett, und Eva sagte: »Birgitta hat uns ein bißchen von dir erzählt. Sie sagte, daß du viel reist. Das macht sicherlich viel Spaß, oder?«

»Ja, das macht es. Aber immer, ist wohl ein bißchen übertrieben. Es ist nicht immer einfach«, sagte ich.

»Und wie finanzierst du das alles?« fragte Ulla.

»Ich jobbe zwischendurch«, sagte ich.

»Aber das klappt nicht immer, oder?«

»Nein, nicht immer«, sagte ich.

»Ist dir niemals das Geld ausgegangen?« fragte Ulla.

Aus ihrer Frage spürte ich, worauf sie hinauswollte, und sagte: »Wenn ich für längere Zeit kein Geld habe, klaue ich mir das zusammen, was ich zum Leben brauche. Das ist es doch, was du wissen wolltest, oder?«

Ulla errötete, und Eva sagte: »Hast du nie daran gedacht, seßhaft zu werden?«

»Manchmal schon. Aber nur dann, wenn es mir schlecht ging.«

»Birgitta sagte uns, daß du häufig epileptische Anfälle bekommst. Hast du denn gar keine Angst, daß dir während einer Reise was passiert? Und wie oft hast du Anfälle?«

»Ein- bis zweimal die Woche. Nein, ich habe keine Angst davor, denn ich bin immer wieder gesund geworden.«

»Meinst du nicht, daß das sehr leichtsinnig ist?« fragte Ulla mit sehr ernster Miene.

»Das meine ich nicht«, reagierte ich aggressiv, denn ich hatte derlei Vorwürfe satt.

Plötzlich ging die Tür auf, und Carita kam herein. »Kommt ihr mit zum Strand?« fragte sie unternehmungslustig.

»Klar doch!« rief ich erleichtert, denn die Fragerei ging mir langsam auf die Nerven.

Fünf Minuten später lagen wir am Strand. Man konnte von ihm aus auf ein paar kleine Inseln hinüberschauen, und mich kitzelte es, mal hinüberzuschwimmen.

»Wo willst du hin?« fragte Carita.

»Zur Insel«, sagte ich.

Sie schaute mich mit einem merkwürdigen Blick an, den ich nicht verstehen konnte. Ich ignorierte das aber und sprang ins Wasser.

Nach einer Weile merkte ich, daß ich mich in der Entfernung verschätzt hatte, und schwamm deshalb langsamer, um Kraft zu sparen. Als ich die Insel endlich erreicht hatte, ließ ich mich ziemlich erschöpft nieder und ruhte mich ein wenig aus. Danach machte ich einen kurzen Streifzug und stellte fest, daß dieses kleine Stück Erde ganz schön langweilig war. Ein paar Büsche, kleine Bäumchen und haufenweise Steine machten die ganze Insel aus. »Eine öde Gegend«, dachte ich und schwamm zurück.

Als ich wieder am anderen Ende angelangt war, bemerkte ich Caritas ärgerlichen Gesichtsausdruck. »Was ist denn los mit dir?« fragte ich ahnungslos.

»Ich denke, daß du uns ganz schön viel zumutest«, sagte sie böse.

»Wie soll ich das verstehen?« fragte ich überrascht.

»Was wäre passiert, wenn du im Wasser einen Anfall bekommen hättest?« fragte sie vorwurfsvoll.

»Wahrscheinlich wäre ich dann abgesoffen«, sagte ich in einem Ton, der so gleichgültig wie irgend möglich klingen sollte.

»Und was hätten wir dabei tun können?« fragte sie erregt.

Ich grinste und sagte: »Ihr hättet es Jesus nachmachen können, indem ihr übers Wasser gegangen wärt, um mich herauszufischen.«

Sie schnappte nach Luft, und ich konnte mir das Lachen nicht verkneifen.

»Hör auf zu lachen«, brüllte sie mich an.

Nun verging mir das Lachen, und ich guckte sie erstaunt an. Carita starrte aufs Meer. Die anderen hatten sich längst aus dem Staub gemacht, und ich wußte nicht, was ich hätte sagen sollen. So schwieg ich und starrte ebenfalls aufs Wasser.

Nach Minuten bedrückenden Schweigens versuchte ich zu erklären: »Ich glaube, du siehst das alles ein bißchen zu eng. Ich habe gestern erst einen Anfall gehabt, und es ist äußerst unwahrscheinlich, daß ich am darauffolgenden Tag schon wieder einen bekomme.«

»Aber möglich wäre das doch, oder?«

»Möglich ist alles, aber danach kann ich nicht gehen. Alles, was außer der Reihe passieren kann, kann mich nicht beeinflussen.«

»Das sollte es aber«, sagte sie stur.

»Nein! Das darf es nicht! Ich habe im Laufe der Zeit gelernt, mein Leben nicht nach den Anfällen einzurichten. Die Anfälle sind für mich nur eine kurze Unterbrechung meines irdischen Daseins, aber mein Leben bestimmen sie nicht. Natürlich darf ich kein Auto fahren oder so handeln, daß ich mich oder andere in Gefahr bringe. Doch selbst das läßt sich nicht immer vermeiden, denn ich muß zum Beispiel kochen, wenn ich allein bin, und dabei kann ich auch einen Anfall bekommen und mich verbrennen. Dennoch denke ich, daß man die Gefahren nach ihrer Wahrscheinlichkeit einschätzen sollte, damit man ein halbwegs normales Leben führen kann. Die Wahrscheinlichkeit, in dem Moment einen Anfall zu bekommen, wenn ich das kochende Wasser vom Herd nehme, ist äußerst gering. Das ist mir bisher nur zweimal passiert. Ich möchte doch auch leben, verstehst du? Selbstverständlich könnte ich alle Gefahren meiden, aber dann kann ich gleich im Bett bleiben. Das würde ich dann künstliche Lebensverlängerung nennen.«

Carita schaute nachdenklich an sich herunter und schwieg. Schließlich meinte sie: »Ich verstehe dich jetzt besser. Aber wenn man jemanden mag, macht man sich automatisch Sorgen um ihn.«

»Um mich braucht sich niemand Sorgen zu machen«, sagte ich.

»Schon gut, schon gut! Ich weiß, daß du so etwas nicht hören kannst. Aber das wirst du auch noch lernen«, sagte sie sicher.

Nun wurde mir die Sache zu mulmig, und ich sagte: »Es ist kalt geworden. Ich gehe zurück.«

»Tschüß«, sagte sie und lächelte.

Auf dem Rückweg sah ich Birgitta im Garten sitzen. Ich ging zu ihr und sagte: »Ich hätte jetzt Lust auf 'nen Kaffee. Kannst du einen machen?«

»Aber gern«, sagte sie und stand auf.

Sie kam mit Kaffee zurück und schenkte mir ein. »Wie lange bist du schon hier?« fragte ich sie.

»Drei Jahre, und in zwei Wochen werde ich Restenäs verlassen und nach Stockholm zurückkehren. Und du? Was hast du demnächst vor?«

»Ich fahre nach Deutschland, um mich mit warmer Kleidung für Lappland einzudecken. Dann geht es sofort wieder los«, sagte ich. Daß ich dort die Bibel studieren wollte, behielt ich lieber für mich.

»Wie gefällt es dir eigentlich hier?« fragte sie.

»Es gibt vieles, was ich nicht verstehe.«

»Was zum Beispiel?«

»Woher habt ihr die Gewißheit, daß Gott euch nie verläßt?«

»Kannst du dir vorstellen, daß Gott lügt?«

»Nein«, sagte ich.

»Gott hat uns versprochen, daß er uns niemals allein läßt. Aber oft ist es so, daß wir ihn verlassen, und er kann uns nicht zwingen, nein, er will uns nicht zwingen, bei ihm zu bleiben. Gott möchte, daß wir ihn freiwillig lieben.«

Diese Antwort stimmte mich zuversichtlich, denn nun wußte ich, daß ich mit meiner Entscheidung solange warten konnte, bis ich bereit war. »So, für mich wird es jetzt Zeit, schlafen zu gehen«, sagte ich.

»Gute Nacht, Renate. Morgen machen wir wieder eine Radtour. Wenn du Lust hast, kannst du mitkommen.«

»Ja, gern. Wann soll's denn losgehen?«

»Nach dem Mittagessen.«

»Okay. Gute Nacht«, sagte ich und ging.

In meinem Zimmer lagen schon alle in den Betten, aber niemand schlief. Ich schlüpfte in meinen Schlafsack und versuchte ein bißchen von ihren Gesprächen in ihrer Muttersprache zu verstehen. Lillemor, die eigentlich im Zimmer nebenan wohnte, hörte ebenfalls nur zu. Sie lächelte mich an, worauf ich mich auf die andere Seite drehte.

»Hast du Lust, nächsten Sonntag mit uns in die Kirche zu gehen? Wir wollen mal einen Gottesdienst im Nachbardorf miterleben«, sagte Ulla.

»Nein, ich habe keine Lust«, sagte ich mürrisch.

»Warum nicht?« fragte Ulla.

»Weil ich nicht weiß, was ich da zu schaffen habe. Außerdem kann ich Kirchen nicht ausstehen.«

»Wieso? Warst du denn schon mal in einer Kirche und hast den Gottesdienst mitgemacht?«

»Nein, noch nie. Und jetzt laß mich in Ruhe«, fauchte ich.

Einen Augenblick lang hätte man eine Stecknadel fallen hören können, so still wurde es plötzlich im Raum. Aber dann sagten sich alle gute Nacht, und Lillemor knipste beim Verlassen des Zimmers das Licht aus. In Gedanken schimpfte ich mich einen Idioten, denn es gab nicht den geringsten Anlaß für mein mieses Verhalten.

Mit einem Mal erinnerte ich mich, daß ich als Sechs- oder Siebenjährige doch schon mal in einer Kirche war. Unsere Klassenlehrerin hatte die Absicht zu heiraten, und wir sollten alle bei der Trauung dabei sein. Als wir die Kirche betraten, packte mich das Grauen. Die dunklen Steinwände, die vielen übergroßen Figuren und die düstere Atmosphäre jagten mir Furcht ein. Dazu kam noch ein komischer Geruch, der mir so unheimlich war, daß er mich restlos in Panik versetzte. Es war nichts zu machen, ich wollte keinen Schritt weitergehen. Man schimpfte mit mir, doch ich blieb wie versteinert stehen. Dann setzte es ein paar Ohrfeigen, und man zerrte mich auf eine Bank. An weitere Einzelheiten konnte ich mich nicht mehr erinnern, doch während ich an dieses Erlebnis dachte, packte mich noch einmal das Grauen.

Ich versuchte einzuschlafen, aber meine Gedanken waren schon wieder bei Gott. »Der Kerl raubt mir noch meinen letzten Schlaf«, dachte ich verzweifelt. Es war mir immer noch nicht klar, wie ich Gottes Liebe verstehen sollte. Konnte man sie überhaupt verstehen, oder konnte man nur an seine Liebe glauben?

Mit dem Schlafen wurde vorerst nichts, und so schlich ich mich mit meinem Tagebuch aus dem Zimmer. Ich dachte über die Leute nach, die hier wohnten, und schrieb: »Das war das erste Mal, daß ich derartige Leute kennengelernt habe. Sie sind ohne frommes Getue, und ich spüre ihre Liebe. Aber je mehr ich das spüre, desto aggressiver reagiere ich, und ich kann noch nicht einmal etwas dagegen tun. Mußte ich so giftig zu Ulla sein? Diese Menschen machen mir Angst, denn durch sie erkenne ich, daß ich eine Null im Lieben bin. Nie werde ich so sein können wie sie. Aber Vater! Kann ich denn etwas dafür? Ist es wirklich allein meine Schuld, daß ich so bin, wie ich bin? Ich würde ja auch gern lieb zu meinen Mitmenschen sein, aber es will mir einfach nicht gelingen. Außerdem habe ich es nicht gern, wenn man mir zu nah auf die Pelle rückt. Angst haben die Menschen hier auch nicht. Man sieht, daß sie frei sind. Ach Vater! Kannst Du mir nicht ein bißchen von der Angst nehmen? Ich kann sie nicht überwinden, und je öfter ich es versuche, desto aussichtsloser kommt mir dieser Kampf vor.«

Ich schaute in den sternenklaren Himmel. Würde ich vor Gott gut genug sein? Würde er mich annehmen, so wie ich war? Ich hatte noch meine Zweifel, aber die Hoffnung wurde größer.

»Renate, wach auf. Frühstücken.«

»Ja, ja«, sagte ich nur.

Lillemor gab nicht auf und rüttelte mich.

»Geh schon vor. Ich komme gleich nach«, sagte ich.

»Bist du auch wirklich wach?« fragte sie.

»Ja«, murrte ich, denn ich war erst vor drei Stunden ins Bett gegangen.

Sie war wohl kaum draußen, da schlief ich schon wieder.

»Jetzt aber raus. In einer halben Stunde essen wir Mittag, und danach wollen wir eine Radtour machen. Wie kann man nur solange schlafen?«

Schlaftrunken schleppte ich mich zur Dusche und drehte den Kaltwasserhahn auf. Im Nu kehrten die Lebensgeister zurück, und zwanzig Minuten später erschien ich im Speisesaal. Lillemor winkte mich an ihren Tisch, und so setzte ich mich zu ihr. Ob ich vielleicht auch beten sollte, bevor ich anfing? Ich traute mich nicht, doch während ich aß, sprach ich in Gedanken meinen Dank aus. Nach dem Essen schmierten wir noch belegte Brote und füllten einen Kanister mit Fruchtsaft.

Lena, Ulla, Lillemor, Lasse, Birgitta und viele andere waren bei der Radtour dabei. Diesmal fuhren wir zu einer anderen unbewohnten Insel. Es wurde viel erzählt. Einige machten ihrem Herzen Luft, indem sie Fehler zugaben. Ich war erstaunt über ihren Mut und dachte: »Das werde ich mich niemals trauen.«

Es wurde ein schöner Nachmittag. Man klönte, aß und trank und beobachtete den Sonnenuntergang. Erst bei Dunkelheit schwangen wir uns wieder auf die Räder und fuhren zurück. Das letzte, woran ich mich erinnern konnte, war ein Auto, daß mich blendete. In Lillemors Auto fand ich mich wieder.

»Wie geht es dir?« fragte sie.

»Gut. Wie bin ich hier reingekommen?« fragte ich.

»Ich habe das Auto geholt, um dich herzubringen. Die anderen sind noch auf der Heimfahrt«, erklärte sie.

»Ist noch jemandem etwas passiert?« fragte ich.

»Nein«, sagte sie. Lillemor hatte Tränen in den Augen, und ich fragte: »Was ist los?«

»Ach nichts. Es ist nur ... Wir dachten, daß du ...«

»Es sieht manchmal schlimmer aus, als es ist«, versuchte ich sie zu beruhigen, »aber ich muß jetzt trotzdem ins Bett.« Mir war kotzübel, und mein Kopf brummte ganz schön. Lillemor half mir aus dem Auto. Kaum stand ich aufrecht, da drehte sich alles vor meinen Augen. Als ich flach auf dem Bett lag, ging es wieder besser. »Danke. Du kannst jetzt gehen«, sagte ich.

»Ich will aber nicht gehen«, sagte sie.

»Ja, was willst du denn?« fragte ich überrascht.

»Bei dir sein«, bemerkte sie.

»Für Sentimentalitäten habe ich keinen Draht, verstehst du. Mir geht es schon viel besser. Geh endlich«, sagte ich ungehalten.

»Ich mag dich und deshalb bleibe ich«, sagte sie trotzig.

»Das hat mir gerade noch gefehlt«, dachte ich. »Wird Zeit, daß ich bald 'ne Rakete mache.«

Es mußte ein schwerer Anfall gewesen sein, denn noch in Lillemors Beisein schlief ich ein. Am nächsten Morgen erwachte ich mit Kopfschmerzen, die aber relativ erträglich waren. Ich zog mich an und ging zu Birgitta. Sie war schon am Packen; überall standen Kisten herum. »Gut, daß du kommst. Ist 'n Grund, 'ne Pause zu machen. Kaffee?« fragte sie.

»Was fragst du? Hab' ich jemals nein gesagt, wenn mir jemand Kaffee anbot?« sagte ich lachend. Ich stellte die Tassen auf eine Kiste und holte Milch und Zucker. Birgitta kam mit dem Kaffee zurück und schenkte ein. »Ich reise Montag ab«, bemerkte ich.

»Du willst tatsächlich nach Lappland?«

»Ja.«

»Aber vorher möchte ich noch einen Abend mit dir zusammen verbringen, ja? Hier hast du meine Adresse in Stockholm. Du kannst kommen, wann du willst.«

»Danke«, sagte ich.

»Und solltest du in Lappland auf ein kleines Nest namens Moskosel stoßen, dann mach dort halt und bestelle meinem Vater schöne Grüße. Er wohnt über dem einzigen Lebensmittelgeschäft, das es dort gibt.«

Die letzten Tage vergingen schnell. Lena lud mich ein, auf meinem Weg nach Lappland bei ihr Zwischenstation zu machen. Lillemor bat um Lebenszeichen von mir, wenn ich unterwegs war, und Ulla meinte, daß ich dableiben sollte, um die Bibelschule zu besuchen. Mit Birgitta verbrachte ich den letzten Abend. Um Abschiedsszenen zu vermeiden, versprach ich ihr, am Morgen noch mal vorbeizukommen. Es war noch sehr früh, als ich mich aus dem Staub machen wollte. Alles schien noch zu schlafen, und leise verließ ich das Haus. Doch unten an der Treppe standen Birgitta und Lillemor. Birgitta drückte mich für einen Moment fest an sich und wünschte mir Gottes Segen. Dann ging sie fort. Lillemor schaute mich nur traurig an. »Mach es gut, Lillemor«, sagte ich. Sie lächelte und sagte: »Gott beschütze dich! Alles, alles Gute!«

»Danke. Ich werde diesen Ort nicht so schnell vergessen«, sagte ich noch, bevor ich mich endgültig auf den Weg machte. Als ich die Landstraße erreicht hatte, bekam ich plötzlich so ein komisches Gefühl im Magen. »Na, na! Werde bloß nicht sentimental«, sagte ich zu mir und lächelte dabei.

In den Wäldern

Die Rückreise nach Deutschland verlief reibungslos. Nach siebzehn Stunden war ich zu Hause und fiel halbtot ins Bett.

Gleich nach dem Aufwachen rief ich meine Mutter an und fragte sie, ob sie die alte Bibel noch habe, die immer im Regal gestanden hatte. Erstaunt fragte sie, was ich denn damit wollte. »Lesen, was sonst«, war meine Antwort.

Schon am nächsten Tag brachte mir meine Mutter das geheimnisvolle Buch. Es war noch in altem Deutsch geschrieben, aber das störte mich kaum.

Bald danach stand ich schon wieder auf der Autobahn Richtung Norden. Ich hoffte, daß ich noch vor Einbruch der Nacht Stockholm erreichen würde, damit ich bei Lena übernachten konnte. Doch leider ging es nur schleppend voran, und erst nachmitttags war ich in Malmö. Ich war total geschafft und mußte unbedingt eine Pause machen. Es war klar, daß ich erst am nächsten Tag in Stockholm ankommen würde, doch wollte ich noch vor Dunkelheit ein paar Kilometer mehr abreißen.

Es hielt auch gleich wieder ein LKW an. Heute wünschte ich, daß ich nie eingestiegen wäre. Die Fahrt ging also weiter, doch mit der Zeit wurde mir der Mann unheimlich. Ich versuchte ein Gespräch mit ihm anzufangen, aber er hielt es noch nicht einmal für nötig, zu antworten. So versuchte ich, mir die Ortschaften einzuprägen, die wir durchfuhren. Man konnte ja nie wissen. Hin und wieder dachte ich: »Lieber Gott! Laß diesen blöden Typ nicht auch noch auf dumme Gedanken kommen.« Angst kroch in mir hoch, ich ahnte Fürchterliches. »Irgendwann mußte es mich ja mal erwischen«, dachte ich. »Aber noch ist es nicht so weit. Noch nicht!«

Ohne zu zögern, bog er in einen Parkplatz ab.

»Und nun?« fragte ich blöd.

»Wirst du gleich sehen«, sagte er und stellte den Motor ab.

»Oh! Ich dachte schon, daß man Ihnen die Zunge abgeschnitten hätte. Falls Sie es noch nicht gemerkt haben, die Tankstelle ist geschlossen«, belehrte ich ihn.

»Ich weiß, mein Mädchen; und nun zieh dich aus!« befahl er.

»Entschuldigen Sie bitte. Aber ich glaube, da liegt eine Verwechslung vor, denn ich bin nicht Ihr Mädchen.«

»Hör mal gut zu! Entweder du tust, was ich sage, oder ich hole mir selbst, was ich brauche«, drohte er.

»Schöne Scheiße!« dachte ich.

»Ich gehe jetzt zur Telefonzelle, um ein Gespräch zu führen. Wenn ich damit fertig bin, hast du deine Meinung geändert. Und noch etwas: Weglaufen hat keinen Sinn. Noch bevor du die Tür aufgemacht hast, bin ich schon am Wagen. Kapiert?«

»Kapiert. Noch nie habe ich eine Sache so klar gesehen wie heute«, sagte ich voller Ironie.

Er verließ den LKW und ging seelenruhig zur Telefonzelle. »Vater! Hol mich hier raus! Hier gefällt es mir gar nicht«, flehte ich in Gedanken.

Plötzlich entdeckte ich über mir eine CB-Funkanlage. Hastig nahm ich das Micro in die Hand und stellte das Ding an. »Hallo! Hier ist Renate. Ich brauche dringend Hilfe! Jemand will mir an die Wäsche. Bitte! Hört mich denn keiner?«

Ängstlich beobachtete ich durch den Seitenspiegel den Mann in der Telefonzelle und wiederholte meine Sätze. Eine Spedition mußte doch unterwegs sein, die mich kannte! Die Hoffnung, daß mich jemand durch den Äther hören würde, war nicht sehr groß. Aber was sollte ich machen? Ich zitterte vor Angst.

»Hey, Renate! Was ist denn los?« dröhnte es durch den Lautsprecher.

»Wer immer da ist: Bitte, kommt schnell. Hier will mich ein Kerl vergewaltigen. Ich sterbe vor Angst.«

»Mein Gott, Renate! Hier ist Jochen. Wo bist du jetzt?«

»Ungefähr zwanzig bis dreißig Kilometer hinter Lynköpping Richtung Stockholm. Auf einem Parkplatz mit Telefonzelle und einer geschlossenen Tankstelle. Der Typ ist noch seelenruhig telefonieren, bevor er mich langmachen will. Jochen, holt mich hier raus!« flehte ich.

»Wir kommen! Aber halt ihn hin, Renate. Du mußte ihn hinhalten! Uns hast du bis heute hingehalten, dann dürfte das hier wohl kein Problem sein«, scherzte er noch.

»Er kommt zurück. Ich muß Schluß machen«, sagte ich und hängte das Micro ein.

»Na, hast du jetzt eine andere Meinung«, fragte er, als er wieder neben mir saß.

»Ja. Ich tu, was du willst. Aber gib mir noch ein paar Minuten, ja? Weißt du, das ist für mich nämlich das erste Mal«, versuchte ich ihm weiszumachen.

»Das gibt es doch nicht! Du hast wirklich noch nie? Wie alt bist du denn?«

»Vierundzwanzig«, antwortete ich.

»Na, dann wird es aber Zeit! Jedenfalls bist du bei mir an der richtigen Adresse. Auf diesem Gebiet kenne ich mich bestens aus«, protzte er.

Mir wurde schlecht, und ich fragte: »Hast du 'ne Zigarette?«

»Na klar. Hier, nimm!«

Nervös steckte ich mir eine an und merkte dabei, daß mir die Hände zitterten. Ich rauchte so langsam wie möglich, doch unaufhaltsam fraß sich die Zigarette bis zum Filter. Es half alles nicht, ich war gezwungen, sie auszudrücken.

»Nun zieh dich aus!« sagte er.

»Du, laß mir noch ein paar Minuten. Ach, wenn du etwas Alkohol hättest, könnte ich damit meine Hemmungen bekämpfen. Das kann dir doch keinen Spaß machen, wenn ich dabei so verkrampft bin«, sagte ich.

»Da hast du recht, dem können wir abhelfen. Ich habe noch ein paar Flaschen Rum. Wollte ich hier verkaufen, denn für die Schweden ist das Zeug unerschwinglich, wenn sie es im Geschäft kaufen müssen. Aber eine Flasche können wir ruhig köpfen. Vielleicht macht das Zeug dich sogar heiß«, sagte er und grinste mich dabei auf unverschämte Weise an.

Er holte zwei Plastikbecher hervor, öffnete die Flasche und schenkte ein. »Prost! Auf unsere gemeinsame Nummer«, sagte er fröhlich.

»Prost«, sagte ich so heiter wie möglich und nahm einen kräftigen Schluck. »Ein widerliches Zeug«, dachte ich. Ich mußte lachen, denn ich erinnerte mich daran, was ich meiner neuen Ärztin vor nicht allzu langer Zeit gesagt hatte: »Höchstens mal ein Bier oder ein Glas Wein. Sonst trinke ich absolut nichts.« »Und jetzt saufe ich puren Rum«, dachte ich irgendwie amüsiert.

»Scheint ja schon zu wirken«, sagte er.

»Warte, bis wir erst mal den zweiten Becher geleert haben. Dann geht die Post ab«, sagte ich übertrieben fröhlich.

Als ich den ersten Becher getrunken hatte, wurde mir sauübel. Seit Jahren hatte ich keinen Alkohol mehr zu mir genommen, und nun das. »Schenk noch mal ein«, sagte ich trotzdem, denn ich mußte so viel Zeit hinausschinden, wie es nur ging. Seit dem Funkspruch waren ungefähr dreißig Minuten vergangen, und ich wußte nicht, wie lange sie noch brauchten. »Wenn ich heute abend draufgehe, dann sieht es wirklich nicht gut für mich aus«, dachte ich und mußte über meinen trockenen Humor selbst lachen.

»Das Zeug hat ja eine fantastische Wirkung bei dir«, sagte er überrascht. »Das geht ja rasend schnell bei dir. Ich merke kaum etwas.«

»Die Nummer, die danach kommt, wird noch rasanter«, sagte ich, und wieder mußte ich lachen. Warum ich diesmal lachte, wußte ich nicht, aber irgendwie fand ich die ganze Sache plötzlich mehr komisch als tragisch.

»Komm, laß uns die Flasche leer machen. Damit wir so richtig auf Touren kommen. Ich bin plötzlich gar nicht mehr so abgeneigt, mit dir zu schlafen«, sagte ich.

Seine Augen leuchteten, und er schenkte uns abermals ein. Nun war die Flasche leer, jetzt hieß es im Zeitlupentempo trinken. »Das überlebe ich nicht«, dachte ich. »Entweder bekomme ich einen Status-Epileptikus, oder er bringt mich um, wenn er erfährt, daß ich ihn nur verarschen wollte. Jedenfalls läuft freiwillig nichts.«

Die Windschutzscheibe begann sich vor meinen Augen zu drehen. Das hieß, daß ich nichts mehr trinken durfte, damit ich mich noch meiner Haut wehren konnte, wenn es so weit kommen würde. »Gib mir noch eine Zigarette«, sagte ich.

»Schluß jetzt! Du hältst mich wohl für blöd, was?« schrie er.

»Allerdings«, dachte ich.

»Ausziehen! Aber sofort!« befahl er.

»Geht in Ordnung«, sagte ich und fing an, mir die Schuhe auszuziehen. »Und du? Willst du etwa in Klamotten?«

»Bestimmt nicht«, sagte er und fing ebenfalls an, sich auszuziehen . . .

Während er dabei war, sich freizumachen, sah ich meine Chance. Ich riß die Tür auf und wollte herausspringen. Aber er war schneller und bekam mich noch zu fassen. Ich tobte wie wild, bis plötzlich die Fahrertür aufgerissen und der Mann hinausgezerrt wurde.

»Renate!« hörte ich Jochen schreien. »Um Himmels willen! Sag doch was!« Er sprang in den Wagen und schaute mich an.

»Alles okay«, sagte ich erschöpft.

»Das nenne ich hinhalten«, sagte er staunend.

»Was habt ihr nur solange gemacht? Um ein Haar wäre alles schiefgegangen«, schimpfte ich.

»Jedesmal das gleiche. Du setzt dich in die Nesseln, man hilft dir raus, und dafür kriegt man noch eins aufs Dach«, beschwerte sich Jochen.

Ich grinste: »Komm und hilf mir hier raus. Ich habe drei Becher Rum getrunken, und alles dreht sich. Meine Knie machen nicht mehr mit.«

»Warte! Ich hole Wolfgang«, sagte er.

»Wolfgang ist auch hier?«

»Ja, und Hans und Michael auch. Hans ist stinksauer auf dich, weil er wegen dir sich nicht schlafen legen konnte«, sagte Jochen lachend.

»Wie grausam bin ich doch«, meinte ich trocken.

Man half mir aus dem Wagen, und ich zog meine Schuhe wieder an. Als ich mich dabei bückte, rebellierte mein Magen, und im Nu war der Rum draußen.

Wolfgang gab mir ein Taschentuch und sagte: »So fertig habe ich dich noch nie gesehen. Geht's jetzt wieder?«

»So einigermaßen«, sagte ich. »Wo ist eigentlich der Kerl?«

»Der ist gerade wieder zu sich gekommen. Wir haben ein bißchen zu fest zugehauen«, sagte Wolfgang mit schlechtem Gewissen.

»Bring mich zu ihm«, bat ich ihn.

Jochen war gerade dabei, seine Papiere durchzuwühlen und einiges daraus aufzuschreiben. Der Mann saß angelehnt am Vorderrad und schaute mich haßerfüllt an.

»Warum?« fragte ich.

Er schwieg und schaute zur Seite.

»Ich habe das Leben plötzlich so satt, Jochen. Bitte bring mich hier weg.«

»Komm«, sagte er traurig.

»Danke, Leute! Das werde ich euch nie vergessen«, sagte ich zu den andern dreien.

»Ist schon gut, Renate. Wir sind überglücklich, daß wir dir

noch einmal aus der Patsche helfen konnten. Aber du solltest trotzdem etwas mehr auf dich aufpassen«, sagte Hans.

»Aber was machen wir mit dem da?« fragte Michael.

»Lassen wir ihn laufen. Seine Personalien habe ich ja«, sagte Jochen.

»Okay! Aber nun weg hier«, sagte ich und ging mit Jochen ins Führerhaus. »Wo fährst du eigentlich hin?«

»Ich muß heute früh eine Ladung in Stockholm abliefern«, sagte er.

»Das paßt ja sehr gut. Da muß ich nämlich auch hin.«

»Du legst dich am besten gleich hin. Ich wecke dich nachher.«

Jochen weckte mich erst, als wir Stockholm erreicht hatten. Zum Abschied nahmen wir noch ein gemeinsames Frühstück ein, und dann trennten sich unsere Wege.

Ich rief Lena an und bat sie, mich abzuholen. Eine halbe Stunde später traf Lena mit Ulla ein. Beide hatten ihre Bibelschule in Restenäs beendet, und nun ging das normale Leben für sie weiter.

»Hallo! Wie war die Reise?« fragte Lena.

»Anstrengend«, sagte ich nur.

»Willst du morgen wirklich schon weiter?«

»Ja.«

»Ich will morgen nach Skeleftea. Wir können dann ja zusammen per Anhalter fahren«, schlug Ulla vor.

»Können wir machen«, sagte ich.

So blieb ich einen Tag und eine Nacht in Stockholm und trampte dann mit Ulla nach Skeleftea. Auch da blieb ich nur einen Tag und reise weiter durch Lappland. Irgendwann verließ ich die Straße und ging zu Fuß durch die Wälder. Eine Woche durchstreifte ich ein Gebiet Lapplands, bis ich mich entschied, einen Lagerplatz zu suchen, wo ich mich für die restliche Zeit niederlassen konnte, um die Bibel in Ruhe studieren zu können.

Nach langer Suche fand ich endlich einen geeigneten Platz. Wie ich auf der Karte erkennen konnte, mußte in der Nähe ein kleiner See sein, wo ich mein Mittagessen angeln konnte. Zuerst sammelte ich große, flache Steine für meinen Schlafplatz. Sie wurden in der Länge und Breite eines Bettes aneinandergelegt und mit Moos bedeckt. Mit weiteren Steinen legte ich eine Verbindung zum Lagerfeuer, und zum Schluß wurde auch die Feuerstätte gepflastert und mit Steinen umgeben. Hat das Feuer die Steine erst mal erwärmt, wird die Hitze über die Verbindung zum Schlafplatz geleitet. Das bescherte mir immer einen warmen Schlafsack, der auf dem Moos lag und eine erholsame Nacht garantierte. Einen ganzen Tag verbrachte ich bei dieser Arbeit, denn es war sehr wichtig, ein wetterfestes Lager zu schaffen.

Am Abend hatte ich den ersten Teil des Platzes fertiggestellt und brutzelte zufrieden mein Abendessen. Als Proviant hatte ich Reis, durchwachsenen Speck, etwas Trockenfleisch und Kaffee mit. Alles andere mußte die Natur hergeben, zum Beispiel Fische, Pilze und Beeren. »Endlich Ruhe«, dachte ich, während ich aß. Nach der Karte zu urteilen, war der nächste Ort fünfzig Kilometer entfernt; niemand würde mich stören. Hundemüde legte ich mich nach dem Essen schlafen.

Am nächsten Morgen hatte ich nur einen Gedanken: »Die Bibel lesen.« Ich machte mir einen Kaffee und stopfte mir eine Pfeife. Dann fing ich an zu lesen. »Richtet nicht, auf daß ihr nicht gerichtet werdet. Denn mit welcherlei Maß ihr messet, wird euch gemessen werden.« Ich verstand kein Wort. Langsam ließ ich mir alles noch mal durch den Kopf gehen, denn ich wollte nicht eher weiterlesen, bis ich verstand. Minuten später schrieb ich meine Gedanken auf.

»Wenn ein Mensch eine furchtbare Tat begangen hat, wird er oft verachtet. Indem wir ihn verachten, machen wir deutlich, daß wir uns für besser halten. Da aber vor Gottes Augen alle gleich sind, hat jeder Mensch ein Recht auf Liebe. Verachtung zeigt sich immer durch Liebesentzug. Man könnte also sagen: ›Verachtet den Menschen nicht, sonst wird Gott euch auch verachten.‹ Verachte ich aber nur die Tat und liebe den Menschen trotz seines fürchterlichen Fehltritts, dann richte ich nicht, sondern bin auf dem Wege des Verstehens. Weil wir die Menschen eher richten als lieben, gibt es soviel Unglück in der Welt. Und weil wir sie an einer Norm messen, die uns angenehm ist, aber den anderen benachteiligt, machen wir uns mitschuldig am Elend des anderen.

Ich kenne das Gefühl, verurteilt zu sein. Man hat mich wie eine heiße Kartoffel fallengelassen. Das fing schon in der Schule an, und dadurch entwickelte sich ein Haß gegen jede Art von Autorität. Ich habe mir damals geschworen, daß ich niemals jemandem dienen werde, daß ich mir von niemandem mein Leben bestimmen lasse. Meine höchste Ich-Behauptung fand ich darin, daß ich mit allem allein fertig wurde. Ich lernte zu kämpfen und habe dabei das Vertrauen verlernt. Doch was ist davon übriggeblieben? Gott hat meinen Stolz gebrochen, und ich habe den Wunsch, dienen zu *dürfen*. Ich muß nicht, sondern ich darf, und deshalb will ich. Eine merkwürdige Sinneswandlung, aber sie stimmt mich fröhlich.«

Im Lukasevangelium las ich dann die Geschichte vom Zöllner Zachäus. »Seine Art, um Vergebung zu bitten, war so anders«, dachte ich. Ich merkte, daß ich immer noch nicht begriffen hatte, was Buße und Vergebung im wahrsten Sinne des Wortes bedeutete.

»Wenn ich alles richtig verstanden habe, dann ist Buße ein Schuldgeständnis, das den Wunsch einschließt, sich zu ändern. Allein meine Schuld einzusehen, nützt mir nichts, wenn ich keine Veränderung wahrnehmen kann. Es würde mich nur bitter machen und mir mein Rückgrat brechen. Bei Zachäus war Buße nicht nur ein Lippenbekenntnis, sondern auch Tat. Er wollte vieles wiedergutmachen, soweit es ihm möglich war. So ungefähr sollte es bei mir auch sein. Mir würde es wenig helfen, wenn ich meine Sünden bekenne, und trotzdem alles beim Alten bleibt. Mein ganzes Leben muß durch Buße und die Vergebung ein anderes werden. Ich pfeife auf den Himmel, wenn Vergebung sich nicht schon auf der Erde bemerkbar machen kann.

Was mir jetzt erst aufgefallen ist: Jesus machte den Leuten niemals Vorwürfe. Das bestärkt mich sehr, denn würde er mir meine Sünden vorhalten, würde ich mich gekränkt zurückziehen und zumachen. Wer Jesus als Gottes Sohn erkennt, weiß selbst um seine Sünden, und er braucht keine Vorwürfe mehr. Man weiß plötzlich, daß es so nicht weitergehen kann, und diese Erkenntnis bringt nicht Leid, sondern Freude. Buße ist also auch Freude, die Freude auf ein neues Leben. Und so ist Vergebung nicht nur das Resultat von Buße, sondern auch eine Kraft, die uns auf dem neuen Weg vorantreibt. Langsam glaube ich wirklich, daß ich mit meiner Vergangenheit ehrlich abschließen kann und dabei keine Angst zu haben brauche, daß das anmaßend sein könnte. Denn es ist Gott, der mir meine Vergangenheit nicht ankreidet, sondern sie mir vergeben möchte.«

Es wurde Zeit, zu essen, und mir kam die Idee, daß ich mich mal nach etwas Eßbarem wie Pilze oder Beeren umschauen könnte. Ich nahm eine Tüte zum Sammeln mit und verließ den Lagerplatz. Kompaß und Karte ließ ich da, denn ich hatte nicht vor, mich weit zu entfernen. Bald darauf kam ich auf eine Lichtung zu, jedenfalls hielt ich es für eine. Ich ging ein paar Schritte und bekam plötzlich nasse Füße. »Komisch«, dachte ich, denn ich war der Meinung, daß ich auf einer festen Grasfläche ging. Nach einigen Schritten sackte ich bis zu den Knöcheln ein. »Was ist das denn?« fragte ich mich verwundert und versuchte, meine Füße wieder herauszuziehen. Aber es gelang nicht, statt dessen sank ich immer tiefer.

»Nein«, dachte ich erschrocken und machte hektische Bewegungen, um schnell wieder hinauszukommen. Doch je schneller ich mich bewegte, desto rascher sank ich in die Tiefe. Panik ergriff mich, und verzweifelt versuchte ich, wieder festen Boden unter den Füßen zu bekommen.

Mittlerweile war ich schon bis zum Bauch eingesackt; die Angst lähmte mich. Ich wagte es nicht, auch nur eine Bewegung zu machen, und wartete starr auf das grausame Ende. Der Schweiß rann mir die Stirn herunter, und mein Herz raste. »Moor! Sumpf! Hier komme ich nicht mehr raus! Es ist aus! Vorbei!« dachte ich.

Plötzlich erinnerte ich mich an die Geschichte, als Jesus mit seinen Jüngern auf dem See war. Sie fürchteten, im Sturm umzukommen, aber Jesus bedrohte den Wind, und es wurde still. Ich mußte auch daran denken, daß er oft gesagt hatte, wir brauchten uns nicht zu fürchten. »O Gott, hilf mir doch! Es heißt, daß es still wurde. Hier ist zwar kein Sturm, aber ich habe Angst. Stille den Sturm in mir! Wenn ich schon krepieren muß, dann laß mich das in Ruhe tun!« schrie ich und schaute hinauf zum Himmel.

Und es wurde still. Spürbar verschwand die Angst, langsam

konnte ich wieder klar denken. Ich sah nach vorne und überlegte, ob ich vielleicht doch noch eine Chance hätte, herauszukommen. Wie weit das Moor reichte, konnte ich nicht sagen, aber ich wußte wenigstens, daß es nur einige Meter hinter mir angefangen hatte.

Ich mußte versuchen, rückwärts zu gehen. Mit großer Kraftanstrengung versuchte ich meine Beine nach hinten zu schieben, immer darauf bedacht, sie ja nicht anzuheben. Ich hatte nicht das Gefühl, daß ich auch nur einen Zentimeter vorankam, aber wenigstens schien ich nicht tiefer zu sinken. »Komm, Vater, hol mich hier raus! Nur noch dieses eine Mal«, flehte ich.

Ich überlegte, ob ich die Beine vielleicht doch mal anheben sollte, und tat es auch. Sofort sackte ich wieder ab. »Ruhig! Verlier jetzt nicht die Nerven«, sprach ich mir Mut zu. Vorsichtig schob ich die Beine wieder nach der alten Methode zurück. Von der Anstrengung taten sie schon erbärmlich weh, und ich war auch fix und fertig. Ich ruhte mich ein wenig aus und achtete darauf, ob ich, ohne mich zu bewegen, trotzdem sank. Es geschah nichts, und ich mußte lachen. »Du kannst jetzt hundert Jahre so stehenbleiben und dich von den Mücken ernähren, die dich in Scharen besuchen werden.«

Es dauerte eine Ewigkeit, bis ich endlich das Gefühl hatte, wieder festen Boden unter den Füßen zu haben. Minuten später reichte der Schlamm mir nur noch bis zu den Hüften. Langsam schob ich meine Beine weiter zurück. Endlich war ich draußen. Erschöpft ließ ich mich auf den Bauch fallen. »Geschafft«, stöhnte ich. Ich hätte vor Freude heulen können und sagte: »Vater, du bist einsame Spitze! Ich danke dir!«

Klitschnaß und total verschlammt wankte ich zum Lager zurück. Die Lust aufs Pilzesuchen war mir gehörig vergangen, und Hunger hatte ich auch nicht mehr. Ich zog die nassen Klamotten aus und streifte mir eine kurze Jeans über. Dann legte ich mehr Holz nach, damit ich mich am Feuer wärmen konnte. Nachdem ich mich aufgewärmt hatte, kam der Hunger zurück, und ich machte mich auf, mehr Brennholz zu sammeln. Diesmal achtete ich auf jeden Schritt, denn so etwas wollte ich nicht noch mal erleben.

Als ich genug Holz hatte, drehte ich um Richtung Lager, um mir endlich etwas zu kochen.

Plötzlich hörte ich ein fauchendes Geräusch, wobei ich vor Schreck das Holz fallen ließ. Ich schaute nach oben, von wo ich das Geräusch vernahm, und traute meinen Augen nicht: Über mir saß ein Luchs auf einer Astgabel, dem es anscheinend nicht gefiel, daß ich auch da war. Ich hätte es nie für möglich gehalten, daß diese scheuen Wildkatzen in Europa noch vertreten sind. Wie gebannt schauten wir uns an, und ich machte vorerst keine unbedachte Bewegung.

»Entschuldigen Sie bitte die Störung«, sagte ich nach einer Weile und sammelte vorsichtig das fallengelassene Holz wieder auf. Langsam bewegte ich mich Richtung Lagerplatz und erreichte ihn sicher. »Puh! War das ein Tag«, stöhnte ich. Hundemüde kochte ich mir mein Essen und gönnte mir danach noch eine Pfeife.

Es war längst dunkel geworden, was bedeutete, daß ich Stunden im Sumpf zugebracht hatte. »Hattest die letzte Zeit ganz schön mit mir zu tun, nicht wahr? Ohne deine Hilfe hätte ich ganz schön tot ausgesehen, Vater. Ich danke dir nochmals. Wenn du der Gott bist, den ich suche, dann werde ich mein Leben in deine Obhut geben, obwohl ich manchmal denke, daß es das längst ist. Aber gib mir noch ein wenig Zeit, denn ich will noch mehr von dir wissen.«

Total geschafft legte ich mich schlafen.

Am nächsten Tag las ich weiter in den Evangelien. Ich stutzte, als Jesus sagte, daß wir siebzig mal siebenmal einer Person vergeben sollten. Das waren ja vierhundertneunzig! Ich dachte lieber nicht weiter darüber nach, denn sonst hätte ich wohl gleich das Handtuch geworfen.

Nachdem ich das Gleichnis mit dem Schalksknecht zu Ende gelesen hatte, mußte ich einsehen, daß ich immer noch nicht alles über die Vergebung wußte. Obwohl ich sie als eine Befreiung verstand, kam sie mir aber auch wie eine Schwäche vor, die ich nicht so leicht annehmen konnte. Aber durch das Gleichnis mit dem Schalksknecht sah ich, daß ich mich in dieser Hinsicht wohl geirrt haben mußte.

»Es beeindruckt mich überhaupt nicht, daß der König dem Knecht vergeben hatte«, schrieb ich in mein Tagebuch. »Er war ja der mächtigste Mann im Land und konnte handeln, wie es ihm gefiel. Natürlich geht es in diesem Gleichnis um den Knecht, aber der König interessiert mich viel mehr. Der König konnte vergeben, wem und wann er wollte, denn er hatte so oder so nichts zu befürchten. Ich glaube nicht, daß es ihm besonders schwer fiel, zu verzeihen. Aber wie sieht es bei mir aus? Wann fällt es mir denn leicht zu vergeben? Bei einem Kind zum Beispiel kann ich gar nicht anders. Es wäre ja auch erbärmlich, wenn man einem Kind die Schuld nicht erläßt. Ja, Kindern kann ich grundsätzlich alles verzeihen, aber nicht nur deshalb, weil sie so hilflos und lieb sind, sondern auch, weil sie mit mir nicht auf einer Stufe stehen. Ich bin ihnen überlegen, und das macht mir das Vergeben natürlich leicht.

Mit Gleichaltrigen oder gar Älteren sieht die Sache schon bedeutend anders aus. Da habe ich oft kein Pardon gezeigt, denn ich konnte nicht verstehen, warum sie so oder so handelten, und verurteilte sie dann auch. Hier liegt der Hase im Pfeffer! Wer nicht versteht, kann schlecht vergeben! Will ich lernen, wie man vergibt, muß ich erst einmal Verständnis aufbringen. Aber auch wenn ich nicht immer verstehe, sollte ich dennoch vergeben, sobald jemand Reue zeigt. Tue ich das nicht, dann stehe ich letztendlich noch viel tiefer unter dem, der mich ehrlich um Verzeihung bittet. Vielleicht sollte ich sogar immer vergeben, damit ich eines Tages verstehen kann. So muß es sein! Erst vergeben – denn dann habe ich die Möglichkeit, den Menschen näher kennenzulernen. Würde ich aber hart bleiben, nur weil mir seine Tat unverständlich ist, dann wird er von mir gehen, und ich habe die Gelegenheit, einen Menschen näher kennenzulernen, verpatzt.

Vergebung ist wohl die größte Liebe, die ein Mensch empfangen kann. Folglich liebt der am meisten, der viel vergibt. Vergebung ist also keine Schwäche, sondern eine Stärke.«

Es wurde Mittag, und ich machte mich auf zum Fischen. Ein Stock, eine Schnur und ein Korken als Schwimmer, dazu noch eine Angelhaken waren meine Angelausrüstung. Der See lag nicht weit von meinem Lagerplatz entfernt, aber ich wagte es trotzdem nicht, ohne Kompaß fortzugehen. Sich in Lappland zu verlaufen, geht schneller, als man denkt.

Nach kurzer Zeit erreichte ich den See und suchte mir einen bequemen Platz zum Angeln. Natürlich hatte ich auch meine Bibel dabei, denn ich war schon ganz gespannt auf die nächsten Kapitel. Ich warf die Leine aus, steckte den Stock in die weiche Erde und fing an zu lesen. Das Gleichnis vom verlorenen Sohn berührte mich sehr. Ich schluckte, als ich es zu Ende gelesen hatte. »Ach Vater! Auch ich möchte heim. Nimm mir doch die Furcht vor der Abhängigkeit von dir. Ich möchte ja so gern, aber ich kann nicht.«

Die Angel bewegte sich, und ich sprang auf. Langsam zog ich die Schnur an, ließ sie wieder locker und zog sie erneut an. Diese Prozedur wiederholte ich solange, bis der Fisch müde wurde und ich ihn herausziehen konnte. Eine prächtige Forelle hatte ich am Haken, und ich jubelte vor Freude. Noch einmal warf ich die Angel aus, denn nur eine Forelle war mir zu Mittag zu wenig.

Meine Gedanken schweiften zu Jesus. Was war er für ein Mensch, außer daß er Gottes Sohn war? Irgendwie kam er mir wie ein Übermensch vor, dem niemand das Wasser reichen konnte.

»Was nützt mir ein Vorbild, wenn es sich dabei um ein unerreichbares Ziel handelt, an das ich nicht im entferntesten heranreichen kann?« schrieb ich. »Konnte Jesus überhaupt der Sünde zum Opfer fallen? Kannte er den Kampf mit der Sünde, oder war er schon von Anfang an perfekt? War er schon als Kind eine überragende Persönlichkeit, oder mußte er wie jeder andere Mensch in Gott reifen?«

Fragen, auf die ich dringend Antworten brauchte, aber es gab keine. So las ich weiter, in der Hoffnung, daß in den Evangelien etwas über den Werdegang von Jesus stand. Es dauerte gar nicht lange, da fand ich schon etwas. Ich war schlichtweg begeistert und schrieb: »Ich kann nur staunen! Die ganze Welt wollte Satan ihm zu Füßen legen, und Jesus lehnte ab. Was für ein Angebot! Die ganze, große, weite Welt! Eine größere Versuchung kann es wohl nicht geben.

Lukas schrieb, daß Jesus ein ganz normaler Mensch war, der

an Weisheit zunahm und Gnade bei Gott und den Menschen fand. Er mußte also auch von Gott lernen und in seine Schule gehen. Folglich müßte das auch bei mir möglich sein, denn schließlich bin ich auch ein Mensch. Jesus gab uns ein Beispiel, und ein Beispiel ist dazu da, es genauso zu machen. Obwohl er Gottes Sohn war, hatte er dieselben Schwächen und Stärken wie wir. Aber er konnte sie bewältigen, weil er der einzige Mensch war, der ausschließlich für Gott, in Gott und aus Gott heraus lebte. Und genau das will ich auch! Ich will alles! Vater, ich will dich ganz oder gar nicht!«

Gleichzeitig mußte ich mir eingestehen, daß ich immer noch einen Ausweg suchte, der mich vor einer Entscheidung bewahren konnte. Irgendwie fühlte ich, daß ich mich unmöglich aus eigener Kraft heraus für Gott entscheiden konnte. Ich hatte Angst. Immer wieder versuchte sie mir weiszumachen, daß ein Leben mit Gott die größte Dummheit sei, die ich in meinem Leben machen könne. Sie hielt mich regelrecht in Schach.

Noch einmal bewegte sich die Angel, und ich zog die Beute an Land. Ich packte alles zusammen und ging zurück. Am Lager machte ich mich gleich daran, die Fische zu braten. Mann, war das ein Duft! Ein herrliches Mittagessen; ich konnte es kaum erwarten, bis es fertig war.

Während ich aß, dachte ich: »Und was ist, wenn ich mir Gott nur einbilde? Man hört so viel von der Kraft der Autosuggestion, und ich frage mich, ob man sich Gott so weit einreden kann, daß man hinterher nicht anders kann, als an ihn glauben. Aber können Illusionen Realitäten schaffen? Schafft der Glaube Realitäten? Nein, das kann nicht sein. Der Glaube an Gott hat in mir keine Realitäten geschaffen, sondern umgekehrt: Ich glaube nicht an Gott, weil ich ihn mir einbilde. Nein, ich glaube an ihn, weil ich ihn erlebt habe. Er war es, der mich die Wirklichkeiten des Lebens besser erkennen ließ. Er war es, der mein Leben etliche Male gerettet hat. In meinem Leben war er immer da, auch wenn ich nichts von ihm wußte.

Doch jetzt, seitdem ich glaube, ist alles viel lebendiger. Ja, der Glaube ist Leben und Erleben. Ein lebendiger Gott kann nur einen lebendigen Glauben erzeugen. Nein, ich habe keinen toten

Glauben, der meine seelischen Kräfte erstickt, denn ich habe Gott erlebt.«

Müßte ich die Vergebung ebenfalls erleben? »Die Vergebung der Sünden ist das A und O des Glaubens. Auf diesem Fundament und nur auf diesem kann aufgebaut werden. Aber gerade die Vergebung meiner Sünden muß spürbar sein, denn der Glaube daran muß ein Erlebnis werden. Wäre es nicht so, dann würde ich mein ganzes Leben daran zweifeln. Sicherlich ist es nicht möglich, immer alles zu erleben, woran man glaubt, denn sonst wäre es ja kein Glaube mehr. Ich werde Gott bis zu meinem Tod nicht sehen, aber ich glaube trotzdem. Trotzdem denke ich, daß das bei der Vergebung anders sein muß, weil sie mich von der Gefangenschaft der Sünde befreit, und Freiheit muß fühlbar sein. Es ist Zeit, daß ich diese Erfahrung mache.«

Ja, ich war mir immer noch nicht sicher, ob Gott mich annehmen würde. Konnte ich es wagen, einfach so vor ihn hinzutreten und ihn um Verzeihung bitten? Mit leeren Händen würde ich kommen, und nichts könnte ich ihm anbieten. Und wie sollte es dann weitergehen? Würde ich es schaffen, so zu leben, daß mich Gott nach meinem Tod für immer zu sich nahm? Was würde passieren, wenn ich zu oft versagte? Ach! Ich war so mutlos. Traurig sagte ich: »Gott, mein Vater! Darf ich überhaupt Vater zu dir sagen? Ich kann mich einfach nicht entscheiden, denn ich bin so unsicher. Wenn ich doch nur wüßte, ob du mich auch in Zukunft ohne große Taten magst? Ich brauche dich doch so sehr.«

Ich stand auf und machte einen Streifzug durch den Wald. Es war kalt geworden, der Herbst hatte sich längst angemeldet, und ich würde wohl nicht mehr allzu lange dort bleiben können.

Die folgende Nacht machte ich kein Auge zu. Unruhig wälzte ich mich von einer Seite zur anderen und dachte über all die Dinge nach, die ich über Gott in der Bibel gelesen hatte. Ich wußte nicht, wie alles weitergehen sollte. Mit einem Bein stand ich bei Gott und mit dem anderen in die entgegengesetzte Richtung. Es mußte endlich etwas geschehen.

Erst als der Morgen kam, fiel ich in den Schlaf und wachte gegen Mittag wieder auf. Wie gewohnt machte ich mir einen Kaffee und begann im Römerbrief zu lesen. Wer Paulus war, wußte ich nicht, aber das interessierte mich vorerst auch gar nicht. Ich vertraute einfach darauf, daß alles, was in der Bibel stand, ohne Gottes Willen nicht drinstehen würde. Außerdem war ich davon überzeugt, daß, selbst wenn die Bibel Fehler beinhalten sollte, man mit Gottes Hilfe am Kern der Sache nicht vorbeikommen konnte.

Am Ende des dritten Kapitels blieb mir fast das Herz stehen, als ich folgende Sätze las: »So halten wir nun dafür, daß der Mensch gerecht werde ohne des Gesetzes Werke, allein durch den Glauben.« Und: »Dem aber, der nicht mit Werken umgeht, glaubt aber an den, der die Gottlosen gerecht macht, dem wird sein Glaube gerechnet zur Gerechtigkeit.«

Nichts brauchte ich sehnlicher für meine Entscheidung als diese Verse. Nun war der Augenblick gekommen. Ich atmete tief durch, meine Knie wurden etwas weich, und mein Herz stolperte ein wenig. »Vater, hier bin ich«, sagte ich leise. »Vergib mir meine Schuld durch deinen Sohn Jesus Christus. Ich habe keine Ahnung, wie man sich bekehrt, und weiß nicht, was ich jetzt zu tun habe. Nur eines weiß ich: Daß ich mein Leben nur noch mit dir gehen möchte. Bitte gib mir die Kraft, so zu leben, daß ich dir keine Schande mache, denn auch wenn nur der Glaube mich gerecht macht, möchte ich doch, daß mein Glaube durch Werke sichtbar wird. Ab heute werde ich still sein. Ich werde warten und in dir ruhen. Ich werde bereit sein, wenn du mich rufst, und deiner Stimme folgen, wenn dein Geist mir dabei hilft.«

Ich packte meine Klamotten zusammen und machte mich auf den Rückweg. An dem Tag begann ein neues Leben für mich. Noch ahnte ich nicht, daß dieses Leben, ein Leben mit Gott, weitaus härter sein würde als ein Leben ohne ihn. Ich konnte aber auch noch nicht wissen, daß ein Leben mit ihm das Schönste ist, was ich jemals erlebte.

WEITERE R. BROCKHAUS TASCHENBÜCHER